TEOLOGIA E PLURALISMO RELIGIOSO

Editora Appris Ltda.
2.ª Edição - Copyright© 2024 do autor
Direitos de Edição Reservados à Editora Appris Ltda.

Nenhuma parte desta obra poderá ser utilizada indevidamente, sem estar de acordo com a Lei nº 9.610/98. Se incorreções forem encontradas, serão de exclusiva responsabilidade de seus organizadores. Foi realizado o Depósito Legal na Fundação Biblioteca Nacional, de acordo com as Leis nos 10.994, de 14/12/2004, e 12.192, de 14/01/2010.

Catalogação na Fonte
Elaborado por: Dayanne Leal Souza
Bibliotecária CRB 9/2162

T266t 2024	Teixeira, Faustino
	  Teologia e pluralismo religioso / Faustino Teixeira. – 2. ed. – Curitiba: Appris, 2024.
	  212 p. ; 23 cm. – (Geral).
	
	  Inclui referências.
	  ISBN 978-65-250-7010-0
	
	  1. Pluralismo. 2. Religiões. 3. Teologia Cristã. I. Teixeira, Faustino. II. Título. III. Série.
	
	                                                                CDD – 230

Livro de acordo com a normalização técnica da ABNT

Appris editora

Editora e Livraria Appris Ltda.
Av. Manoel Ribas, 2265 – Mercês
Curitiba/PR – CEP: 80810-002
Tel. (41) 3156 - 4731
www.editoraappris.com.br

Printed in Brazil
Impresso no Brasil

Faustino Teixeira

TEOLOGIA E PLURALISMO RELIGIOSO
2ª EDIÇÃO

Appris editora

Curitiba, PR
2024

FICHA TÉCNICA

EDITORIAL	Augusto Coelho
	Sara C. de Andrade Coelho

COMITÊ EDITORIAL	
Ana El Achkar (UnIverso/RJ)	Lucas Mesquita (UNILA)
Andréa Barbosa Gouveia (UFPR)	Márcia Gonçalves (Unitau)
Antonio Evangelista de Souza Netto (PUC-SP)	Maria Aparecida Barbosa (USP)
Belinda Cunha (UFPB)	Maria Margarida de Andrade (Umack)
Délton Winter de Carvalho (FMP)	Marilda A. Behrens (PUCPR)
Edson da Silva (UFVJM)	Marília Andrade Torales Campos (UFPR)
Eliete Correia dos Santos (UEPB)	Marli Caetano
Erineu Foerste (Ufes)	Patrícia L. Torres (PUCPR)
Fabiano Santos (UERJ-IESP)	Paula Costa Mosca Macedo (UNIFESP)
Francinete Fernandes de Sousa (UEPB)	Ramon Blanco (UNILA)
Francisco Carlos Duarte (PUCPR)	Roberta Ecleide Kelly (NEPE)
Francisco de Assis (Fiam-Faam-SP-Brasil)	Roque Ismael da Costa Güllich (UFFS)
Gláucia Figueiredo (UNIPAMPA/ UDELAR)	Sergio Gomes (UFRJ)
Jacques de Lima Ferreira (UNOESC)	Tiago Gagliano Pinto Alberto (PUCPR)
Jean Carlos Gonçalves (UFPR)	Toni Reis (UP)
José Wálter Nunes (UnB)	Valdomiro de Oliveira (UFPR)
Junia de Vilhena (PUC-RIO)	

SUPERVISORA EDITORIAL	Renata C. Lopes
ASSESSORIA EDITORIAL	Bruna Holmen
REVISÃO	J. Vanderlei
PRODUÇÃO EDITORIAL	Sabrina Costa
DIAGRAMAÇÃO E CAPA	Danielle Paulino
REVISÃO DE PROVA	Bruna Santos

*"Alarga o espaço da tua tenda,
estende as cortinas das tuas moradas,
não te detenhas, alonga as cordas,
reforça as estacas"*
(Is 54,2)

À minha comadre querida, Virgínia Caetano,
presença irradiadora na minha caminhada e na minha família

APRESENTAÇÃO

Os primórdios de minha reflexão sobre a teologia cristã do pluralismo religioso remontam ao período onde lecionava teologia na Pontifícia Universidade Católica do Rio de Janeiro, na segunda metade dos anos 1980. Foi um desdobramento natural de minha inserção no trabalho acadêmico em torno do tratado da graça. O trabalho ganhou continuidade no programa de pós-graduação em ciência da religião (UFJF), numa cadeira específica sobre o tema, com início nos anos 1990. A experiência foi novidadeira, dando origem à obra sobre *teologia das religiões*, publicada em 1995 pela Editora Paulinas[1]. A reflexão ganhou continuidade no pós-doutorado, realizado na Pontifícia Universidade Gregoriana (Roma), em 1997-1998, sob a orientação de Jacques Dupuis. Sob o estímulo de José María Vigil, a obra encontrou uma nova roupagem, com as traduções catalã e espanhola, já no início do novo milênio[2]. A nova edição diferenciava-se da original brasileira, com a inserção de novos capítulos e reelaboração de muitas notas. Surgiu então a ideia de uma nova tradução brasileira, que não ocorreu no período por diversos motivos.

Em razão de crescente demanda dos alunos da disciplina de teologia das religiões, acrescida da dificuldade de acesso à edição original, já esgotada, surgiu a intenção de retrabalhar o tema, aproveitando o material da segunda edição da obra, publicada no exterior, com o acréscimo de novos elementos. Assim nasceu a presente obra, que se concentra agora no debate propriamente teológico, em torno dos três paradigmas que regem o atual debate em torno da teologia do pluralismo religioso: o exclusivismo, o inclusivismo e o pluralismo. Não se nega a complexidade que envolve a temática e a dificuldade de enquadramento dos teólogos trabalhados nos paradigmas existentes. O ideal seria mesmo encontrar um caminho alternativo, que desse conta da reflexão de uma forma mais dinâmica e menos formalizada. Optamos, porém, por manter o exercício reflexivo dentro dos paradigmas tradicionais, ampliando o quadro dos modelos que diversificam o campo das abordagens. Complementando o quadro dos três paradigmas indicados, a reflexão veio enriquecida com outros desdobramentos, que

---
[1] F.TEIXEIRA. *Teologia das religiões*. Uma visão panorâmica. São Paulo: Paulinas, 1995.

[2] F.TEIXEIRA. *Teologia de les religions*. Visió panoràmica de la situació actual. Barcelona: Claret, 2002; Id. *Teología de las religiones*. Una visión panorámica. Quito: Abya-Yala, 2005.

buscam situar a questão da teologia do pluralismo religioso na Ásia e na América Latina, finalizando com a provocadora questão do irrevogável desafio do pluralismo religioso.

Para a redação da primeira edição aproveitei o material escrito para a segunda edição do livro *Teologia das Religiões*, e outros artigos que foram sendo escritos nos últimos anos, entre os quais: Karl Rahner e as religiões. *Perspectiva Teológica*, v. 36, n. 98, pp. 75-97, 2004; A substância católica e as religiões. *Correlatio*, v. 5, n. 10, 2006 (edição digital)[3]; O pluralismo inclusivo de Jacques Dupuis. *In*: A.M.L.SOARES (Org.) *Dialogando com Jacques Dupuis*. São Paulo: Paulinas, 2008, pp. 153-177-; Uma cristologia provocada pelo pluralismo religioso: reflexões em torno do livro *Jesus, símbolo de Deus*. REB, v. 65, n. 258, pp. 293-314, 2005[4]; Teologia asiática e pluralismo religioso. *Perspectiva Teológica*, v. 43, n. 120, pp. 193-209, 2011; A teologia do pluralismo religioso na América Latina. *In*: J.M.VIGIL & L.E.TOMITA & M.BARROS (Orgs). *Teologia pluralista libertadora intercontinental*. São Paulo: Asett/Paulinas, 2007, pp. 21-40; O irrevogável desafio do pluralismo religioso. *In*: SOTER (Org). *Religiões e paz mundial*. São Paulo: Paulinas, 2010, pp. 173-186. O texto sobre Christian Duquoc foi escrito para a primeira edição do livro. Todo o material foi revisado, incluindo as notas de rodapé, sendo igualmente enriquecido com novas pontuações.

Esta segunda edição retoma integralmente a primeira edição, publicada em 2012 pela Nhanduti Editora (São Paulo).

---

[3] Sobre a reflexão de Paul Tillich sobre as religiões.
[4] Em torno da reflexão de Roger Haight sobre a cristologia e a questão das religiões.

PREFÁCIO

A teologia no Brasil está a abrir cada vez mais os braços. Já faz tempo que deixou de ser reflexo, para tornar-se fonte inspiradora. Lá foram os tempos em que ela reproduzia a teologia europeia quase mecanicamente, tanto nos idos da neoescolástica, quanto nos primeiros sopros da modernidade pós-conciliar. Encontrou-se, nos primeiros anos de originalidade, com os pobres imersos em situações de dominação e opressão, lançando-lhes o grito de libertação desde a fé cristã. Assim surgiu e cresceu a teologia da libertação que marcou definitivamente o nascimento das teologias latino-americanas. As mulheres vieram e trouxeram a originalidade de sua presença e pensar. Assim vicejou e ainda atua entre nós excelente grupo de teólogas a enriquecer a compreensão da Revelação com o olhar feminino. As etnias negra e indígena enriqueceram-nos também o cenário teológico. Do lado hispano, a tradição indígena fecundou bons teólogos. No Brasil, a teologia negra resgatou a dívida religiosa em relação à fértil tradição africana.

No momento, duas áreas do pensar nos ocupam principalmente, sem deixar as perspectivas já conquistadas do pobre, da mulher, das etnias: a ecologia e o diálogo com as religiões. Nesse segundo campo, Faustino Teixeira tem-se especializado e se tornou referência imprescindível, além de estudos alentados e profundos sobre a mística das diferentes religiões. Ele relança com essa presente publicação, em nova, revista e aumentada edição, suas reflexões sobre a Teologia das Religiões.

Na nova edição, aprofunda e amplia especialmente o modelo pluralista inclusivista. Ele o faz em dois momentos. Retoma, num primeiro lance, três clássicos pensadores católicos que trabalharam essa temática de modo sério e com vastidão de horizontes: Jacques Dupuis, Claude Geffré e Andrés Torres Queiruga. Não se trata simplesmente de expor-lhes o pensamento, mas de inseri-los na rica correnteza atual do diálogo, iniciado no mundo católico, de modo especial, pelo Vaticano II e pela Encíclica de Paulo IV sobre o dialogo.

De dentro de tal tendência, deslocaram o acento. Tempos atrás, o diálogo se via sobretudo a partir da Igreja católica que, consciente da plenitude da verdade, se abria aos outros, não sem certo desejo antes de comunicar a verdade do que de aprender. A nova visão se situa em posição de maior humildade e modéstia, consciente de que em todo diálogo ambos os parceiros se enriquecem na mútua comunicação e no mútuo aprendizado.

Esses autores, naturalmente, vistos pela lente de um teólogo brasileiro, afeito ao diálogo com as culturas afro e indígenas, recebem toque enriquecedor. Assim o leitor aprende duplamente, quer bebendo de fontes europeias bem trabalhadas, quer da perspectiva latinoamericana. Então, J. Dupuis é interpretado sob a ótima dos caminhos diversificados da graça divina. Cl. Geffré, por sua vez, aparece como quem capta nas religiões o desígnio misterioso de Deus. E finalmente, A. Torres Queiruga, enfoca tal problema sob a ótica de teologia aberta da Revelação.

Em segundo momento, Teixeira, na mesma perspectiva de releitura de teólogos europeus, mostra os novos desdobramentos do paradigma inclusivista. Nesse estudo, além de três renomados teólogos europeus Edward Schillebeeckx, Hans Küng e Michael Amaladoss, da Índia, acrescenta a figura relevante de Christian Duquoc.

Cada um desses autores recebe de Teixeira inteligente interpretação. E. Schillebeeckx mostra as surpresas da manifestação de Deus. H. Küng propugna uma teologia ecumênica das religiões, M. Amaladoss, dilata a vista para amplitude cósmica da ação de Cristo. E finalmente, o teólogo dominicano C.Duquoc vê no mundo da pluralidade das religiões sinfonia sempre adiada. Essa simples tipologia mostra a originalidade da abordagem de Teixeira e convida o leitor a mergulhar em mundos bem diferentes desde a sua própria perspectiva religiosa em frutuoso diálogo.

Se o forte e a novidade principal do livro se situam no paradigma inclusivista, no entanto se abordam também os paradigmas exclusivista e pluralista. O exclusivismo na tradição cristã remonta ao axioma teológico *Extra Ecclesiam nulla salus*, que descola do húmus generativo para adquirir cada vez mais o estreitamento de significado. E depois da Reforma, a Igreja católica tem reservado para si a exclusividade eclesial até que o movimento ecumênico, já iniciado antes do Concílio Vaticano II, gestou dentro dela abertura para as igrejas cristãs, para o judaísmo e para outras religiões. No universo protestante, K. Barth simboliza o exclusivismo da fé cristã com a teologia dialética em oposição à teologia liberal.

No paradigma pluralista, merece estudo detalhado o teólogo jesuíta americano R. Haight com contundente cristologia; Raimon Panikkar desenvolveu extraordinário périplo espiritual teológico desde as hostes aguerridas do Opus Dei até uma teologia aberta interdisciplinar, intercultural e interreligiosa. Outro nome do mundo americano, Paul Knitter, católico, assume ousada e ardorosamente a posição pluralista. Adverte para a responsabilidade global das religiões. E, finalmente, o inglês John Hick, convertido para o *Evangelical Christianity*, valoriza a centralidade do Real no pluralismo religioso. Percorreu itinerário espiritual passando pela Igreja Reformada Unida até os *Quakers*.

O quadro traçado por Teixeira oferece-nos excelente visão da problemática da teologia das religiões e nos adestra para a teologia e a prática do diálogo intercultural e interreligioso.Faz parte do livro também reflexão sobre a teologia e o pluralismo religioso na Ásia e na América Latina. Termina e fecha as considerações teológicas a constatação do irrevocável desafio do pluralismo religioso.

Já não vivemos tempos de Cristandade. As religiões, enquanto instituição, sofrem enorme desgaste. Nenhuma conseguirá encontrar sozinha caminhos para falar às pessoas da pós-modernidade. O diálogo traz substancial contribuição para o impasse presente. Importa perceber no momento cultural atual a tensão entre religião e religiosidade. E em face de ambas, o leitor cristão se questiona sobre o papel de sua fé como momento crítico dialético. Ela leva luz às religiões e às expressões religiosas, mas também recebe delas impulsos para purificar-se e aprofundar-se. Que o leitor aproveite desse belo livro para adentrar-se no horizonte sedutor do diálogo interreligioso!

João Batista Libanio

SUMÁRIO

INTRODUÇÃO 17

1
O PARADIGMA EXCLUSIVISTA 19
   1.1. No campo católico: Extra ecclesiam nulla salus 19
   1.2 No campo protestante: A presença de Karl Barth 23

2
O PARADIGMA INCLUSIVISTA 29
   2.1 A teologia do "acabamento": A linha de Jean Daniélou 29
   2.2 A teologia da "presença de Cristo nas religiões" 35
   2.3 A teologia do pluralismo inclusivo 65
   2.4 Outros desdobramentos do paradigma inclusivista 95

3
O PARADIGMA PLURALISTA 119
   3.1 Jonh Hick e a centralidade do Real 121
   3.2 Paul Knitter: as religiões e a responsabilidade global 126
   3.3 Raimon Panikkar: as religiões no mistério cosmoteândrico 130
   3.4 Roger Haight: a constitutividade crística em questão 134

4
TEOLOGIA E PLURALISMO RELIGIOSO NA ÁSIA 153

5
A TEOLOGIA DO PLURALISMO RELIGIOSO NA AMÉRICA LATINA . 169

6
O IRREVOGÁVEL DESAFIO DO PLURALISMO RELIGIOSO 183

REFERÊNCIAS 195

INTRODUÇÃO

A teologia das religiões ou do pluralismo religioso constitui um campo novo de estudo e seu estatuto epistemológico vai sendo definido progressivamente. Trata-se de um fenômeno típico da modernidade plural, que provoca a crise das "estruturas fechadas" e convoca a "sistemas abertos de conhecimento".[5] Uma série de fatores contribuíram para a sua emergência: a comunicação e interdependência crescente entre os vários povos e culturas; a consciência mais viva da pluralidade das religiões; a relação de proximidade inédita do cristianismo com as outras religiões, favorecida pelo avanço das comunicações nos últimos tempos; o crescente dinamismo de certas tradições religiosas e seu poder de atração e inspiração no Ocidente; a nova consciência e sensibilidade em face dos valores espirituais e humanos das outras tradições religiosas e a abertura de novos canais de conhecimento sobre elas; uma nova compreensão da atividade missionária etc[6].

A originalidade desta dinâmica teológica só começou a se esboçar neste século, quando então a teologia cristã assume a perspectiva de uma singular relação com as outras religiões. Sob o significativo influxo da ciência da religião, que favoreceu preciosos elementos para uma análise mais objetiva das religiões, a teologia cristã pôde defrontar-se de maneira mais positiva com a realidade do pluralismo religioso. A teologia das religiões oferece, assim, recursos para uma correta avaliação teológica das diversas tradições religiosas, criando as condições para o exercício de um efetivo diálogo inter-religioso[7]. A especificidade de uma teologia das religiões não se reduz à questão da possibilidade de salvação dos "não-cristãos" tema que sempre ocupou a reflexão teológica desde os tempos

---

[5] P.BERGER. *Rumor de anjos*; A sociedade moderna e a redescoberta do sobrenatural. 2 ed. Petrópolis: Vozes, 1997, p. 45.

[6] 2. M.F.MIRANDA. O encontro das religiões. Perspectiva teológica, v. 26, n. 68, 1994, p. 9; P.KNITTER. *Nessun altro nome?* Un esame critico degli atteggiamenti cristiani verso le religioni mondiali. Brescia: Queriniana, 1991, pp. 14s; V.BOUBLIK. Teologia delle religioni. Roma: Studium, 1973, p. 30; COMISSÃO Teológica Internacional. *O cristianismo e as religiões*. São Paulo: Loyola, 1997, pp. 9-10 (nºs 1 e 2).

[7] Embora seja ainda mais correto dizer que a teologia das religiões constitui, antes, uma resposta ou prolongamento do diálogo inter-religioso, uma reapropriação da questão no plano de uma elaboração teológica enraizada numa dada herança religiosa. A distinção entre teologia das religiões e diálogo inter-religioso foi muito bem enfocada por J-C BASSET, em sua obra *Le dialogue interreligieux*; histoire et avenir. Paris: Cerf, 1996, p. 412.

dos Padres da Igreja, mas particularmente ao significado do pluralismo religioso nos desígnios de Deus para a humanidade[8].

Na tentativa de esboçar o itinerário seguido pela teologia cristã, no seu esforço de compreender a relação do cristianismo com as outras religiões, podem-se sintetizar três diferentes perspectivas adotadas no tratamento da questão: a exclusivista, a inclusivista e a pluralista. Esta subdivisão em três partes tem sido a preferida por grande parte dos autores que trabalham o tema[9], correspondendo de forma mais precisa à dupla mudança de paradigma[10] ocorrido no campo da teologia das religiões. Embora este esquema seja o mais aceito, há resistências ao mesmo sobretudo entre os teólogos indianos, que o consideram limitado pelo modo de pensar ocidental, simplificador, acadêmico, especulativo e insuficiente para dar conta da complexidade do pluralismo religioso atual[11]. Embora deva-se admitir a pertinência de muitas das críticas apontadas, o esquema tripartite permanece ainda o mais lógico para situar o debate.

---

[8] Como sublinha C. Geffré: "A teologia das religiões não se fechou sobre a questão da salvação. Sua tarefa própria e nova é interrogar-se sobre o significado do pluralismo religioso no plano de Deus": C.GEFFRÉ. O lugar das religiões no plano de salvação. In: F.TEIXEIRA (Org.). *O diálogo inter-religioso como afirmação da vida.* São Paulo: Paulinas, 1997, p. 116; C.GEFFRÉ. *Croire et interpréter*; le tournant herméneutique de la théologie. Paris: Cerf, 2001, p. 99. Para Jacques Dupuis, a afirmação crescente de uma nova consciência da realidade do pluralismo religioso vem provocando nos teólogos a necessidade de uma mudança na própria formulação do tema: prefere-se falar atualmente em teologia do pluralismo religioso. Trata-se de uma reflexão que "busca, com mais profundidade, à luz da fé cristã, o significado, no projeto de Deus para a humanidade, da pluralidade das fés vivas e das tradições religiosas que nos cercam": J.DUPUIS. *Rumo a uma teologia cristã do pluralismo religioso.* São Paulo: Paulinas, 1999, p. 25.

[9] Entre os autores que trabalham com estas categorias podem-se citar: A. Race, H. Coward. G. D'Costa, J.Hick, Schimidt-Leukel etc. Outras classificações foram adotadas para distinguir tais posicionamentos: cf. P.SCHINELLER. Christ and Church. A Spectrum of Views. *Theological Studies*, n. 37, pp. 545-566, 1976; J.DUPUIS. *Rumo a uma teologia cristã do pluralismo religioso.* São Paulo: Paulinas, 1999, pp. 251-282; R.PANNIKKAR. *Il dialogo intrareligioso.* Assisi: Cittadella Editrice. 1988, pp. 27s; P.KNITTER. *Introdução às teologias das religiões.* São Paulo: Paulinas, 2008. Nessa obra, Knitter prefere falar em quatro modelos: modelo de substituição, modelo de complementação, modelo de mutualidade e modelo de aceitação.

[10] Adota-se aqui a distinção feita por J. Dupuis entre paradigma e modelo. Em contraponto com o termo modelo, que apresenta um caráter mais descritivo, o termo paradigma implica uma "chave de interpretação complexiva da realidade". Os modelos não se excluem mutuamente, já que não pretendem definir distintivamente uma realidade. Isto já não ocorre com o paradigma, que exclui possibilidades de combinação. J.DUPUIS. *Rumo a uma teologia*, pp. 252-253.

[11] Ver a propósito Jacques DUPUIS. *Rumo a uma teologia*, pp. 277-282. E também: G.GISPERT-SAUCH. La teologia indiana dopo il Vaticano II. *Rassegna di Teologia*, n. 1, pp. 5-37, 2001 (em especial pp. 24 e 30).

O PARADIGMA EXCLUSIVISTA

O caminho mais tradicional de abordagem sobre o tema identifica-se com o *paradigma exclusivista*, presente tanto em âmbito católico-romano como protestante. Trata-se de uma posição que vincula a possibilidade de salvação ao conhecimento explícito de Jesus Cristo e a pertença à Igreja. Sua vigência encontra-se mais rarefeita no tempo atual, restringindo-se a grupos católicos mais conservadores e núcleos de fundamentalistas protestantes.

1.1. No campo católico: *Extra ecclesiam nulla salus*

No *campo católico*, a posição teológica exclusivista apoiou-se no tradicional axioma: "***extra ecclesiam nulla salus***" (fora da Igreja não há salvação), sustentando que as condições necessárias para a salvação relacionam-se com um conhecimento explícito de Jesus Cristo e a pertença à Igreja. Este axioma constituiu-se em símbolo da posição negativa da Igreja católica a respeito da possibilidade de salvação para os membros das outras tradições religiosas. Nos primeiros Padres da Igreja, antes de Agostinho, este axioma era particularmente aplicado aos heréticos e cismáticos, ou seja, a pessoas que corriam o risco de separar-se da Igreja ou que dela já se haviam afastado[12]. O axioma passou a ser atribuído aos judeus e pagãos, quando o cristianismo torna-se religião oficial do Império Romano (380). Sobretudo a partir de Agostinho (534-430), é que passa a vigorar uma interpretação mais exclusivista do tradicional adágio, em correspondência com sua perspectiva teológica que restringia, significativamente, a dinâmica da vontade salvífica universal de Deus[13]. Um de seus discípulos, Fulgêncio de Ruspe (468-533),

---

[12] Esta expressão, que teve sua origem no século III com Orígenes e Cipriano, indicava no início a impossibilidade de "maternidade de graça" fora da Igreja, nova Eva. Não havia uma intenção nestes autores de desenvolver uma teoria sobre a condenação dos não-cristãos, mas muito mais uma preocupação parenética: em Orígenes, de apelar aos judeus para que não se restringissem apenas ao Antigo Testamento, e em Cipriano, de defender a unidade da Igreja, em face das ameaças de divisão da comunidade. Antecedentes históricos podem ainda ser encontrados nas obras de Inácio de Antioquia e Irineu.

[13] Para uma reflexão mais ampla sobre o histórico do axioma, ver: F. A.SULLIVAN. ¿ Hay salvación fuera de la Iglesia? Bilbao: Desclée de Brouwer, 1999; B.SESBOÜÉ. *Hors de l'Église pas de salut*. Histoire d´une formule et problèmes d´interprétation. Paris: Desclée de Brouwer, 2004; J. DUPUIS. *Rumo a uma teologia*, pp. 123-155;

evidenciará de forma rígida a aplicação do axioma aos pagãos e judeus[14], e sua tese será acolhida nove séculos depois pelo Concílio de Florença (1442). O *Decreto para os coptas*, aprovado neste Concílio, será "o primeiro documento oficial (do magistério da Igreja) em que, além dos hereges e cismáticos, são citados, em relação ao axioma 'Fora da Igreja não há salvação', os judeus e os pagãos. À luz do contexto histórico, a reafirmação do axioma parece ser a principal intenção do Concílio"[15].

A partir da descoberta do Novo Mundo (1492), uma nova perspectiva teológica será afirmada, com o desenvolvimento de reflexões a propósito dos sucedâneos do Evangelho, que visavam explicar a possibilidade de uma fé implícita. Com a descoberta do Novo Mundo, criou-se condições de possibilidade para uma reflexão qualitativamente distinta a respeito do tema da salvação dos membros das outras tradições religiosas. A partir de então, não seria mais possível sustentar de forma incondicional que a fé em Jesus Cristo e a pertença à Igreja constituíssem requisitos absolutos para a salvação.

Papel destacado nesta reflexão coube aos teólogos dominicanos da Universidade de Salamanca e aos professores jesuítas do Colégio Romano. São teólogos que buscarão reconciliar a doutrina tomista tradicional com a nova situação, criada com a descoberta do novo mundo. Vale destacar, em primeiro lugar, o teólogo Francisco de Vitória (1493-1546). Em linha de continuidade com Tomás de Aquino, reconhece não haver salvação sem

---

G.CANNOBIO. *Nessuna salvezza fuori della Chiesa? Storia e senso di un controverso principio teologico*. Brescia: Queriniana, 2009; Id. *Chiesa perché: salvezza dell'umanità e mediazione ecclesiale*. Cinisello Balsamo: San Paolo, 1994, pp. 72-100; J.RATZINGER. *O novo povo de Deus*. São Paulo: Paulinas, 1974, pp. 311-333; Y.CONGAR. *Santa Chiesa*; saggi ecclesiologici. Brescia: Morcelliana, 1964, pp. 385-399 e 410; Id. *Vaste monde, ma paroisse*. Paris: Cerf, 2000, pp. 108-114. Para Christian DUQUOC este axioma, seja qual for sua verdade teórica, produziu "efeitos sociais muitas vezes destruidores". O cristianismo e a pretensão à universalidade. *Concilium*, v. 155, n. 5, pp. 67-68, 1980 (e tb pp. 63-64).

[14] Em sua obra *De fide* ad Petrum, Fulgêncio de Ruspe explicitará um exclusivismo bem definido ao descrever o mal da heresia e do cisma. Para ele, todos os pagãos, e também os judeus, heréticos e cismáticos estão condenados ao "fogo eterno", caso não se convertam ainda em vida à Igreja católica. Não há para eles uma solução benigna, mesmo que tenham atenuado sua situação com "abundantes esmolas" ou derramado o seu sangue em nome de Cristo. Segundo este autor, o único caminho salvífico viável é o que se relaciona com a inserção na unidade da Igreja católica. Cf. F.de RUSPE. *Le condizioni della penitenza la fede*. Roma: Città nuova editrice, 1986, pp. 170-171 e 147.

[15] J.DUPUIS. *Rumo a uma teologia*, p. 137. Retomando a tese de Fulgêncio de Ruspe, o Concílio de Florença assume o enunciado do axioma em sua formulação mais rígida: "A Igreja crê firmemente, confessa e anuncia que 'nenhum dos que estão fora da Igreja católica, na só os pagãos`, mas também os judesu ou hereges e cismaticos, poderá chegar à vida eterna, mas irão para o fogo eterno 'preparado para o diabo e para os seus anjos (Mt 25,41), se antes da morte não tiverem sido a ela reunidos (...)": DENZIGER-HÜNERMANN. *Compêndio dos símbolos, definições e declarações de fé e moral*. São Paulo: Paulinas/Loyola, 2007, p. 372 (DzH 1351). O livro virá doravante siglado como DzH.

fé explícita em Jesus Cristo, mas admite a possibilidade de salvação para aqueles que vivem numa situação de "ignorância invencível" com respeito à fé em Jesus Cristo. Admitia ainda a não culpabilidade dos nativos quando o evangelho não lhes vinha anunciado de forma convincente[16]. O teólogo dominicano, Domingo de Soto, em texto de 1549 (*De natura et gratia*), contesta a tese tradicional da infidelidade culpável dos habitantes do Novo Mundo, antes da chegada dos missionários, e retoma a tese da fé implícita, desenvolvida por Tomás de Aquino[17], mediante a qual Deus lhes forneceria a luz necessária para a presença da salvação em Jesus Cristo.

O teólogo jesuíta Juan de Lugo (1583-1660), do Colégio Romano, avança ainda mais a perspectiva ao defender a tese, revolucionária para a época, da fé implícita mesmo para aqueles que, tendo consciência de Cristo, não comungavam da fé ortodoxa. Para este teólogo, não apenas os pagãos, mas igualmente os heréticos, judeus e muçulmanos[18], poderiam aceder à salvação mediante a fé sincera em Deus[19]. Com de Lugo, a teoria da fé implícita ganha sua forma mais compreensiva. Foi o teólogo que mais avançou na perspectiva moderna sobre a salvação dos que se encontram "fora da Igreja", com ousadia que superou seus predecessores. Não é de se surpreender que as ideias defendidas por de Lugo vão encontrar resistência entre tradicionalistas, como os teólogos de Lovaina Miguel Bayo (1513-1580) e Cornélio Jansênio (1585-1638). Curiosamente, como lembra Bernard Sesboüe, as primeiras censuras de Roma vão incidir não sobre a ousada reflexão de Juan de Lugo, mas sobre seus adversários tradicionalistas[20].

---

[16] F.A.SULLIVAN. ¿ Hay salvación fuera de la Iglesia? pp. 89-90.

[17] Como faz lembrar Dupuis, Tomás de Aquino jamais se destacou da perspectiva que defendia a fé explícita para a salvação. Sua tese sobre a fé implícita era válida para aqueles que viveram antes da "promulgação do Evangelho". A partir do acontecimento desta promulgação, a fé explícita passa a ser uma necessidade para a salvação. Tomás de Aquino partilhava, porém, a visão tradicional para a qual a mensagem do Evangelho teria penetrado em todas as nações da época. J. DUPUIS. *Rumo a uma teologia*, pp. 162-165. Ver ainda: F.A.SULLIVAN. ¿ Hay salvación fuera de la Iglesia? pp. 64-68.

[18] Em linha de sintonia com o teólogo Flamengo, Alberto Pigge (1490-1542), reconhecido como o primeiro pensador cristão que sugeriu a possibilidade de salvação para os muçulmanos, em razão de sua fé em Deus. Ele recorre, como tantos outros teólogos cristãos, desde Tomás de Aquino, ao belo exemplo do centurião romano, Cornélio, descrito em At 10.

[19] Comentando o caráter "revolucionário" de Juan de Lugo, F.A. Sullivan destaca a coragem deste teólogo católico, professor em Roma, que após as restritas formulações do Concílio de Florença e de toda a tradição medieval, ousa indicar a possibilidade de salvação para judeus, muçulmanos e heréticos, quando animados por uma sincera fé em Deus. Suas reflexões, como lembra Sullivan, contrariavam a tradição teológica precedente e, até mesmo, o ensinamento dos Concílios e papas medievais. Cf. F.A. SULLIVAN ¿ Hay salvación fuera de la Iglesia? pp. 119-120. Ver também: Jacques DUPUIS. *Rumo a uma teologia*, pp. 159-162.

[20] B.SESBOÜÉ. *Hors de l'Église pas de salut*, p. 134. Dentre algumas das teses de Bayo e Jansênio condenadas pela Igreja: cf. DzH 1925, 1968, 2304, 2305, 2308, 2311, 2330.

No âmbito do magistério da Igreja, a reflexão sobre a fé implícita estará presente no Concílio de Trento (decreto sobre a justificação – 1547), quando então será afirmada a possibilidade da justificação pelo "batismo de desejo"[21]. Este clima teológico de abertura será, porém, interrompido no período pós-tridentino, quando então grande parte da teologia católica irá sintonizar-se com uma perspectiva acentuadamente negativa e polêmica com relação à história e às outras tradições religiosas. O advento da modernidade, sobretudo com a concretização da Reforma Protestante, significou para a Igreja um impacto de grandes dimensões, e sua reação se deu na linha da defesa vigorosa de sua identidade, colocada em questão.

O modelo de Igreja que nasce no contexto marcadamente polêmico da Contra-Reforma é o da Igreja como "sociedade perfeita e desigual", em que os traços de visibilidade serão evidenciados ao máximo: a necessidade da profissão da verdadeira fé, da comunhão dos mesmos sacramentos e da obediência aos legítimos pastores. Nesta perspectiva, a tradicional formulação "Fora da Igreja não há salvação" ganhará nítidos contornos, funcionando como pedra de toque para a afirmação de uma identidade católica reativa e defensiva em face das "ameaças" que acompanhavam o novo ritmo da história[22]. Será mesmo invocada como um dogma pelo papa Pio VIII, em declaração de março de 1830[23].

Até meados do Concílio Vaticano II (1962-1965), a posição exclusivista será hegemônica entre os teólogos católicos. É conveniente, porém, lembrar que mesmo antes do Concílio a tese exclusivista foi oficialmente refutada pelo magistério eclesial, por ocasião da carta enviada pelo Santo Ofício ao arcebispo de Boston. Nela se condenava a posição rígida de

---

[21] DzH 1524. O axioma tradicional não estará presente nos decretos do Concílio de Trento. Esta ausência talvez se explique pela insistência dos reformadores na tese da impossibilidade da salvação fora da Igreja. Lutero declarava em seu "Catecismo Maior" que não poderia haver perdão e santidade fora da Igreja cristã. Cf. F.A. SULLIVAN ¿ Hay salvación fuera de la Iglesia? p. 101.

[22] Como assinala Ratzinger, as expressões mais radicais formuladas por Fulgêncio Ruspe impregnaram nos séculos seguintes as consciências cristãs, ganhando acolhida no Concílio de Florença (1442). J. RATZINGER. *O novo povo de Deus*. São Paulo: Paulinas, 1974, p. 318. Mesmo na Idade Média, a fórmula referia-se ainda a pessoas concretas, excluídas da salvação. Somente na época moderna é que esta fórmula será compreendida como "afirmação essencial do valor exclusivo da Igreja católica como instituição divinamente constituída no sentido da salvação de todos os homens em Jesus Cristo": Y. CONGAR. *Santa Chiesa*, p. 410.

[23] Pio VIII. Bref Litteris altero abhinc du 25 mars 1830. Apud B.SESBOÜÉ. *Hors de l'Église pas de salut*, p. 157. Esta doutrina vem igualmente confirmada pelo papa Pio IX como um dogma e um artigo de fé (Antigo Denzinger: Dz 1647). Ibidem, p. 160. Mas já começa a ser temperada com a ideia de uma brecha salvífica mediante a "ignorância invencível". Só aqueles que se encontram fora da Igreja de uma "maneira culpável" excluem-se da salvação.

Leonard Feeney[24], que exigia como condição para a salvação a pertença à Igreja[25]. Na mencionada carta vem retomada a consideração de Pio IX sobre a "ignorância invencível"[26], em que se acolhe a consideração da boa fé para a dinâmica salvífica: "Para que alguém obtenha a salvação eterna não é sempre necessário que seja efetivamente incorporado à Igreja como membro, mas requerido é que lhe esteja unido por voto e desejo. Todavia, não é sempre necessário que este voto seja explícito como o é aquele dos catecúmenos, mas, quando o homem é vítima de ignorância invencível, Deus aceita também o voto implícito, chamado assim porque incluído na boa disposição de alma pela qual essa pessoa quer conformar sua vontade à vontade de Deus"[27]. Com a abertura conciliar e as claras afirmações magisteriais da possibilidade salvífica fora da Igreja, uma nova perspectiva passa a ser assumida pelos teólogos, ficando a posição mais fechada restrita a círculos menores.

1.2 No campo protestante: A presença de Karl Barth

No *campo protestante*, a posição exclusivista acompanha o movimento de gênese da teologia dialética, em oposição à teologia liberal, sendo Karl Barth (1886-1968) "um dos teólogos que melhor elaborou a base escriturística e teológica do exclusivismo da posição evangélica"[28]. Já em seu

---

[24] Leonard Feeney era padre jesuíta, e exercia desde 1942 o cargo de diretor do Centro St. Benedict (Cambridge), centro dos estudantes católicos da Universidade de Harvard. Em razão de suas teses, foi excomungado em fevereiro de 1953. Cf. AAS, 45 (1953)100.

[25] Carta do Santo Ofício ao arcebispo de Boston (9 de agosto de 1949). In: DzH 3866-3873. Comentando a excomunhão de Feeney, Congar assinala: "Curiosa posição de um homem que vem excluído da Igreja por ter afirmado que aqueles que a ela não pertencem, explicitamente, estão condenados": Y. CONGAR. *Santa Chiesa*. op. cit., p 394; Id. *Vaste monde, ma paroisse*. Vérité et dimensions du salut. Paris: Cerf, 2000, p. 118.

[26] Pio IX foi o primeiro papa a introduzir a consideração da "ignorância invencível" e do erro em boa fé na construção da doutrina do *Extra Eclesiam nulla salus*. Isto ocorreu com a alocução *Singolari quadam*, em 1854. E também numa carta encíclica, *Quanto conficiamur moerore*: DzH 2866. Ali ele diz: "Aqueles que ignoram invencivelmente a nossa santíssima religião e observam diligentemente a lei natural e os seus preceitos – impressos por Deus no coração de todos – e que, dispostos a obedecer a Deus, conduzem uma vida honesta e reta, podem com o auxílio da luz e graça divina conseguir a vida eterna (...)". Ver a respeito F.A. SULLIVAN ¿ Hay salvación fuera de la Iglesia? p. 139. Ver ainda: Y.CONGAR. *Santa Chiesa*. Brescia: Morcelliana, 1967, p. 392 Para Rahner, foi com este papa que se iniciou uma linha teológica que aponta para um "otimismo salvífico". K.RAHNER. Ateísmo e cristianismo implícito. In: *Nuovi Saggi III*. Roma Pauline, 1969. p. 226.

[27] DzH 3870. Sobre o Episódio Feeney cf. F.A. SULLIVAN ¿ Hay salvación fuera de la Iglesia? pp. 162-168; CONGAR, Yves. *Santa Chiesa*, pp 394-395; J.RATZINGER. *O Novo povo de Deus*, p. 322, n. 24; J.DUPUIS. *Rumo a uma teologia*, p. 179-181.

[28] P.KNITTER. *Nessun altro nome?* p. 64-65. A doutrina católico-romana exclusivista do *"extra ecclesiam nulla salus"*, teve "seu equivalente protestante igualmente enfático na convicção de que fora do cristianismo não há salvação, tanto assim que missionários foram enviados para salvar almas que, de outra forma, perderiam a vida eterna": J.HICK. La non assolutezza del cristianesimo. In: ____. & P. KNITTER (Ed.) *L'unicità cristiana: un mito?*

comentário à *Epístola aos Romanos* (1922), Barth manifesta sua oposição à teologia liberal, que a seu ver representaria uma perspectiva religiosa de continuidade entre o céu e a terra, ou seja, uma problemática "adaptação cognitiva" do cristianismo à modernidade. Para este teólogo, a revelação não pode reduzir-se a um falar do humano, ainda que de forma elevada. Em sua visão, a potência de Deus não pode ser identificada com uma força natural ou da alma, mas significa a "crise de todas as forças, o totalmente Outro"[29]. Trata-se de uma potência de salvação e, enquanto tal, introduz algo de "novo, inaudito e inesperado neste mundo", um sinal de contradição[30]. Há uma diferença radical e "qualitativa" entre Deus e o homem, entre o tempo e a eternidade. Essa diferença funda-se para ele num princípio noético essencial: "Carne e sangue não podem revelar o que não é carne e sangue; somente o Pai no céu pode revelá-lo"[31].

O que ocorre com a teologia de Barth é a "total negação da esplêndida continuidade afirmada pelo mundo liberal entre humano e divino: Deus não é o homem em um nível mais elevado, não é a identidade projetada fora de si, para permanecer na realidade dentro de si. Deus é o absolutamente Outro, o *novum*, o inefável, o inexpugnável, o indisponível em relação a qualquer pressuposição humana"[32]. A razão humana vem situada, radicalmente, no seu devido lugar, no assombro de uma abertura ao que é novidadeiro: o advento do totalmente Outro.

Assim como questiona os limites da razão humana, encerrada no horizonte da identidade e impermeável ao estupor do advento da alteridade novidadeira, Barth aponta igualmente os limites da religião, enquanto sonho pecaminoso do homem de querer se igualar a Deus[33]. A seu ver, a verdadeira "potência de Deus" revela-se no "evangelho da ressurreição". Ali encontra-se o "milagre dos milagres", que é "excelência sobre todos os deuses". É onde Deus se dá a conhecer enquanto "Deus desconhecido que habita em luz inacessível, o Santo, o Criador, o Redentor"[34].

Per una teologia pluralista delle religioni. Assisi: Cittadella Editrice, 1994, p. 81. Id. *A metáfora do Deus encarnado*. Petrópolis: Vozes, 2000, p. 197.

[29] K.BARTH. *L'Epistola ai romani*. 2 ed. Milano: Feltrinelli, 1993, p. 12 (A cura de Giovanni Miegge).

[30] Ibidem, p. 14.

[31] Ibidem, p. 262.

[32] B.FORTE. *À escuta do outro*. Filosofia e revelação. São Paulo: Paulinas, 2003, pp. 35-36.

[33] K.BARTH. *L'Epistola ai romani*, p. 210-251.

[34] Ibidem, p. 11.

Sua posição mais decisiva, porém, estará explicitada no famoso parágrafo 17 de sua Dogmática Eclesial (I, 2, 1938), em que formulará sua concepção de religião. Para Barth, "a religião é incredulidade (*Unglaube*), a religião é por excelência o fato do homem sem Deus"[35]. Na linha de sua argumentação, há uma oposição entre revelação e religião. Na primeira, é Deus que fala ao ser humano, convocando-o à escuta da fé; na segunda, e o ser humano que fala e por si mesmo envereda no caminho da verdade da existência. Nesse sentido, a religião conduz à "autojustificação" e "auto-santificação" do homem, usurpando o chamado gratuito revelador e salvífico de Deus. Trata-se de uma tentativa impotente e obstinada, arrogante e vã do ser humano, utilizando de seus próprios recursos, para enveredar-se no conhecimento e na verdade de Deus. O que ocorre, assinala Barth, é uma antecipação substitutiva e ilusória, realizada por conta própria daquilo que deveria ser dado gratuitamente por Deus[36].

Karl Barth contesta a ideia de uma "revelação geral". Não há para ele senão uma única revelação, aquela realizada em Jesus Cristo. Não é possível expressar nada sobre Deus, sobre o ser humano e o pacto de graça entre eles estabelecido fora de Jesus Cristo. Esse pacto originário não pode ser fruto de uma descoberta ou conclusão advindo de uma "teologia natural", mas é sobretudo dom que escapa da alçada humana. A graça é sempre inacessível, pois do contrário não seria graça[37]. A revelação expressa uma verdade que vem ao encontro do ser humano, e a fé traduz o acolhimento desse Deus que se manifesta. Para Barth, a única atitude possível ao ser humano é deixar-se envolver por essa verdade e acolher a sua fala[38].

O teólogo adverte que o seu juízo sobre as religiões é teológico, ou seja, um olhar sobre as religiões sob a ótica da revelação, e isto não significa afirmar um desprezo ou condenação "da verdade, do bem e do belo que se podem descobrir na maior parte das religiões"[39]. Para Barth, o cristianismo, enquanto religião (expressão humana e fenômeno histórico), é também marcado pela "incredulidade"; mas enquanto fé, "religião da revelação" é

---

[35] K.BARTH. *Dogmatique* I/2, 327. Cf. K.BARTH *Dogmatica ecclesiale*. Bologna: Dehoniane, 1980, p. 47 (Antologia a cura de Helmut Gollwitzer).
[36] K.BARTH. *Dogmatique* I/2, 330. Cf. K.BARTH *Dogmatica ecclesiale*, pp. 49-50.
[37] K.BARTH. *Dogmatique* IV/1, 47. Cf. K.BARTH *Dogmatica ecclesiale*, p. 45.
[38] K.BARTH. *Dogmatique* 1/2, 329. Cf. K.BARTH *Dogmatica ecclesiale*, p. 47.
[39] K.BARTH. *Dogmatique* IV, 91. Apud R.GIBELLINI. *La teologia del XX secolo*. Brescia: Queriniana, 1992, p. 547.

igualmente "a verdadeira religião"⁴⁰. E é verdadeira religião pela presença de Jesus, que constitui o único caminho de acesso ao conhecimento de Deus. Portanto, fora de Jesus Cristo não há revelação nem salvação.

Apesar de manter sempre acesa sua tradicional tese de que Jesus é a única e exclusiva luz da vida, Barth reconhece ao fim da vida, ainda que com muito cuidado e cautela dogmática, que há também "outras luzes" e "outras palavras verdadeiras", percebidas como "reflexos" da única luz que é Jesus Cristo. Esse novo entendimento e valoração do "conhecimento de Deus a partir do mundo criado" veio enfatizado por Hans Küng em ensaio sobre o teólogo de Basiléia. E isso tem incidência sobre seu posicionamento em torno das religiões, ainda que de modo indireto e encoberto. Isso significa uma nova valoração do direito natural, das religiões naturais e das grandes religiões, que antes haviam sido peremptoriamente desqualificadas como forma de incredulidade ou idolatria⁴¹.

O pensamento de Barth encontrou logo ressonância entre muitos discípulos, como o teólogo reformado holandês Hendrik Kraemer, que escreveu o livro *A mensagem cristã num mundo não cristão* (1938), por ocasião da Conferência Missionária Internacional de Tambaram (Madras, Índia), em 1938⁴².

Esta posição mais rígida será posteriormente modificada por teólogos sistemáticos como Paul Tillich, Wolfhart Pannenberg, Carl Heinz Ratschow, Carl Braaten e outros. Tais teólogos manifestam uma nova sensibilidade em face do mundo religioso "não-cristão", indicando o seu significado positivo para a teologia cristã, mas ressaltam com muita firmeza o papel de Jesus Cristo como "ontologicamente e epistemologicamente necessário para a salvação"⁴³. Esta nova perspectiva, também denominada teologia de centro

---

[40] K.BARTH. *Dogmatique* 4, 115. Apud R. GIBELLINI. La teologia del XX secolo, p. 547.

[41] H.KÜNG. *Grandes pensadores cristianos*. Una pequena introducción a la teología. Madrid: Trotta, 1995, pp. 201-202.

[42] Paul Knitter assinala que se, por um lado, a teologia católica a partir de Rahner aceitou o desafio de uma teologia das religiões, a teologia protestante, por outro, distanciou-se da problemática, desinteressando-se pelo tema da religião, em razão da determinante influência de Karl Barth. Tendência que só se modificou mais recentemente, também sob o influxo do Conselho Mundial das Igrejas e da nova teologia católica das religiões. P.KNITTER. La teologia protestante tedesca sulle religioni non cristiane. In: P.ROSSANO. *Il problema teologico delle religioni*. Rome: Paoline, 1975. pp. 50-51.

[43] P.KNITTER. *Nessun altro nome?* p. 69.

ou *"Mainline"*[44], busca uma posição eqüidistante entre a estreiteza de visão exclusivista de Barth e a excessiva largueza da teologia liberal e, na prática, aproxima-se de correntes inclusivistas do pensamento teológico católico.

---

[44] Esta expressão inglesa vem identificada no pensamento de P. Knitter como "linha de centro", buscando retratar o "exclusivismo modificado" dos teólogos que rompem com a neo-ortodoxia de Barth. Os primeiros alicerces da "Mainline" protestante foram erigidos por Emil Brunner 1889-1966) e Paul Althaus (l888- 1966), e depois aprofundados por Tillich, Pannemberg e outros. Mesmo abrindo o campo da reflexão teológica no aprofundamento da noção de revelação universal, os teólogos da "Mainline" acabam confluindo em semelhante posição de Barth quando entra em pauta o assunto da salvação para além de Jesus e do cristianismo. A centralidade cristocêntrica fala mais alto: "somente em contato com Cristo mediante a palavra pregada é que os homens conhecem e experimentam realmente a salvação de Deus. 'Extra verbum nulla salus', nenhuma salvação fora do Verbo". P.KNITTER. *Nessun altro nome?* p. 69. Ver ainda: E.R.PEDREIRA. *Do confronto ao encontro.* Uma análise do cristianismo em suas posições ante os desafios do diálogo interreligioso. São Paulo: Paulinas, 1999, pp. 82-85.

2

O PARADIGMA INCLUSIVISTA

A posição inclusivista tem como traço de sua singularidade a atribuição de um valor positivo para as outras religiões e o seu reconhecimento como mediações salvíficas para seus membros[45]. As religiões do mundo são caminhos de salvação, mas enquanto implicam a salvação de Jesus Cristo. Mediante o seu Espírito, Cristo se faz presente e ativo no crente não-cristão[46], operando para além dos limites visíveis da Igreja, tanto na vida individual como nas diversas tradições religiosas. Justamente por vincular a dinâmica salvífica presente nas outras religiões à ação do Espírito de Cristo é que esta posição define-se como cristocêntrica. Ela "aceita que a salvação possa acontecer nas religiões, porém lhes nega uma autonomia salvífica, devido à unicidade e universalidade da salvação de Jesus Cristo"[47]. A perspectiva inclusivista é hoje, certamente, a mais adotada entre os teólogos católicos, embora contemple em seu mesmo horizonte cristocêntrico posições diversas e mesmo contrastantes[48].

2.1 A teologia do "acabamento": A linha de Jean Daniélou

Uma *primeira posição* pode ser definida como teoria do acabamento ou cumprimento, estando no Ocidente relacionada a teólogos como Jean Daniélou, Henri de Lubac, Hans Urs Von Balthasar e outros[49]. Nesta posição,

---

[45] K.RAHNER. *Cristianesimo e religioni non cristiane.* Saggi de Antropologia Soprannaturale. Paoline: Roma, 1965. pp. 533-572.

[46] K.RAHNER. *Corso fondamentale sulla fede.* Roma: Paoline, 1978, p. 405.

[47] COMISSÃO Teológica Internacional. *O cristianismo e as outras religiões.* São Paulo: Loyola, 1997, pp. 13-14 (n. 11); M.F.MIRANDA. O encontro das religiões. *Perspectiva Teológica*, v. 26, n. 68, p. 13, 1994. *Id.* A salvação cristã na modernidade. *Perspectiva Teológica*, v. 23, n. 59, p. 30, 1991. A perspectiva inclusivista "procura combinar a dupla afirmação do Novo Testamento sobre a vontade salvífica de Deus, concreta e universal com o papel final de Jesus Cristo como Salvador universal": J. DUPUIS. O debate cristológico no contexto do pluralismo religioso. In: F.TEIXEIRA. *Diálogo de pássaros; nos caminhos do diálogo inter-religioso.* São Paulo: Paulinas. 1993, pp. 76-77.

[48] J. DUPUIS. *Gesù Cristo incontro alle religioni*, p. 173.

[49] Os livros representativos desta primeira posição: J.DANIÉLOU. *Il mistero della salvezza delle nazioni.* 3 ed, Brescia: Morcelliana, 1966; *Id. Sobre o mistério da história.* São Paulo: Herder, 1964, pp. 96-108; *Id.* Cristianesimo e religioni non-cristiane. In: Y.CONGAR et alii. *La parola nella storia.* Brescia: Querinina, 1968, pp. 89-103; H.DE LUBAC. *Paradosso e mistero della Chiesa.* Milano: Jaca Book, 1980; H.U.VON BALTHASAR. *Cordula ovverosia il*

os valores positivos das religiões não-cristãs são explicitamente reconhecidos, mas destinados a encontrar o seu "acabamento" (remate) no cristianismo. Estas religiões não constituem, como antes, obstáculos a vencer, mas situam-se no plano de uma pedagogia divina como preparação ao Evangelho. Nesse sentido, constituem *"pierres d'atttente"* (marcos de espera) e a missão da Igreja, sua inserção na pedra angular que é Cristo[50].

As diversas religiões da humanidade representam a aspiração inata no homem à união com o divino, aspiração humana e universal que encontra sua resposta (seu complemento) em Jesus Cristo e no Cristianismo. "Enquanto todas as outras religiões da humanidade constituem expressões diversas do *homo naturaliter religiosus,* sendo, portanto, 'religiões naturais', somente o cristianismo, enquanto resposta divina à procura humana de Deus, é 'religião sobrenatural'"[51]. Esta posição teológica encontrará ressonância em documentos recentes do Magistério da Igreja, como a *Evangelii nuntiandi,* de Paulo VI (1975), e a *Redemptoris missio,* de João Paulo II (1991)[52].

O primeiro expoente ocidental da "teoria do acabamento" foi Jean Daniélou (1905-1974) que, dos anos 40 a 60, escreveu diversos trabalhos sobre o tema. Assim como os demais autores da primeira posição, Daniélou mantém, de forma nítida, a dialética natural-sobrenatural. Sua proposta vai no sentido de uma teologia da história como gradual manifestação de Deus à humanidade. Tudo o que precede à manifestação pessoal de Deus na história é identificado pelo autor como "pré-história" da salvação. As religiões do mundo (religiões cósmicas), com exceção das três religiões monoteístas, não passam de elaborações humanas de uma consciência de Deus, pertencendo assim à ordem natural. Em si mesmas são destituídas de poder salvífico e, no melhor dos casos, representam unicamente aspirações da pessoa humana em direção ao Ser Absoluto.

---

caso serio. 2ª ed. Brescia: Queriniana, 1969; Id. *Incontrare Cristo.* Casale Monferrato: Piemme, 1992, pp. 53-71. Sobre o tema ver ainda: J.ARREGUI. *Urs von Balthasar: dos propuestas de diálogo con las religiones.* Vitoria: Editorial ESET, 1997; I.MORALI. *La salvezza dei non cristiani;* l'influsso di Henri de Lubac sulla dottrina del Vaticano II. Bologna: EMI, 1999.

[50] L.SARTORI. Teologia delle religioni non cristiane. In: *Dizionario teologico Interdisciplinare* III. Casale Monferrato: Marietti, 1977, p. 406; R.GIBELLINI. *La teologia del XX secolo.* Brescia: Queriniana, 1992, p. 548.

[51] J.DUPUIS. *Gesù Cristo incontro alle religioni,* p. 174.

[52] PAULO VI. A *evangelização no mundo contemporâneo.* 4 ed. Petrópolis: Vozes, 1979, n. 53 (Documentos Pontifícios, 188); JOÃO PAULO II. *Sobre a validade permanente do mandato missionário.* Petrópolis: Vozes, 1991, n. 45 e 55 (Documentos Pontifícios, 239). Para a abordagem desses documentos com respeito ao tema das religiões cf. F.TEIXEIRA. *Teologia das religiões.* Uma visão panorâmica. São Paulo: Paulinas, 1995, pp. 133-162; Id. O Concílio Vaticano II e o diálogo interreligioso. In: P.S.L.GONÇALVES & V.I.BONBONATTO (Orgs). *Concílio Vaticano II. Análise e prospectivas.* São Paulo: Paulinas, 2004, pp. 273-291.

A diferença essencial que separa estas "religiões naturais" do cristianismo, segundo Daniélou, é Jesus Cristo, doador de salvação. Enquanto as religiões testemunham o movimento do humano em direção a Deus, o cristianismo constitui o movimento de Deus em direção ao humano e só ele é capaz de fornecer a resposta às aspirações de todo o universo[53]. Na tese defendida pelo autor, "as religiões naturais – e o que nelas é valido – atestam o movimento do homem para Deus; o cristianismo é o movimento de Deus para o homem, que, em Jesus Cristo, vem apanhá-lo, para conduzí-lo a Ele"[54] Para Daniélou, uma mudança substantiva diferencia as religiões naturais da revelação bíblica. Isso não significa, a seu ver, uma desqualificação salvífica das religiões naturais. Elas representam "uma forma autêntica de religião, a manifestação de Deus através da regularidade dos ciclos cósmicos, que corresponde à aliança de Noé". Ocorre, porém, que essa primeira aliança tornou-se, a seu ver, "caduca" com a irradiação da nova aliança, que traduz a efetivação da revelação, dada efetivamente em Jesus Cristo[55]. O cristianismo, adverte o autor,

> "não trata com desdém os valores religiosos das religiões pagãs. Mas, em primeiro lugar, purifica-as de todo erro, quer dizer, destrói a corrupção e, principalmente, a idolatria. Por isso a conversão será sempre uma ruptura. Nunca se vai do paganismo ao Cristianismo por evolução homogênea. E, em seguida, o Cristianismo *termina e realiza* as verdades imperfeitas, que subsistem nas religiões pagãs, pela sabedoria cristã"[56].

Numa clara linha de remate ou acabamento cristão, o autor conclui citando Pio XII, em sua encíclica *Divini praecones* (1951): "A Igreja nunca tratou com desprezo ou desdém as doutrinas dos pagãos; ela mais propria-

---

[53] J.DANIÉLOU. *Sobre o mistério da história*, pp. 106 e 108. Em artigo pioneiro sobre o tema da teologia das religiões, Joseph Gelot sublinha a relação de proximidade entre a teologia de Jean Daniélou e a de Karl Barth com respeito à distinção radical entre religião e revelação, destacando ainda a presença de uma concepção extrinsecista da graça no teólogo francês. Cf. J.GELOT. Vers une theologie chretienne des religions non chretiennes. *Islamochristiana*, n. 2, p. 31, 1976; M.L.FITGERALD. Teologia delle religione: panoramica. *Il Regno*, v. 3, n. 786, p. 91, 1997. E, curiosamente, esta mesma herança aparece no documento da Comissão Teológica Internacional: *O cristianismo e as religiões*. São Paulo: Loyola, 1997, p. 53 (n. 103): "As religiões falam 'do Santo', 'de' Deus, 'sobre' ele, 'em seu lugar' ou 'em seu nome'. Apenas na religião cristã é Deus mesmo quem fala ao homem em sua Palavra".
[54] J.DANIÉLOU. Sobre o mistério da história, p. 106.
[55] Ibidem, pp. 106-107.
[56] Ibidem, p. 108.

mente as liberou de todo erro, pois terminou-as e coroou-as com a sabedoria cristã"[57]. De acordo com Daniélou, trata-se de uma posição que definiria com precisão a atitude do catolicismo com respeito às outras religiões.

Reflexão semelhante é realizada por Henri de Lubac (1896-1991), para o qual só o cristianismo constitui uma religião sobrenatural. As outras religiões não estão destituídas de verdade e bondade. Em todo ser humano, está impressa uma imagem de Deus, entendida como uma "chamada secreta para o Objeto da revelação, plena e sobrenatural, trazida por Jesus Cristo"[58]. Assim como o sobrenatural não substitui a natureza, mas a informa e transforma, assim também o cristianismo é convocado a transformar o esforço religioso da humanidade; isto comporta dois aspectos complementares: de purificação e combate de seus desvios bem como a assunção, assimilação e transfiguração de seus valores positivos[59]. Com base na reflexão dos Padres da Igreja e em São Paulo, De Lubac indica que "tudo o que há de verdadeiro e de bom no mundo, deve ser assumido e integrado na síntese cristã, onde será transfigurado"[60].

Reconhecer tais valores não significa, para De Lubac, atribuir um valor salvífico às outras religiões, pois isto equivaleria a introduzir vias paralelas de salvação, criando uma situação de "concorrência" com o cristianismo e sombreando sua unicidade[61]. Seguindo as pistas abertas por Agostinho, Clemente de Alexandria e outros, De Lubac sinaliza que "somente na Igreja de Cristo se refaz e se recria o gênero humano"[62]. Em sua visão, não há que simplesmente condenar as outras religiões, mas também não se pode entendê-las como "verdadeiras economias de salvação, provenientes de Deus", pois isso equivaleria a "deslocar o plano de Deus caracterizado pela unidade" e "desvalorizar *a priori* o próprio conceito de verdade religiosa"[63].

Segundo De Lubac, só pode haver um desígnio ordenado de Deus, sendo o cristianismo seu único pólo. É sob forma de resposta divina à aspiração de transcendência presente no humano que o mistério de Cristo

---

[57] Apud J.DANIÉLOU. *Sobre o mistério da história*, p. 107.
[58] H.DE LUBAC. *Paradoxo e mistério da Igreja*. São Paulo: Herder, 1969, p. 111.
[59] Ibidem, pp. 113-114.
[60] Ibidem, p. 115.
[61] Ibidem, p. 116.
[62] Ibidem, p. 116.
[63] Ibidem, pp. 116-117.

alcança os membros das outras tradições religiosas[64]. O que há de bom nas outras tradições religiosas, adverte De Lubac, é o que nelas é integrável no Cristo: "Tudo o que é subjetivamente salvável tem relação com a Igreja. Em qualquer hipótese, a pesquisa essencial ao homem da qual testemunha o fato religioso, mesmo em seus piores extravios, deve enfim encontrar seu verdadeiro objeto na revelação anunciada ao mundo pela Igreja"[65].

Em sintonia fina com a teoria do acabamento, De Lubac insistia na ideia de que não há possibilidade de salvação para o gênero humano deslocada do Evangelho. Assinala a existência de uma "única redenção", de uma "única revelação" e de uma "única Igreja"[66]. Resiste com vigor às teorias que defendem um cristianismo anônimo ou implícito, que para ele seria um paralogismo. A seu ver, tais teses acabariam por esvaziar a tônica missionária da Igreja. A defesa de um "cristianismo implícito", espalhado por toda a humanidade, enfraqueceria a pregação apostólica, que teria como único escopo tornar explícito o que já existe, e com isso minimizar o traço novidadeiro da revelação de Jesus Cristo, reduzida à "divulgação daquilo que já existia desde sempre"[67].

---

[64] Deve-se recordar que em 1965, De Lubac foi nomeado consultor do Secretariado para os Não-Cristãos, e sua atuação neste organismo foi decisiva para a adoção pelo Concílio Vaticano II do tema da *"praeparatio evangelica"*. Autores como Ilaria Morali, buscam mostrar como sua atuação nos anos precedentes ao concílio foi importante para a afirmação dos motivos teológicos que conferem plausibilidade ao tema mencionado. Com a adoção desta tese, confirmava-se a opção conciliar de evitar conferir um valor propriamente salvífico às religiões não-cristãs. Em carta dirigida a Jean Daniélou, em julho de 1965, Henri de Lubac sublinhou explicitamente sua luta efetiva no Secretariado para os Não-Cristãos contra as pressões existentes em favor da declaração do valor salvífico das diversas religiões como tais. Cf. I.MORALI. *La salvezza dei non cristiani*, pp. 98-100 e 257-258. Assinala em seu diário do Concílio, em abril de 1965, que essa era também uma preocupação do papa Paulo VI, inquietado com teorias teológica em voga que defendiam a ideia do cristianismo como uma "via extraordinária de salvação": H.DE LUBAC. *Carnets du Concile II*. Paris: Cerf, 2007, pp. 394-395. Esta visão de De Lubac incidia igualmente sobre sua compreensão da vida mística, identificada por ele como uma união efetiva com a divindade. Para este teólogo, a Igreja católica significava o lugar normal de realização da graça sobrenatural, e espaço de experiência de uma "mística verdadeira". Nas outras tradições ocorreria simplesmente a presença de uma "mística natural", entendida como "esboço" ou "alba natural" da mística cristã: H.DE LUBAC. Prefazione. In: A.RAVIER (Ed.). *La mistica e le mistiche*. Cinisello Balsamo: San Paolo, 1996, pp. 19-20. Sobre essa questão, ver ainda: H.DE LUBAC. *Catholicisme. Les aspects sociaux du dogma*. Paris: Cerf, 1947, pp. 185-186. Segundo De Lubac, é possível que ocorra na humanidade, "por exceção", experiências de grande alcance espiritual, mas elas não alcançam o seu Termo único senão no cristianismo: "Os mais belos e potentes desses esforços necessitam, absolutamente, da fecundação do cristianismo para produzir seus frutos de eternidade (...)": Ibidem, p. 186.

[65] H.DE LUBAC. *Paradoxo e mistério da Igreja*, p. 117.

[66] Ibidem, p. 132.

[67] Ibidem, pp. 132-133. Em obra clássica sobre o catolicismo, De Lubac trata dessa delicada questão, e contesta a hipótese de um "cristianismo implícito". Para ele, se um tal cristianismo é suficiente para a salvação, por que, então, colocar-se em busca de um cristianismo explícito? Se os seres humanos podem se salvar em razão da presença de um "sobrenatural anônimo", o dever de "reconhecer expressamente esse sobrenatural na profissão de fé cristã" fica esvaziado. Ver a respeito: H.DE LUBAC. *Catholicisme. Les aspects sociaux du dogma*, pp. 182-183.

Outro autor que reflete a perspectiva da primeira posição é Hans Urs Von Balthasar (1905-1988). Em diversos trabalhos, este teólogo reflete sobre a relação do cristianismo com as demais religiões do mundo e, em particular, com as religiões orientais. Seu objetivo é sempre sublinhar o caráter absoluto do cristianismo com respeito às outras tradições religiosas. Para este autor, as religiões universais não possuem o mesmo valor. As religiões de revelação (judaísmo, cristianismo e islamismo), presentes no hemisfério ocidental, distinguem-se nitidamente das demais variantes religiosas do mundo oriental. Para Von Balthasar, o homem religioso no Ocidente encontrou uma revelação que vem de Deus e que entrou na história, enquanto no Oriente o movimento segue o sentido inverso, do homem religioso para o Absoluto-Divino[68]. Nos dois casos, há um fundamento comum na busca de uma auto-transcendência e libertação, mas a diferença reaparece no caminho perseguido para conseguir tal meta. A crítica do teólogo suíço refere-se, sobretudo, à pretensão presente nas religiões orientais de conduzir a auto-libertação mediante o esforço humano. Para ele, esta auto-transcendência "só pode ser recebida como dom de um Deus de amor que se comunica pessoalmente com os seres humanos"[69]. Dentre as religiões de revelação somente o cristianismo permanece, segundo von Balthasar, como religião universal destinada a todos. Como indica este autor, "a pretensão de universalidade enraíza-se na figura, única e sem analogia na história universal, de Jesus Cristo, que cumpre todas as pretensões das religiões orientais, do judaísmo e do islamismo, no momento em que eleva por si mesmo a pretensão da autoridade divina e da comunicação da vida"[70]. Para este autor, o cristianismo assume e leva à sua realização (acabamento) todos os elementos positivos presentes nas demais tradições religiosas[71].

---

[68] H.U.Von BALTHASAR. *Incontrare Cristo*. Casale Monferrato: Piemme, 1992, p. 54.

[69] J.DUPUIS. *Rumo a uma teologia*, p. 199.

[70] H.U.Von BALTHASAR. *Incontrare Cristo*, p. 69.

[71] Embora predomine em von Balthasar esta perspetiva de abordagem sobre o tema da relação entre o cristianismo e as outras religiões, há autores que buscam sinalizar no mesmo teólogo outras possibilidades de reflexão. É o caso do teólogo José Arregui, em tese defendida no Instituto Católico de Paris, em 1991. Para este autor, o pensamento de von Balthasar reflete a coexistência de duas maneiras de situar a questão. Ao lado da maneira tradicional, que expressa a centralidade cristã, existe uma outra abordagem que revela, antes, a consciência da parcialidade e inacabamento radical da catolicidade da Igreja na história. A realidade de Israel, colocaria para a Igreja o horizonte de um mistério cujo segredo e chave escapam de todo e qualquer domínio, desnudando, assim, o caráter histórico da Igreja e sua não plena catolicidade no tempo. E esta relação da Igreja com Israel converter-se-ia em paradigma da relação da Igreja católica com as demais religiões. Cf. J.ARREGUI. *Urs von Balthasar: dos propuestas de diálogo con las religiones*. Vitória: ESET, 1997, pp. 16, 123-127 e 133-134.

2.2 A teologia da "presença de Cristo nas religiões"

Uma *segunda posição* vem definida como "teoria da presença de Cristo nas religiões", e associa-se sobretudo ao pensamento teológico de *Karl Rahner* (1904-l984)[72]. Pode-se também acrescentar, em âmbito protestante, a perspectiva teológica defendida por *Paul Tillich* (1886-1965). De acordo com esta teoria, as diversas tradições religiosas da humanidade são portadoras de valores soteriológicos positivos para os seus membros, pois nelas e através delas manifesta-se a presença operativa de Jesus Cristo e de seu mistério salvífico. Neste sentido, em razão da relação destas tradições religiosas com o mistério de Jesus Cristo, não podem ser consideradas simplesmente como "religiões naturais". Representam, a seu modo, uma ordem de mediação deste mistério salvífico único: são "religiões sobrenaturais" [73]

a. Karl Rahner: a dimensão sobrenatural das religiões

Em razão da fundamental importância da reflexão de Karl Rahner na elaboração de uma teologia cristã das religiões bem como seu influxo sobre os documentos do Concílio Vaticano II, serão destacados alguns passos significativos de sua reflexão sobre o tema.

As importantes e decisivas mudanças ocorridas no panorama teológico católico contemporâneo trazem a presença e a marca de Karl Rahner. Foi de fato o "arquiteto da nova teologia católica", como bem sublinhou Jürgen Moltmann. Dotado de impressionante erudição e forte rigor teórico, imprimiu a tônica da renovação em âmbitos nodais da teologia, o que pode ser vislumbrado na riqueza de seus *Escritos de Teologia* e na sua monumental obra de síntese, voltada para uma apresentação orgânica e complexiva de sua concepção teológica: *Curso fundamental da fé*[74].

---

[72] Rahner foi o principal teólogo desta corrente, e "somente depois dele é que se pode falar verdadeiramente de tendência. Na sua trilha encontram-se: A Röper, H. R. Schlette, R. Panikkar, e também G. Thils e outros". L.SARTORI. Teologia delle religioni non cristiane. In: op. cit., p. 407. O mesmo influxo de Rahner pode ser percebido na tese doutoral de Leonardo Boff, em particular no capítulo que trata o tema da Igreja como sacramento e as religiões da terra (1972). Cf. J.GELOT. Vers une theologie chretienne, p. 41 n. 184 e 46 n. 215.

[73] J.DUPUIS. *Gesù Cristo incontro alle religioni*, p. 176; K.RAHNER. *Curso fundamental da fé*, p. 371. Panikkar pondera: "Descrever uma religião como 'natural' significa dizer que ela não é realmente uma religião. (...) Uma religião puramente 'natural' não poderia de forma alguma realizar aquilo que é o seu fim, isto é, a salvação do homem; em outras palavras seria meramente uma aparência de religião". R.PANIKKAR. Hinduísmo e cristianismo. In: VÁRIOS. *Ecumenismo das religiões*. Petrópolis: Vozes. 1971, pp. 219-220

[74] K.RAHNER. *Schriften zur Theologie*, Einsiedeln: Benziger Verlag, 1961-1984. Id. *Grundkurs des Glaubens. Einsfuhrung in den Begrif des Christentums*. Freiburg im Breisgau: Verlag Herder, 1976. Tanto os Escritos de

A contribuição teológica de Rahner incidiu também no campo da relação do cristianismo com as outras tradições religiosas. Exerceu um papel pioneiro na reflexão da teologia católica sobre o valor das outras tradições religiosas no desígnio salvífico de Deus, rompendo com a visão predominantemente pessimista em curso. Foi inovadora sua percepção da função salvífica positiva das outras religiões, como dado irrenunciável e irreversível, envolvendo sua própria institucionalidade. Para Rahner, uma tal convicção, antes de ser mera expressão de uma mentalidade liberal, traduz um "elemento da verdade cristã"[75]. Sua visão otimista sobre o tema deixou rastros decisivos no Concílio Vaticano II (1962-1965).

O objetivo aqui é traçar os passos fundamentais da reflexão de Rahner sobre o tema das religiões, com base nos diversos textos produzidos por ele a respeito[76]. Há que sublinhar como ponto de partida a complexidade de seu pensamento e as nuances peculiares que envolvem a sua reflexão a propósito das religiões. O importante é reconhecer que os passos por ele desenvolvidos neste delicado território devem ser compreendidos e situados no contexto mais amplo de suas grandes intuições teológicas, de modo particular em sua antropologia teológica[77]. Daí a necessidade de uma breve incursão neste campo, antes de iniciar a reflexão sobre o tema em específico.

O ser humano e a autocomunicação de Deus

A abordagem de Rahner sobre as religiões encontra ancoradouro em sua reflexão antropológica. Como sublinhou Dupuis, "a teoria de Rahner está baseada na sua antropologia teológica, isto é, numa análise filosófico-teológica da humanidade na condição histórica concreta em que foi criada por Deus e destinada à união com ele"[78]. Para Rahner, o ser humano não pode ser compreendido apenas em âmbito da atividade categorial, ou

---

Teologia como o Curso Fundamental da Fé foram traduzidos para o italiano, sendo que este último também traduzido para o português.

[75] K.RAHNER. Il significato permanente del Concilio Vaticano II. In: *Sollecitudine per la Chiesa*, Roma: Paoline, 1982, p. 375 (Nuovi Saggi VIII).

[76] O tema vem tratado por Rahner em vários ensaios presentes em seus Escritos de Teologia, iniciados com a célebre reflexão sobre o cristianismo e as religiões não cristãs, fruto de uma conferência realizada em abril de 1961: K.RAHNER. Cristianesimo e religioni non cristiane. In: *Saggi di antropologia soprannaturali*. Roma: Paoline, 1965, pp. 533-572. A reflexão do autor sobre o tema ganha igualmente uma boa síntese em sua obra fundamental: *Corso fondamentale sulla fede*. Roma: Paoline, 1978 (tradução brasileira: *Curso fundamental da fé*. São Paulo: Paulinas, 1989).

[77] B.SESBOUÉ. Karl Rahner et les 'chétiens anonymes. *Études*, v. 361, n. 5, pp. 521-535, 1984 (aqui p. 523).

[78] J.DUPUIS. *Rumo a uma teologia cristã do pluralismo religioso*. São Paulo: Paulinas, 1999, p. 202.

seja, de sua consciência explícita e objetiva. Subjacente a tal atividade, e permeando toda a dinâmica existencial do ser humano, atua igualmente uma experiência transcendental. Trata-se de um domínio subjetivo bem mais complexo e de difícil tematização. A experiência transcendental vem identificada por Rahner como a experiência da transcendência: "chamamos de experiência transcendental a consciência subjetiva, atemática, necessária e insuprimível do sujeito que conhece, que se faz presente conjuntamente a todo ato de conhecimento, e o seu caráter ilimitado de abertura para a amplidão sem fim de toda realidade possível"[79]. A experiência transcendental é uma experiência de abertura radical, expressão do desejo infinito de transcendência da ordem particular; uma experiência que anima a partir de dentro toda atividade categorial exercida pelo sujeito.

Esta experiência transcendental presente em toda criatura humana reflete a presença de um "mistério santo" que dinamiza a realidade do sujeito em sua busca infinita. A presença real deste mistério não se traduz, necessariamente, em conhecimento explícito. Rahner admite a realidade de um conhecimento "anônimo e atemático de Deus", mesmo de um conhecimento irreligioso, que habita a dimensão existencial humana[80]. Não há nada de mais evidente para Rahner, ainda que incompreensível, do que este mistério. Trata-se de um mistério que é "horizonte infinitamente longinquo", mas também "proximidade acolhedora"[81]. Não é algo que advém ao sujeito, mas alguém que está dado e lhe é familiar, habitando sua dimensão de profundidade. Antes mesmo que o ser humano se disponha a buscar o mistério de Deus, é este mesmo mistério que se manifesta como um dom gratuito[82].

De acordo com a visão de Rahner, no núcleo mais íntimo da compreensão cristã da existência está a dinâmica da autocomunicação livre e misericordiosa de Deus. Com a adoção deste termo, Rahner quer indicar que "Deus se torna ele mesmo em sua realidade mais própria como que um constitutivo interno do homem"[83]. Mediante uma tal autocomunicação "ontológica", Deus se avizinha do ser humano, sem deixar de ser o mistério absoluto e a realidade infinita. Assim como o ser humano, como evento de tal

---

[79] K.RAHNER, *Curso fundamental da fé*, p. 33.
[80] Ibidem, pp. 41-42 e 164.
[81] Ibidem, p. 163.
[82] B.SESBOUÉ. Karl Rahner et les 'chétiens anonymes, p. 526. Na mística islâmica (sufi) encontramos uma similar perspectiva na reflexão de Rûmî (sec.XIII), para o qual o amante nunca busca o Amado sem ser por ele antes buscado, ou em outros termos, é a agua que busca o sedento, antes que ele se disponha a bebê-la. Cf. Djalâl--od-Din RÛMÎ. *Mathnawi. La quête de l'Absolu*. Paris: Rocher, 1990, p. 160 (Livro I 1740) e 801 (Livro III 4393).
[83] K.RAHNER. *Curso fundamental da fé*, p. 145.

autocomunicação, não se vê abafado em sua qualidade de ser-finito e distinto de Deus[84]. Esta autocomunicação de Deus é para Rahner "absolutamente graciosa" e "indevida" ao existente finito, uma expressão do "milagre indevido do livre amor de Deus que faz o próprio Deus ser o princípio interno e ´objeto´ da realização da existência humana"[85]. Sublinha igualmente que o fato de tal autocomunicação ser sobrenatural e indevida não significa que seja extrínseca ou acidental ao sujeito. Rahner rebate com vigor toda e qualquer concepção que expresse um extrinsecismo da graça. A graça é sobrenatural porque indevida ao sujeito, mas isto não significa que seja uma realidade a ele extrínseca: é um existencial, ainda que de ordem sobrenatural. Para Rahner, "na ordem concreta, a transcendência do homem é querida de antemão como o espaço da autocomunicação de Deus, somente na qual esta transcendência encontra sua realização absoluta e consumada"[86].

A autocomunicação de Deus como oferta é, segundo Rahner, um "existencial sobrenatural" de todos. É sobrenatural porque indevido e gratuito, não dependendo da natureza, e existencial por constituir um elemento permanente de todo ser humano, precedendo toda decisão ou atividade exercida pelo sujeito. Trata-se de uma "atmosfera existencial de todos", que expressa a universalidade da graça como oferecimento. Não deixa de ser gratuito por ser universal, reflete simplesmente o gesto amoroso do abraço que vincula Deus ao substrato mais íntimo e originário do ser humano[87]. O ser espiritual já de partida é situado nesta atmosfera da oferta salvífica. Isto não significa que o amor seja para todos uma "fatalidade ontológica" ou uma "inevitabilidade criatural", mas é fruto de uma liberdade e de uma doação a Deus"[88]. Deus é amor que se oferece a uma liberdade humana, e homens e mulheres poder exercer essa liberdade como recusa deste amor. E a história tem sido decididamente marcada por esta recusa.

A salvação e a revelação na história

Para poder captar em profundidade a posição de Rahner sobre a dimensão positivamente salvífica das religiões, faz-se necessário uma alusão à sua reflexão sobre a densidade histórica que envolve tanto o conceito

---

[84] Ibidem, p. 149. Id. Problemi riguardanti l'incomprensibilità di Dio secondo Tommaso d'Aquino. In: *Teologia dall'esperienza dello Spirito*. Roma: Paoline, 1978, p. 384 (Nuovi Saggi VI).
[85] K.RAHNER. *Curso fundamental da fé*, p. 153.
[86] Ibidem, p. 154.
[87] Ibidem, p. 158; Id. La chiesa, le chiese e le religioni. In: *Nuovi saggi III*. Roma: Paoline, 1969, p. 433.
[88] L.BOFF. *A graça libertadora no mundo*. Petrópolis: Vozes, 1976, p. 144.

de salvação como o de revelação. Este teólogo teve um papel fundamental na elaboração de uma compreensão unitária da história, rompendo com a visão até então vigente que estabelecia uma justaposição entre história profana e história salvífica[89]. Buscando esclarecer o genuíno conceito teológico de salvação, Rahner indica que ela não pode ser identificada como uma situação futura que se precipita de forma inesperada sobre os seres humanos, como uma realidade vinda de fora, mas refere-se "à definitividade da verdadeira autocompreeensão e da verdadeira auto-realização da pessoa em liberdade diante de Deus, mediante o seu próprio ser autêntico, tal como se lhe manifesta e se lhe oferece na escolha da transcendência interpretada livremente"[90].

Conforme Rahner, a história da salvação e a história da humanidade são coexistentes. A dinâmica da salvação está intimamente vinculada à história do ser humano e sua inserção no tempo, daí ser equivocado falar em história profana, pois isto equivaleria a desvencilhá-la da presença permanente do evento da autocomunicação de Deus. A história da salvação, ou da recusa da salvação ocorre "cada vez que o ser humano dotado de liberdade aceita ou protesta a sua existência presente, e justamente porque nela encontra-se inserida permanentemente, no mais íntimo de suas fibras, o componente existencial sobrenatural"[91]. A história da salvação não acontece unicamente na dinâmica de sua explicitação religiosa, mediante o acontecimento da palavra, do culto e das instituições religiosas, mas realiza-se "onde quer que a história humana seja vivida e sofrida na liberdade"[92].

Assim como a salvação, também a revelação de Deus encontra-se para Rahner presente e ativa na história da humanidade, incluindo a história das religiões. Ele enfatiza a presença de uma história universal da

---

[89] Há que reconhecer, juntamente com Rahner, o fundamental papel exercido neste campo pela *Nouvelle Theologie* (sobretudo Henri de Lubac). Na base desta questão está a delicada questão da relação entre natureza e graça, tema que concentrou a atenção da consciência cristã por longo tempo. Para maiores detalhes cf. F.TEIXEIRA. *Comunidades eclesiais de base: bases teológicas*. Petrópolis: Vozes, 1988, pp. 63-75.

[90] K.RAHNER. *Curso fundamental da fé*, p. 55.

[91] K.RAHNER. *La chiesa, le chiese e le religioni*, pp. 435-436.

[92] K.RAHNER, *Curso fundamental da fé*, p. 178; Id. Corso fondamentale sulla fede. In: *Sollecitudine per la chiesa*. Roma: Paoline, 1982, p. 62 (Nuovi Saggi VIII). Esta visão foi-se afirmando claramente na reflexão teológica contemporânea e ganhou um lugar de destaque na teologia da libertação. Segundo Congar, a salvação "não pode ser indiferente à obra dos homens, mediante a qual estes se expressam e realizam a própria humanidade": Y.CONGAR. *Un popolo messiânico*. Brescia: Queriniana, 1976, p. 141 (e também pp. 146 e 170). De forma análogo, sinaliza Schillebeeckx: "O mundo e a história dos homens, em que Deus quer realizar a salvação, são a base de toda realidade salvífica: é aí que primordialmente se realiza a salvação... ou se recusa e se realiza a não-salvação. Neste sentido, vale *'extra mundum nulla salus'*, fora do mundo dos homens não há salvação": E. SCHILLEBEECKX. *História humana revelação de Deus*. São Paulo: Paulus, 1994, pp. 29-30

revelação, distinta da história cristã especial da revelação, expressa no Antigo e Novo Testamento.Rahner questiona com firmeza a intenção presente entre os cristãos de limitar o evento real da salvação ao que dela encontra-se explícito nas escrituras cristãs, o que contraria o postulado essencial da vontade salvífica universal de Deus. Uma vez considerada e aceita a presença da história da salvação em toda parte, há que reconhecer igualmente a presença de uma revelação sobrenatural de Deus igualmente ativa nos diversos espaços onde se realiza a história da humanidade[93]. Esta conclusão de Rahner terá implicações essenciais na sua reflexão sobre o tema da função positiva das religiões no âmbito da salvação, como se verá mais adiante. O reconhecimento de uma autêntica história da revelação na história da humanidade não dispensa para o autor a realidade de uma história "explícita e oficial" da salvação e da revelação presente em seu âmbito, o que garante para ele a peculiaridade e a singularidade da visada cristã. É nesta história especial da revelação que se dá o acolhimento de forma reflexa e objetivada a autocomunicação de Deus. Para Rahner, à luz desta história explícita e oficial, Jesus Cristo aparece como "a mais sublime, absoluta e irrevogável autocomunicação de Deus ao homem", como o "seu vértice escatologicamente vitorioso", e o cristianismo e a igreja como portadores da memória desta auto-comunicação divina[94].

A Vontade Salvífica Universal de Deus

Um dos traços mais característicos da reflexão teológica de Rahner é sua profunda sintonia com a perspectiva de um otimismo salvífico que funda sua razão de ser no livre mistério da doação do Deus sempre maior. Ele insiste com firmeza na universalidade da graça como oferecimento, que traz no seu íntimo o mistério do amor de Deus que, de antemão, "quer que todos sejam salvos e cheguem ao conhecimento da verdade" (1Tm 2,4). Rahner reconhece que não foi fácil a trajetória para vencer o pessimismo salvífico que marcou a teologia pós-tridentina, sob o influxo de Agostinho: "este pessimismo salvífico agostiniano foi demolido e lentamente transformado na consciência teorética e existencial da igreja

---

[93] K.RAHNER. *Curso fundamental da fé*, pp. 178-179 e 182-183; Id. Rivelazione. In: *Sacramentum Mundi 7*, Brescia: Morcelliana, 1977, p. 209.

[94] K.RAHNER. *Curso fundamental da fé*, pp. 525, 400-401; Id La chiesa, le chiese e le religioni, pp. 437, 438-442; Id Sulla pretesa del cristianesimo di possedere un valor assoluto. In: *Scienza e fede cristiana*. Roma: Paoline, 1984, pp. 245-246.

mediante um processo muito fatigoso"⁹⁵. A teologia pós-tridentina tendia a identificar o caráter explícito da fé com fé sobrenatural, daí sua grande dificuldade em aceitar a salvação daqueles que não se encontravam explicitamente ligados ao cristianismo. O que Rahner busca fazer é reacender na consciência eclesial uma dinâmica já presente na tradição cristã desde a sensibilidade neo-testamentária⁹⁶.

A lógica pessimista que permeou a vida eclesial no período pós-tridentino não pode ser definida como vinculante para a doutrina cristã. Como bem assinalou Rahner, o magistério eclesiástico optou pela via do meio: reagindo tanto à doutrina da apocatástasi (restauração universal) como à doutrina que nega o êxito concreto da história para cada indivíduo. O que se afirma é a esperança no envolvimento amoroso de todos pelo abraço reconciliador do Deus da vida⁹⁷. O que existe em concreto, sinaliza Rahner, é uma eficaz e universal vontade salvífica de Deus, que se concretiza na dinâmica de comunicação, a modo de oferta, da graça sobrenatural, e que se torna condição de possibilidade de significativos e verdadeiros atos salvíficos⁹⁸. O Concilio Vaticano II assumirá este otimismo salvífico universal, reconhecendo a presença desta oferta universal da graça à liberdade e indicando a plausibilidade de caminhos misteriosos para a dinâmica salvífica de Deus. A assunção de um tal otimismo salvífico pelo concílio foi, para Rahner, um de seus resultados mais notáveis e duradouros⁹⁹. Na lógica da

---

⁹⁵ K.RAHNER. Il significato permanente del Concilio Vaticano II, p. 377. Segundo Rahner, este pessimismo agostiniano teve efeitos duradouros, repercutindo inclusive num dos esquemas preparatórios do Vaticano II favoráveis à manutenção de um *limbus parvulorum*, destinado às crianças mortas sem batismo. Cf. K.RAHNER. *Confessare la fede nel tempo dell'atesa*. Roma: Città Nuova, 1994, p. 107. Ver também a propósito: B.HARING. *Fede storia morale*. Roma: Borla, 1989, pp. 55 e 58. Haring, que foi consultor da comissão preparatória do Vaticano II, sinaliza o seu desconforto com tal esquema preparatório e reage com objeções bem precisas, com base na vontade salvífica universal de Deus.

⁹⁶ Rahner faz alusão à passagem de Atos 10,47, que reconhece a presença da graça mesmo antes do batismo, bem como as doutrinas de Ambrósio (sobre a possibilidade de salvação dos catecúmenos surpreendidos pela morte), do *votum baptismi* (presente na doutrina medieval e reafirmada em Trento, que admitia a justificação antes mesmo do sacramento do batismo) e a doutrina proclamada pelo Santo Ofício, em agosto de 1949, que reconhece a justificação por força de um *votum ecclesiae* implícito. Cf. K.RAHNER. Cristianesimo anonimo e compito missionario della chiesa. In: *Nuovi Saggi* IV, Roma: Paoline, 1973, pp. 626-627 e n. 12;

⁹⁷ K.RAHNER. Volontà salvifica di Dio, universale. In: *Sacramentum Mundi* 8, Brescia: Morcelliana, 1977, pp. 692-702, aqui pp. 696-697.

⁹⁸ K.RAHNER. Fede anonima e fede esplicita. In: *Teologia dall'esperienza dello Spirito*, p. 97. Esta vontade salvífica é universal, enquanto "prometida e ofertada a todo homem, indiferentemente do tempo e espaço que ocupe", embora dependa da livre adesão do sujeito. Ela "implica a absoluta autocomunicação de Deus em absoluta proximidade (...)": Id. *Curso fundamental da fé*, p. 181

⁹⁹ K.RAHNER. Osservazioni sul problema del ′cristiano anônimo`. In: *Nuovi Saggi* V, Roma: Paoline, 1975, p. 683. Na visão de Rahner, a igreja adota no Vaticano II o pressuposto de que a graça de Deus não vem apenas ofertada à liberdade, mas um dom que se impõe universalmente. Com o concílio este posicionamento torna-se "claro e irreversível": K.RAHNER. Il significato permanente del Concilio Vaticano II, p. 379.

reflexão de Rahner, a experiência originária de Deus acontece não somente no momento da adesão explícita ao cristianismo, mas pode se dar de maneira misteriosa tanto nas formas religiosas diversas como também nas experiências não religiosas. A questão da positividade salvífica das outras religiões será desenvolvida em seguida. No momento, há que registrar sobretudo a atenção e cuidado dedicados por Rahner ao reconhecimento da densidade soteriológica que pode habitar a experiência não religiosa:

> "Também aquele que em sua consciência verbalmente objetivante não pensa explicitamente em Deus ou estima dever refutar um tal conceito como contraditório, tem sempre e inevitavelmente o que fazer com Deus na sua consciência profana. E o acolhe atematicamente como Deus no momento em que acolhe a si mesmo livremente em sua própria transcendentalidade ilimitada"[100].

Esta visão de Rahner receberá acolhida positiva no Vaticano II, que igualmente admitirá a possibilidade salvífica dos ateus, que em razão de uma vida reta e em conformidade com a sua consciência moral, podem partilhar do mistério que "opera de modo invisível" no coração de todos os homens e mulheres de "boa vontade" (GS 22)[101].

As religiões no desígnio salvífico de Deus

Já nos seus primeiros trabalhos sobre o tema do cristianismo e as religiões, Karl Rahner sublinhara a questão desafiante do pluralismo religioso. Tentou mostrar na ocasião como a tomada de consciência deste pluralismo constitui condição essencial para a afirmação de um "catolicismo aberto" e sintonizado com os novos tempos. Assim como o Ocidente não podia se compreender como uma realidade fechada em si mesma, o mesmo valeria para o cristianismo católico, convocado a uma nova perspectiva de inserção numa sociedade plural, marcada pela estreita vizinhança com outras tradições religiosas. O desafio colocado estava em captar o pluralismo religioso não apenas enquanto dado de fato, mas como uma realidade significativa a ser levada em séria consideração e articulada na vasta e complexiva concepção cristã da existência[102].

---

[100] K.RAHNER. Fede anonima e fede esplicita, p. 96.
[101] K.RAHNER. A doutrina do Vaticano II sobre o ateísmo. *Concilium*, n. 3, 1967, pp. 8-24; Id. Fede anonima e fede esplicita, p. 92; Id. L´unico Gesù Cristo e l´universalità della salvezza. In: *Teologia dall'esperienza dello Spirito*, pp. 312-313.
[102] K.RAHNER. Cristianesimo e religioni non cristiane, pp. 533-535; Id. La chiesa, le chiese e le religioni", p. 427.

Rahner mostra como este desafio do pluralismo religioso provoca perplexidade entre os cristãos. Por um longo período de tempo os cristãos viveram sob uma perspectiva teológica e pastoral marcada pela clara visão do caráter absoluto do cristianismo. Trata-se de uma concepção que moldou suas consciências e firmou um posicionamento duradouro: "a firme convicção de que o cristianismo representa a única religião fundada por Deus mesmo por obra de Cristo, a religião absoluta, predestinada a ser professada por todos os homens, o caminho de salvação por excelência que o querer salvífico de Deus traçou para todos, tornando-o, por princípio, obrigatório"[103]. Ao lado desta consciência surge outro elemento, advindo da mesma fé católica, que acaba aumentando a perplexidade dos cristãos e exigindo uma nova reflexão e postura: a consciência da presença de uma verdadeira e eficaz vontade salvífica universal[104]. O objetivo de Rahner, em seus trabalhos sobre o tema, é justamente buscar uma resposta teologicamente plausível sobre o lugar das religiões no plano da salvação, que possa haurir sua razão de ser do próprio cristianismo e de seus princípios fundamentais.

A reflexão teológica de Rahner sobre o tema das religiões distingue-se da perspectiva que sinalizava no período uma tentativa de renovação, marcada pela tendência do que se convencionou chamar teologia do acabamento ou da realização[105]. Na linha desta tendência, os valores positivos das religiões não-cristãs são explicitamente reconhecidos, mas destinados a encontrar o seu "acabamento" (remate) no cristianismo. As diversas religiões da humanidade vêm identificadas como "religiões naturais", expressões da aspiração humana e universal à união com o divino, que encontram seu complemento em Jesus Cristo e no cristianismo. Trata-se de uma posição inclusivista. Atribui-se um valor positivo às religiões e o seu reconhecimento como mediações salvíficas para seus membros, mas não enquanto mediações autônomas, pelo fato desta salvação sempre implicar a salvação de Jesus Cristo por meio de seu Espírito.

A perspectiva apontada por Rahner insere-se na lógica do inclusivismo, mas distingue-se da posição tradicional ligada à teologia do acabamento. As religiões deixam de ser vistas como simples expressões "naturais" de uma busca humana, e passam a ser reconhecidas em sua

---

[103] K.RAHNER. La chiesa, le chiese e le religioni, p. 428.
[104] Ibidem, p. 429.
[105] Para esta questão cf. F.TEIXEIRA. *Teologia das religiões*. São Paulo: Paulinas, 1985, p. 44s; J.DUPUIS. *Rumo a uma teologia cristã do pluralismo religioso*, p. 188s.

dimensão sobrenatural, definida pela operante presença do mistério de Jesus Cristo em seu interior. Rahner enfatiza a presença de um "componente existencial sobrenatural" nas diversas religiões, o que impossibilita considerá-las simplesmente como fruto da especulação humana, da depração ou vontade autônoma de criação.

> "Trata-se de algo inconveniente considerar as religiões não cristãs como um puro e simples aglomerado de metafísica teística natural, de interpretações humanamente distorcidas e de institucionalizações adulteradas de uma ´religião natural`. As religiões concretas devem conter em si mesmas componentes sobrenaturais e animados pela graça (...)"[106].

As religiões encontram-se, para Rahner, envolvidas pela presença de Deus e situadas positivamente em relação ao seu mistério de salvação. Esta positividade não se restringe ao fiel singular, em sua situação privada, mas abraça igualmente as objetivações da religião[107]. Para Rahner, o fiel religioso não pode, com razão, ser destacado de sua experiência religiosa efetiva, pois é sempre *homo religiosus* em sua religião vivida. E não podendo ser destacado de sua religião, os mesmos traços da graça divina que o envolvem desde o nascimento, devem atuar na consistência objetiva de sua religião concreta[108].

Mesmo considerando as limitações presentes nas outras tradições religiosas, Rahner sinaliza sua dificuldade em aceitar a tese de que tais tradições constituem apenas caminhos provisórios de salvação. Indica que os caminhos que levam a Deus são amplos e múltiplos. Todos eles traduzem uma viagem misteriosa em direção a uma meta comum. Para Rahner, "cada caminho trilhado pelo ser humano em real fidelidade à sua consciência é um caminho que conduz ao Deus infinito"[109]. Ainda que os viajantes encontrem-se em momentos diferentes da caminhada, é o mesmo horizonte que os aguarda ao final.

---

[106] K.RAHNER. Cristianesimo e religioni non cristiane, pp. 562-563; Id. La chiesa, le chiese e le religioni, pp. 447-448.
[107] A posição de Rahner distingue-se, por exemplo da perspectiva inclusivista defendida por Y.Congar. O teólogo dominicano parte do reconhecimento das religiões como mediações de salvação, mas não em razão das religiões como tais, mas das pessoas singulares que se inserem em tais tradições. Trata-se de uma posição que se sintoniza com a perspectiva defendida no Concílio Vaticano II. Cf. Y.CONGAR. *Saggi ecumenici*. Il movimento, gli uomini, i problemi. Roma: Città Nuova, 1986, p. 254. Rahner dá um passo além.
[108] K.RAHNER. Cristianismo e religione non cristiane, p. 562.
[109] K.RAHNER. La chiesa, le chiese e le religioni, p. 451. Esta mesma ideia de viagem será retomada bem mais tarde por João Paulo II na jornada interreligiosa de oração em favor da paz, realizada em Assis (Itália) no ano de 1986: "uma viagem fraterna na qual nos acompanhamos uns aos outros rumo à meta transcendente que ele (Deus) estabelece para nós": PONTIFICIO Consiglio per il Dialogo Interreligioso. *Il dialogo interreligioso nel magistero pontifício*. Vaticano: Libreria Editrice Vaticana, 1994, p. 416.

Nenhum outro teólogo católico tinha até então avançado em tal consideração sobre a função salvífica das religiões não cristãs. Rahner foi um pioneiro incontestável neste campo, instaurando os fundamentos teológicos essenciais para a nova e significativa abertura às religiões presente no Vaticano II[110]. Sobre esta questão há, porém, pontos dissonantes entre os estudiosos e intérpretes de Rahner. Bernard Sesboue adverte que na abordagem desta questão Rahner foi extremamente cuidadoso. Ele reconhece a presença de uma revelação sobrenatural nas religiões, mas evita considerá-las sem mais como caminhos de salvação, em razão de seus limites precisos, de seu caráter inacabado e parcialidade de sua tematização do mistério de Deus[111]. De fato, Rahner foi sempre muito cuidadoso em suas reflexões teológicas, e em particular nas questões mais nodais, como esta da relação do cristianismo com as outras religiões. Mas talvez a conclusão tirada por Sesboue deva ser melhor matizada. É verdade que Rahner não desconheceu a presença efetiva de ambiguidades e limitações nas religiões[112], mas disto não se pode concluir que ele tenha excluído a possibilidade de considerá-las caminhos de salvação. A leitura cuidadosa dos textos elaborados pelo autor a respeito não deixa dúvidas. Rahner explicita em vários momentos a presença nas religiões de "traços sobrenaturais da graça", de sua autêntica legitimidade e de sua positividade salvífica. O que Rahner exclui é a plausibilidade de uma interpretação que considere as religiões não cristãs como caminhos autônomos de salvação, pois para ele toda dinâmica salvífica relaciona-se ao evento de Jesus Cristo.

---

[110] G.CANOBBIO. L´emergere dell´interesse per le religioni nella teologia cattolica del novecento. In: M.CROCIATA (Ed.). *Teologia delle religioni*. Bilanci e prospettive. Milano: Paoline, 2001, p. 39; P.KNITTER. *Una terra molte religioni*. Assisi: Cittadella Editrice, 1998, p. 23.

[111] B.SESBOUÉ. Karl Rahner et les ´chétiens anonymes`, p. 526 e n. 12. Esta visão será bem recorrente na reflexão teológica mais sintonizada com a teologia do acabamento ou mesmo de outras mais abertas, e presente nos manuais de teologia dogmática. Vigora em geral a ideia de que o conteúdo da salvação está presente entre os não cristãos, mas sua *expressão* é inadequada por carecer da luz explícita de Jesus Cristo: cf. M.F.MIRANDA. *Libertados para a práxis da justiça*. São Paulo: Loyola, 1980, p. 164.

[112] Rahner reconhece que as religiões não assumem automaticamente a condição de "límpidas manifestações da auto-comunicação transcendente de Deus". Nelas manifesta-se também a ambiguidade que marca a dinâmica humana do pecado e da culpa, que deformam o sentimento e o valor religioso. Não obstante tais limitações, nelas sempre pulsa a graça de Deus e o horizonte de uma realização positiva: cf. K.RAHNER. La chiesa, le chiese e le religioni, p. 448. Em realidade, não há religião, incluindo aí o cristianismo, que esteja livre de ambiguidades. Como assinala Roger Haight, "as religiões podem verdadeiramente mediar a presença de Deus, ainda que não o representem com perfeição. Toda religião concreta é historicamente limitada, ambígua e possivelmente errônea em qualquer prática ou crença. Mesmo nessa condição, ainda pode ser um instrumento da graça salvífica de Deus": R.HAIGHT. *Jesus símbolo de Deus*. São Paulo: Paulinas, 2003, p. 478.

Em favor de um cristianismo anônimo

A reflexão de Rahner sobre o cristianismo anônimo é um desdobramento natural de sua perspectiva inclusivista e cristocêntrica. Assim como foi sublinhado no tópico anterior, a dinâmica salvífica envolve não apenas aquele que faz a profissão explícita da fé cristã, mas pode acontecer de forma misteriosa mesmo entre os adeptos de outras tradições religiosas ou entre aqueles que se definem como ateus. Segundo Rahner, o decisivo para a salvação não é a sua consciência, pois em última instância é na prática do amor ao próximo que ela se decide. Através desta prática de amor solidário abre-se ao ser humano a "possibilidade de sair de si mesmo com verdadeiro amor para amar a Deus"[113]. A identidade cristocêntrica de Rahner revela-se em sua hermenêutica da salvação, no momento em que realiza a interpretação da salvação que se realiza no mundo e cobre toda a história. Não pode haver para Rahner uma salvação deslocada da referência a Jesus Cristo[114]. Aqui entra sua visão de cristãos anônimos ou de cristianismo anônimo[115]. Trata-se para ele de uma "controvérsia teológica intra-católica"[116], e neste âmbito interno exerceu um papel muito importante, bloqueando o curso do exclusivismo clássico presente na teologia católica que mantinha acesa a interpretação mais rígida do axioma *extra ecclesiam nulla salus* (fora da igreja não há salvação).

A categoria "cristãos anônimos" envolve, segundo Rahner, todos aqueles que tenham aceito livremente a oferta da autocomunicação de Deus, mediante a fé, a esperança e a caridade, mesmo que do ponto de vista social (através do batismo e da pertença à igreja) e de sua consciência objetiva (através de uma fé explícita, nascida da escuta da mensagem cristã) não tenham tematicamente assumido o cristianismo[117]. Não é o fato de alguém se encontrar fora do perímetro de ação da igreja ou das igrejas cristãs, e de

---

[113] K.RAHNER. Amar a Jesús amar al hermano. Santander: Sal Terrae, 1983, p. 96.
[114] K.RAHNER. Cristianesimo e religione non cristiane, p. 566.
[115] O teólogo Clodovis Boff trabalhou com maestria esta questão em sua tese doutoral. Num dos capítulos mais desafiantes, buscou mostrar como a salvação existe fora e independentemente de sua consciência. Com base na reflexão rahneriana, sublinhou que todos os "acontecimentos salvíficos" reportados pelas escrituras cristãs e o regime sacramental da igreja são da ordem da manifestação da salvação, mas não da ordem de sua constituição. Reconhece, com Rahner, a possibilidade de "admitir a salvação antes e fora da revelação; antes e fora do Jesus histórico, não, porém, independentemente do *Kyrios* da Glória". Justifica, assim, a substância dogmática da tese rahneriana dos cristãos anônimos (ainda que atento para a insuficiência de seu título e o risco de seu *"usus ideologicus"*: C.BOFF. *Teologia e prática*. Teologia do político e suas mediações. Petrópolis: Vozes, 1978, pp. 185 e 186.
[116] K.RAHNER. Osservazioni sul problema del ´cristiano anonimo`. In: *Nuovi saggi* V, Roma: Paoline, 1975, p. 677.
[117] Ibidem, p. 681.

sua mensagem evangelizadora, que determina a dinâmica negativa de sua relação com o mistério salvífico, mas o exercício da fé, da esperança e da caridade, que se realiza sempre na atmosfera da graça de Jesus Cristo[118].

Desde o início, a tese rahneriana dos "cristãos anônimos" provocou divisões apaixonadas entre teólogos e desconforto em certos ambientes eclesiásticos. Conhecidas são, por exemplo, as críticas feitas por Hans Urs von Balthasar, para quem a mencionada tese implica a escolha de um "caminho mais cômodo" para driblar o dever missionário[119]. O teólogo e cardeal Joseph Ratzinger apontou a influência negativa desta teoria no pós-concílio que teria, segundo ele, ocasionado uma ênfase excessiva sobre os valores das religiões não-cristãs e, igualmente, enfraquecido a tensão missionária[120]. Em formulação escrita em 1941, Henri de Lubac anunciava a os termos da dificuldade que estará posteriormente no centro da reação à teoria de Rahner: "Se um cristianismo implícito é suficiente para a salvação de quem não conhece outro, porque colocar-se em busca de um cristianismo explícito?"[121] A questão levantada por diversos autores à teoria de Rahner refere-se à diferença efetiva existente para o autor entre o cristão anônimo e o cristão explícito. Seria somente uma questão de consciência reflexa, ausente no primeiro e presente no outro? Uma questão de mero "acesso formal à consciência de ser aquilo que se era precedentemente sem o saber?"[122]

A dificuldade com a posição de Rahner vinha sobretudo do impacto exercido entre os leitores de suas primeiras reflexões sobre o tema, como no caso de seu artigo sobre o cristianismo e as religiões não cristãs, escrito em 1961. Dava-se para alguns a impressão de dúvida sobre a singularidade e a novidade trazidas pelo cristianismo explícito. Rahner afirmava neste texto que "a pregação do Evangelho não investe uma criatura abandonada por Deus e por Cristo transformando-a num cristão; mas ao contrário investe um cristão anônimo, fazendo dele um homem que se torna agora

---

[118] Sesboue destaca a propósito que, para Rahner, o fato de alguém ser um não cristão não determina de antemão que seja um cristão anônimo. Faz-se necessária a experiência de uma "conversão autêntica", ou seja, a superação do egocentrismo e a decisão livre de um dom de si no amor: B.SESBOUE. Karl Rahner et les 'chrétiens anonymes`, p. 528 e n. 13.

[119] H.U.VON BALTHASAR. *Cordula ovverosia il caso serio*. 5 ed. Brescia: Queriniana, 1993, p. 96; J.RATZINGER. *O novo povo de Deus*. São Paulo: Paulinas, 1974, p. 324.

[120] J.RATZINGER. *Rapporto sulla fede*. Roma: Paoline, 1985, pp. 211-212.

[121] H.DE LUBAC. *Catholicisme. Les aspects sociaux du dogma*. Paris: Cerf, 1947, p. 183 (a primeira edição saiu publicada em 1941). Na mesma obra, reitera Lubac: "Na medida em que se abre a porta da salvação àqueles que impropriadamente são denominados 'infiéis`, não fica diminuída, até chegar a dissipar-se, a necessidade de sua pertença à Igreja visível?": Ibidem, p. 182.

[122] J.DUPUIS. *Gesù Cristo incontro alle religioni*. 2 ed, Assisi: Cittadella Editrice, 1991, pp. 178-179.

consciente, também por via reflexa e objetiva, deste cristianismo pulsante no mais profundo de seu ser tocado pela graça, e que a professa também no plano social, ou seja, na Igreja"[123]. Outros artigos de Rahner sobre o tema não deixavam dúvida sobre sua específica posição. Para este autor, entre o cristianismo anônimo e o explícito vigora não somente um regime diferente de salvação, mas também uma modalidade distinta da mediação do mistério de Jesus Cristo. Segundo Rahner, o cristianismo anônimo é um cristianismo que não chegou ainda a alargar-se em toda a sua plena essência, nem mesmo a exaurir toda a sua potencialidade de expressão e experimentalidade histórica e social[124]. Em distintos momentos, Rahner mostra que o cristianismo anônimo, ainda que real e salvífico, não torna supérflua a pregação do cristianismo e a necessidade do cristianismo explícito[125]. A existência de possíveis ambiguidades sobre a diferença entre os dois cristianismos ganha um derradeiro esclarecimento em seu livro *Curso Fundamental da Fé*, que traduz a expressão madura de sua obra. Rahner estabelece no livro a clara distinção entre o "cristianismo anônimo e implícito" e o "cristianismo pleno"[126]. Para Rahner, o fato de a ação salvífica de Deus em princípio ser oferecida a todo homem e operar sua salvação – quando o homem a acolhe, obedecendo aos ditames da consciência moral -, não exclui que o cristianismo pleno da autocomunicação divina, aquele que chegou à sua realização histórica plena, seja também cristianismo eclesial[127].

---

[123] K.RAHNER. Cristianesimo e religione non cristiane, pp. 566-567.

[124] K.RAHNER. Cristianismo anonimo e compito missionario della chiesa, p. 623.

[125] Ibidem, p. 637. Mas acrescenta que a teologia das missões necessita ser delineada sob "novos princípios": Ibidem, p. 638. Ver também: K.RAHNER. Cristianesimo e religione non cristiane, p. 567; Id. I cristiani anonimi. In: *Nuovi Saggi* I, Roma: Paoline, 1968, p. 770. Neste último artigo, Rahner sublinha que uma interpretação de sua tese que leve à conclusão do caráter supérfluo da missão e da evangelização traduziria uma pobreza na leitura da reflexão proposta.

[126] K.RAHNER. *Curso fundamental da fé*, pp. 360-361. Segundo Jacques Dupuis, neste momento Rahner define de forma precisa e com clareza a diferença de modalidade de mediação do mistério de Jesus Cristo introduzida com o "cristianismo pleno": cf. J.DUPUIS. *Gesù Cristo incontro alle religioni*, p. 179.

[127] K.RAHNER. *Curso fundamental da fé*, p. 400. Rahner reafirma aqui a questão da singularidade da Igreja e de sua necessidade: "A questão da Igreja não é somente questão de oportunidade para o homem, mas é também, no sentido mais próprio, questão de fé. A partir da essência do cristianismo deve-se conceber a Igreja de tal maneira que ela provenha da essência do cristianismo enquanto autocomunicação que se manifesta de maneira história e em Jesus Cristo atinge seu vértice histórico definitivo. ": Ibidem, pp. 400-401. Para Rahner, a missão insere-se na dinâmica "encarnatória" da graça. Cf. K.RAHNER. Cristianesimo anonimo e compito missionario della chiesa, pp. 639-640. Em dados momentos, a centralidade eclesial ganha para Rahner contornos triunfalísticos: a visão da igreja como a "vanguarda do exército de Deus" em marcha. Mesmo considerando a presença do pluralismo, destinado a sobreviver por longo tempo, Rahner sublinha a necessidade do incessante trabalho missionário no sentido de "reunir toda a humanidade na única Igreja de Cristo" (sic!): Id. Cristianesimo e religioni non cristiane, p. 569.

O inclusivismo rahneriano em questão

A reflexão de Rahner sobre o "cristianismo anônimo" foi objeto de uma crítica diversificada. Alguns autores, como Hans Urs von Balthasar, Henri de Lubac e Joseph Razinger questionam a tese tendo em vista o receio de que a mesma acabe tornando supérfluo o dinamismo missionário e apagando a novidade radical trazida pelo cristianismo. A crítica de Henri de Lubac é sugestiva como exemplificação desta primeira posição, já acenada anteriormente. Em trabalho publicado originalmente em 1967, este teólogo afirma que falar em "cristianismo anônimo" é cair em paralogismo, reduzindo o alcance novidadeiro da pregação apostólica, como se a mesma "nada mais fosse do que a divulgação daquilo que já existia desde sempre". Para de Lubac, ao contrário, o cristianismo introduz na história uma "novidade assombrosa", e a dinâmica de sua conversão uma real "ruptura, uma transposição radical, sinal eficaz da inserção no mistério de Cristo"[128].

Para outros autores, com os quais este trabalho encontra-se mais alinhado, a teoria de Rahner não leva devidamente a sério a alteridade das outras tradições religiosas em sua diferença irredutível e irrevogável. Hans Küng, em sua obra *Ser cristão* (1974), indica que uma semelhante posição traduz um "truque metódico" para obrigar os não-cristãos contra sua própria vontade e voto a tornarem-se membros passivos ou ativos da igreja romana[129]. Uma das mais pertinentes críticas ao conceito rahneriano, e ao que ele implica, foi apontada pelo teólogo dominicano, Christian Duquoc. Para este teólogo, o maior limite da teoria de Rahner está em desconsiderar o *"direito à diferença"*. Em razão de um acento decisivo na identidade cristã, acaba-se não levando a sério as religiões naquilo que elas têm de mais íntimo: "O que permanece de legítimo nestas religiões é somente aquilo que anuncia o cristianismo, ou seja, aquilo não se diferencia

---

[128] H.DE LUBAC. *Paradoxo e mistério da igreja*. São Paulo: Herder, 1969, pp. 133, 135 e 141. Para De Lubac, "por mais profundo que seja seu respeito pelos valores humanos dos não-cristãos e o seu carinho por estes, o cristão não pode não lhes desejar esta ruptura sem a qual não há renovação, nem, portanto, realização, nem plenitude real": Ibidem, pp. 141-142.

[129] H. KÜNG. *Ser cristão*. Rio de Janeiro: Imago, 1976, p. 79-80. Segundo Kung, trata-se de uma "solução fictícia" ou de um "débil consolo". Para ele, "uma tal inclusão no seio da igreja do interlocutor rompe o diálogo, antes mesmo que tenha começado". E complementa: "Não se enfrenta o desafio das religiões com um alargamento ficticiamente ortodoxo de conceitos cristãos como 'igreja' e 'salvação'. É uma maneira fácil de se lhes fugir e de se deixar surpreender": Ibidem, p. 80. Em obra posterior, Kung assinala que a teoria de Rahner "supõe, em última instância, uma situação de *superioridade* que considera de antemão a própria religião (a cristã) como a verdadeira": H.KUNG. *Teologia a caminho*. Fundamentação para o diálogo ecumênico. São Paulo: Paulinas, 1999, p. 270.

dele"[130]. Em obra posterior, *L´unique Christ* (2002), Duquoc afina ainda mais sua visão crítica, levantando interrogações altamente pertinentes. O autor salienta neste livro que a interpretação de Rahner não é satisfatória, pois "não honra a singularidade ou a originalidade das diferentes tradições". A assimetria entre o cristianismo e as demais religiões é, segundo Duquoc, levada a seu extremo:

> "Esse procedimento não explica, na minha opinião, a extraordinária diversidade das tradições, conserva delas apenas sua capacidade de abrir-se positivamente àquilo que ignoram ou, talvez, até mesmo combatam. Os fragmentos não são suficientemente respeitados em sua identidade, já que não têm significação positiva a não ser mediante seu elo ainda obscuro com Cristo. A posição de K.Rahner (...) desconhece a verdade interna a cada fragmento por pressa de integrá-lo à sinfonia última"[131].

Nos últimos anos, a perspectiva inclusivista vem cada vez mais colocada em questão. Um de seus maiores críticos tem sido o teólogo e filósofo da religião John Hick, para o qual o inclusivismo representaria a "continuação, de forma mais branda, do antigo imperialismo teológico", mantendo a superioridade do cristianismo sobre as demais religiões[132]. Algumas propostas de mudança na perspectiva inclusivista, de forma a melhor responder ao desafio do pluralismo religioso, têm sido avançadas nos últimos anos por autores como E.Schillebeeckx, J.Dupuis, C.Geffré, Andrés Torres Queiruga, Gavin D´Costa, Joseph A. DiNoia, entre outros. Na busca de um novo modelo de interpretação são propostos novos horizontes. Fala-se em "inclusivismo aberto", "inclusivismo mutual", "inclusivismo recíproco", "pluralismo receptivo", "pluralismo orgânico", "pluralismo inclusivo" etc. A questão não se revolve, porém, apenas com a mudança de nomenclatura. Faz-se necessária a afirmação de uma reflexão teológica que resguarde o

---

[130] C.DUQUOC. *Un dio diverso*. 2 ed, Brescia: Queriniana, 1985, p. 133 (o original é de 1977).

[131] C.DUQUOC. *O único Cristo*. A sinfonia adiada. São Paulo: Paulinas, p. 168. Em semelhante perspectiva cf. também a posição de C.GEFFRÉ. Verso una nuova teologia delle religioni. In: R.GIBELLINI (Ed.). *Prospettive teologiche per il XXI secolo*. Brescia: Queriniana, 2003, p. 358. Para Geffré, Rahner não fez senão "levar às últimas consequências o que estava inscrito na lógica mesma da teologia do acabamento". Em sua visão, o maior limite da teoria de Rahner é ter desconsiderado "a alteridade das outras tradições religiosas em sua diferença irredutível": Ibidem, p. 358. Ver ainda: M.AEBISCHER-CRETTOL. *Vers un oecuménisme interreligieux*. Jalons pour une théologie chrétienne du pluralisme religieux. Paris: Cerf, 2001, pp. 325-236. A autora faz igualmente alusão às críticas de Puthiadam, Maurier e J.A. DiNoia: Ibidem, pp. 326-330.

[132] J.HICK. *A metáfora do Deus encarnado*. Petrópolis: Vozes, 2000, p. 121 e 198.

válor essencial de um pluralismo de princípio e não apenas de fato, que desoculte o significado positivo e irrevogável das diversas tradições religiosas no desígnio salvífico e misterioso de Deus. Permanece ainda em vigor no campo teológico muitos embaraços que dificultam esta acolhida do pluralismo. Não poderá haver mudança sem a transformação de pressupostos que continuam a frear a reflexão cristológica e eclesiológica. Verifica-se ainda a presença sutil ou velada, de um axioma que moldou toda a tradição cristã: "fora da igreja não há salvação". Um axioma que constitui a expressão ideológica da pretensão que tem movido a igreja católico-romana de ser a única religião verdadeira. Embora Rahner tenha de fato contribuído de forma decisiva para o início desta transformação, sua reflexão permanece ainda marcada por um certo eclesiocentrismo.

Mesmo os teólogos inclusivistas mais abertos têm dificuldade em acompanhar e acolher os desdobramentos necessários para a real acolhida do pluralismo de princípio, uma dificuldade de superar certos bloqueios que impedem reconhecer o valor e normatividade da revelação de Deus presente fora do cristianismo. O teólogo Paul Tillich indicou que não poderá haver um autêntico diálogo inter-religioso a não ser quando cada interlocutor for capaz de reconhecer "o valor da convicção religiosa do outro" e de que ela se funda "numa experiência de revelação"[133]. É perfeitamente possivel manter a sintonia entre a acolhida da alteridade e a manutenção de uma fidelidade específica. Cada religião tem seus critérios de verdade, e que devem ser respeitados. Mas há que se resguardar de um posicionamento que transforme uma verdade existencial e confessada, válida em âmbito particular como expressão de uma "seriedade existencial", em verdade objetivada universalmente[134]. O teólogo Wesley Ariarajah chama a atenção para um risco muito presente entre os cristãos: o de absolutizar o seu testemunho. O que tende, por exemplo a acontecer mesmo no testemunho sobre a centralidade de Jesus Cristo:

> "Se os cristãos cremos que o acontecimento Cristo tem uma significação salvífica para toda a humanidade, então o testemunho sobre ele deve apresentar-se como uma confissão de fé. Não podemos usar esta confissão de fé como base para negar outras confissões de fé. Por mais verdadeira que seja

---

[133] P.TILLICH. *Le christianisme et les religions*. Paris: Aubier, 1968, p. 133.
[134] H.KUNG. *Teologia a caminho*, pp. 284 e 286; E.SCHILLEBEECKX. *História humana revelação de Deus*, p. 190; R.PANIKKAR. *Cristofania*. Bologna: EDB, 1994, pp. 16-17.

a nossa experiência, por mais convencidos que estejamos de uma confissão de fé, temos que mantê-la como confissão de fé e não como uma verdade em sentido absoluto"[135].

Na busca de uma compreensão teológica capaz de avançar para além do inclusivismo, mas respeitando profundamente a convicção religiosa de cada interlocutor do diálogo, o teólogo jesuíta Roger Haight apresenta uma proposta específica: "Os cristãos podem considerar Jesus como revelação normativa de Deus, convencidos ao mesmo tempo de que Deus também é revelado normativamente alhures"[136]. Na visão de Haight, o inclusivismo não constitui uma exigência neotestamentária, pois há pouca evidência de que "Jesus tenha pregado a si próprio como o mediador constitutivo da salvação de Deus para todos os seres humanos". A mensagem de Jesus é uma mensagem teocêntrica, que aponta para a salvação de Deus, o cristocentrismo virá depois com a mensagem do Novo Testamento[137]. Roger Haight sinaliza como positivo o argumento de Rahner em defesa da validade das demais tradições religiosas, mas adverte sobre a necessidade de um maior arrojo teológico na captação do caráter positivo do pluralismo religioso. Ele resiste à ideia rahneriana de que "toda graça de Deus é *gratia Christi*". Para Haight, trata-se de uma "especulação inconsistente e desnecessária, quando vista contra o pano de fundo da historicidade"[138]. O apontamento crítico de Haight é bem sugestivo: levanta a necessidade de uma mudança

---

[135] W.ARIARAJAH. *La Biblia y las gentes de otras religiones*. Santander: Sal Terrae, 1998, p. 114. Para este autor, "a centralidade de Cristo deve ser algo que se experimenta, não um tema da pregação": Ibidem, p. 95. Os bispos asiáticos, que trabalham num campo religiosos extremamente plural, vêm reconhecendo uma prática asiática característica da missão: "Para os cristãos da Ásia, proclamar a Cristo significa antes de tudo viver como ele, no meio dos próximos e vizinhos que não têm a mesma fé e não são da mesma confissão nem convicção, e, pela força de sua graça, fazer o que ele fez. Uma proclamação pelo diálogo e pelos atos – eis o primeiro apelo lançado às Igrejas da Ásia": FABC. O que o Espírito diz às Igrejas. In: *Sedoc*, v. 33, n. 281, pp. 28-50, 2000 (aqui p. 42).

[136] R.HAIGHT, *Jesus símbolo de Deus*, São Paulo: Paulinas, 2003, p. 455.

[137] Ibidem, p. 466 e E.SCHILLEBEECKX. *História humana revelação de Deus*, pp. 164-165.

[138] R.HAIGHT. *Jesus símbolo de Deus*, p. 474, n. 25. Aqui estamos diante de uma questão fundamental e básica para captar os novos desafios teológicos. Se tomamos como referência a criteriologia inter-religiosa de Hans Kung, podemos aceitar que no horizonte do critério especificamente cristão, esta frase faça sentido, desde que melhor pontualizada. Para os fiéis cristãos e no bojo de sua específica interpretação, Jesus Cristo revela-se como sendo "a Palavra, a Imagem, o Caminho" e o cristianismo a religião verdadeira. Segundo uma legítima hermenêutica cristã, com o evento Jesus Cristo a ação salvífica de Deus encontra sua máxima densidade história, mesmo não esgotando sua amplitude universal. Nesta linha de reflexão, a graça em ação no mundo é *"gratia Christi"*, embora a graça salvífica universal de Deus, encontra-se também presente na potência universal do Logos e na ação ilimitada do Espírito. Cf. J.DUPUIS. *Rumo a uma teologia cristã do pluralismo religioso*, pp. 436-442; Id. La teologia del pluralismo religioso rivisitata. In: *Rassegna di Teologia*, v. 40, n. 5, pp. 667-693, 1999. O problema emerge quando esta perspectiva cristã vem imposta como uma necessidade universal, excluindo a singularidade e a pertinência de outras interpretações religiosas, bem como outras mediações da presença salvífica de Deus. O caminho dialogal implica em abertura e disponibilidade para aprender e acolher a verdade dos outros, sem deixar de generosamente comunicar a própria verdade. Cf. H.KUNG. *Teologia a caminho*, pp. 286-291.

na hermenêutica da fé cristã, indicando novas e ricas possibilidades para a defesa de um pluralismo de princípio, sem o qual não pode acontecer um efetivo diálogo inter-religioso. Para Haight, é a mesma universalidade do amor de Deus que exige a percepção de sua presença ativa nas outras mediações religiosas. E a presença salvífica de Deus pode manifestar-se de outras formas, além daquela definida como fundamental no cristianismo, como por exemplo num evento, num livro, num ensinamento e numa práxis[139]. Daí ser pertinente e legítimo falar em diversos e diferentes caminhos de manifestação da ação salvífica de Deus na história; caminhos que contém normas de aferição de verdade diferentes, mas também significativas e relevantes. Nenhuma religião pode pretender-se absolutamente verdadeira, de forma a excluir a presença da verdade em outros espaços religiosos. Na visão de Haight, para que se dê o passo necessário para além do exclusivismo e do inclusivismo é necessário manter aberto o senso do mistério transcendente de Deus:

> "Quando as religiões mundiais se deixam perpassar pela transcendência e, por sua vez, fomentam nos seres humanos a abertura a autotranscendência, refletem e medeiam o Deus imanente como Espírito que os cristãos conhecem por intermédio de Jesus. Mas esse Deus também é transcendente. O conhecimento de tal Deus se dá em um encontro com o mistério. Nem Jesus nem o cristianismo medeiam uma posse plena de Deus. Sem um senso de mistério transcendente de Deus, sem o saudavel senso agnóstico daquilo que de fato não conhecemos acerca de Deus, não se esperará conhecer mais a respeito dele a partir do que é transmitido a nós, seres humanos, por meio de outras revelações e outras religiões"[140].

---

[139] Ibidem, p. 477.

[140] Ibidem, p. 479. E este passo, segundo Haight, "exclui a necessidade de vincular a salvação de Deus apenas a Jesus de Nazaré": Ibidem, p. 479. Não se pode ignorar que uma tal proposta hermenêutica encontra ainda muitas resistências no campo teológico católico. A dúvida em geral levantada é: em que medida semelhante tese consegue manter a integralidade da confissão de fé em Jesus Cristo e a unidade do plano de salvação. Para esta problematização cf. COMISSÃO Teológica Internacional. *O cristianismo e as religiões*. São Paulo: Loyola, 1997, pp. 29-31 e M.F.MIRANDA. As religiões na única economia da salvação. *Atualidade Teológica* n. 10, pp. 9-26, 2002 (aqui p. 19). Para Jacques Dupuis, há uma urgente necessidade de um "salto qualitativo na compreensão teológica do plano salvífico de salvação". Assim como Haight, Dupuis aponta para a necessidade de manutenção de um "senso do mistério", um mistério que envolve igualmente a transcendência de Deus e de seu plano de salvação: cf. J.DUPUIS. La teologia del pluralismo religioso rivisitata, pp. 683 e 692. Em sua reflexão teológica, Dupuis evita falar da igreja ou mesmo de Jesus como "absolutos", e a razão encontra-se no fato de que para ele o absoluto "é um atributo da Realidade última ou Ser infinito, que não deve ser atribuído a nenhuma realidade finita, até mesmo à existência humana do Filho-de-Deus-feito-homem.": J.DUPUIS. *Rumo a uma teologia cristã do pluralismo religioso*, p. 390.

Concluindo, todas estas considerações em torno do inclusivismo em geral, e de sua incidência na reflexão de Karl Rahner, constituem um incentivo para o aprofundamento da questão teológica e para uma melhor e mais autêntica aproximação das diversas tradições religiosas em sua experiência singular do mistério transcendente. Não são questões resolvidas, mas abertas à interrogação crítica, ao questionamento e aperfeiçoamento permanente. O mais decisivo é saber honrar a dignidade da alteridade, sem romper a fidelidade à vinculação particular. Não há como desconhecer o papel pioneiro e inovador de Karl Rahner na abertura deste caminho dialogal, sua ousadia e coragem em apontar de forma novidadeira a função positiva das religiões no plano salvífico universal de Deus, enfrentando duras oposições dos bastiões do tradicional exclusivismo católico-romano. Neste momento atual de afirmação e crescimento do pluralismo religioso, de reinvindicação crescente em favor da liberdade religiosa, de defesa do direito ao exercício das convicções diversificadas, alguns aspectos específicos da reflexão de Rahner aparecem limitados, exigindo o maior empenho da reflexão teológica cristã. Mas não há como desconhecer o mérito de sua reflexão e sua contribuição ao processo irreversível de abertura ecumênica e inter-religiosa.

b. Paul Tillich: as religiões sob a Presença Espiritual

O que mais fascina no pensamento de Paul Tillich (1886-1965) é a sua dinamicidade e capacidade de abertura permanente. É inegável a sua contribuição para a teologia das religiões no tempo atual, e de modo particular a afirmação das bases para um "ecumenismo inter-religioso"[141]. Os últimos anos de sua atividade teológica estavam delineando uma mudança de perspectiva ainda maior no seu pensamento com respeito às religiões. E isto se deve à recíproca colaboração com Mircea Eliade na Universidade de Chicago e, em particular, sua viagem ao Japão em 1960. Eliade relata em artigo a forte influência que esta visita ao Japão significou em sua vida, sobretudo a possibilidade de um contato direto com um "ambiente religioso vivo" e diversificado[142]. Foi sob o impacto desta inovadora experiência que nascem as quatro *Bampton Lectures*, realizadas em 1961 na Columbia University, publicadas em livro dois anos mais tarde sob o título "O cris-

---

[141] C.GEFFRÉ. *De babel à pentecôte. Essais de théologie interreligieuse*. Paris: Cerf, 2006, p. 82 (Paul Tillich et l'avenir de l'oecuménisme interreligieux); M.AEBISCHER-CRETTOL. *Vers un oecuménisme interreligieux. Jalons pour une thélogie chrétienne du pluralisme religieux*. Paris: Cerf, 2001, pp. 245-254; R.BERNHARDT. *La pretensión de absolutez del cristianismo*. Bilbao: Desclée de Brouwer, 2000, p. 160.

[142] M.ELIADE. Paul Tillich e la storia delle religioni. In: P.TILLICH. *Il futuro delle religioni*. Brescia: Queriniana, 1970, p. 36.

tianismo e o encontro das religiões no mundo"[143]. Em sua última conferência, realizada em outubro de 1965 na Universidade de Chicago, Tillich indicava a necessidade de uma renovação de sua teologia sistemática, no sentido de uma nova "interpretação do estudo teológico sistemático e dos estudos histórico-religiosos"[144]. Tratava-se de acionar a reinterpretação da tradição teológica à luz das novas reflexões indicadas pela história das religiões. É verdade que em sua viagem ao Japão, Tillich deparou-se com o mundo das outras religiões, e em particular com o budismo zen, o que provocou o questionamento de certo "provincianismo ocidental" e um interesse particular para o tema do diálogo inter-religioso. Não há como negar a singularidade desta viagem ao Extremo-Oriente, que marca uma mudança em sua compreensão da situação religiosa plural, mas ela traduz, em realidade, o amadurecimento de reflexões que já estavam presentes anteriormente[145].

Na introdução do terceiro volume de sua teologia sistemática, Tillich indica que "uma teologia cristã que não é capaz de dialogar criativamente com o pensamento teológico de outras religiões perde uma oportunidade histórica e permanece provinciana"[146]. A viagem ao Japão faculta uma ampliação de sua perspectiva teológica sobre este tema, de modo a firmar sua convicção na universalidade da revelação, na vitalidade e potencial das outras religiões e no alargamento da compreensão das expressões religiosas humanas, para além da perspectiva teísta.

Não é fácil enquadrar a reflexão de Tillich sobre as religiões entre os tradicionais paradigmas existentes. Trata-se de um pensamento marcado por grande complexidade e nuances diversificadas. O teólogo busca distanciar-se de duas perspectivas correntes: seja do exclusivismo da revelação,

---

[143] P.TILLICH. *Le christianisme e les religions*. Paris: Aubier, 1968 (o original de 1963).

[144] P.TILLICH. Il significato della storia delle religioni per il teologo sistematico. In: ____. *Il futuro delle religioni*, p. 133.

[145] J-M.AVELINE. *L'enjeu christologique en théologie des religions. Le débat Tillich-Troeltsch*. Paris: Cerf, 2003, pp. 511 e 519.

[146] P.TILLICH. *Teologia sistemática*. 5 ed. São Leopoldo: Sinodal/EST, 2005, p. 472. Tillich passou boa parte da vida elaborando sua teologia sistemática. O primeiro volume foi publicado em 1951, o segundo em 1957 e o terceiro em 1963. Este terceiro volume, publicado já depois de sua viagem ao Japão, não consegue - em geral - romper com a perspectiva teológica vigente nos outros volumes, embora posições mais inovadoras pudessem aparecer em diversas conferências realizadas entre os anos de 1961-1965. Isto leva determinados intérpretes a falar em certo "contraste" na visão de Tillich. Como indica John Dourley, "na mesma época em que essas novas posições começavam a ser moldadas e em visível tensão com elas, Tillich se apegava às antigas perspectivas conservadoras ao escrever o volume final de sua Teologia Sistemática": Substância católica e princípio protestante: Tillich e o diálogo inter-religioso. *Correlatio*, n.1, abril 2002, p. 1: https://www.metodista.br/revistas/revistas-metodista/index.php/COR/article/view/1825 (acesso em 17/09/2011)

defendido por Karl Barth, seja de uma teologia da secularização. Como sublinhou Jean-Marc Aveline, é inadequado identificar a posição de Tillich como sendo exclusivista, inclusivista ou pluralista, dada a especificidade de sua abordagem. A importância concedida pelo autor à dimensão de profundidade das religiões e da unidade dialética que as preside, rompe com qualquer perspectiva exclusivista. A distinção realizada entre o cristianismo como fenômeno histórico e não absoluto e o *telos* transcendente da história, supera a perspectiva inclusivista. Assim como a singularidade concedida a Jesus Cristo como o "centro da história", instaura uma tensão com a perspectiva pluralista[147]. Para Aveline, "o conceito de teonomia se opõe ao exclusivismo, o de *kairos* ao relativismo e o de demoníaco corrige o inclusivismo"[148].

Uma importante pista que este artigo busca seguir, vai na linha de resgatar e ampliar o entendimento de um conceito chave presente na obra de Paul Tillich, a "substância católica", que traduz a marca da Presença Espiritual em toda a dinâmica da criação; mostrar sua relação de reciprocidade com o "princípio protestante", que impede qualquer identificação de uma realidade histórica com o mistério maior, de forma a favorecer a captação da dinâmica do pluralismo religioso e do essencial dialogo entre as diversas tradições religiosas.

A universalidade da revelação

Em linha de descontinuidade com a perspectiva ortodoxa de Karl Barth a respeito da relação do cristianismo com as outras religiões, Paul Tillich enfatiza a ideia de que "as experiências reveladoras são universalmente humanas"[149]. Não há como conceber para Tillich a ideia de uma humanidade "abandonada por Deus", de uma história carente da presença

---

[147] J-M.AVELINE. *L'enjeu christologique en théologie des religions*, p. 660. Os posicionamentos a respeito são diferenciados: Paul Knitter insere a reflexão de Tillich no modelo de "substituição parcial", segundo o qual se reconhece a presença reveladora de Deus nas outras religiões, mas não a dinâmica autônoma de sua salvação, que vem vinculada a Jesus Cristo (*Introdução às teologias das religiões*. São Paulo: Paulinas, pp. 61-85); Reinhold Bernhardt vê similaridade com a posição inclusivista de Rahner (*La pretensión de absolutez del cristianismo*, p. 161); Jacques Dupuis já o situa entre os pluralistas de cristologia normativa (*Rumo a uma teologia cristã do pluralismo religioso*. São Paulo: Paulinas, 1999, pp. 260-261). Por razões de similaridade com a reflexão de Rahner, achamos conveniente situar sua reflexão no âmbito do paradigma inclusivista, mesmo reconhecendo a complexidade que envolve a questão.

[148] J-M.AVELINE. *L'enjeu christologique en théologie des religions*, p. 660.

[149] P.TILLICH. Il significato della storia delle religioni per il teologo sistematico. In: ____. *Il futuro delle religioni*, p. 118.

do Espírito. A seu ver, a história da humanidade, em todos os seus períodos e lugares, esteve abraçada pela "Presença Espiritual". Sempre disponível ao espírito humano, o Deus misericordioso "irrompe, com poder salvífico e transformador, em toda a história em experiências revelatórias"[150]. A história da revelação não é algo que ocorre paralelamente ou à parte da história concreta, mas está a ela intimamente ligada. É em toda a história que se cumpre a história da revelação[151]. As religiões são igualmente marcadas por "poderes reveladores e salvíficos"[152]. E a revelação para Tillich tem um significado bem preciso, identificando-se com aquilo que diz respeito ao ser humano "de forma última"[153], incondicionalmente. É uma realidade que toca a dimensão mais profunda de cada ser: sua dimensão ontológica.

Com base na percepção da presença universal do Logos e do Espírito de Deus, Tillich abre espaço para o questionamento da visão tradicional que tende a identificar o cristianismo como religião absoluta. Em sua visão, nenhuma religião pode alimentar a pretensão de ter o monopólio da revelação divina. Sem desconhecer o dado das ambigüidades na história religiosa da humanidade, Tillich soube identificar com grande delicadeza a presença da universalidade e riqueza dos "dons" de Deus, que sempre antecedem a dinâmica da busca religiosa realizada pelos seres humanos. Ainda que marcando em sua perspectiva teológica o lugar singular do cristianismo e o papel central ocupado por Jesus Cristo, enquanto revelador do Novo Ser, Tillich mantém em aberto o papel positivo das outras religiões no plano da salvação.

Mesmo reconhecendo os traços de grande abertura de Tillich em sua compreensão universalista de revelação, deve-se registrar a presença de contrastes na visão deste teólogo em passagens mais precisas a respeito do tema, que mostra certo titubeio em avançar para além da posição tradicional defendida em momentos precisos de sua teologia sistemática. No primeiro volume desta obra, Tillich fazia a distinção entre revelação preparatória e revelação receptora. E argumentava:

> "O centro da história da revelação divide todo o processo em revelação preparatória e receptora. A portadora da revelação receptora é a igreja cristã. O período da revelação receptora

---

[150] P.TILLICH. *Teologia sistemática*, p. 593.
[151] J-M.AVELINE. *L'enjeu christologique en théologie des religions*, p. 619.
[152] P.TILLICH. Il significato della storia delle religioni per il teologo sistematico. In: ____. *Il futuro delle religioni*, p. 118.
[153] P.TILLICH. *Teologia sistemática*, p. 123.

começou com o início da igreja. Todas as religiões e culturas fora da igreja, conforme o julgamento cristão, ainda estão no período de preparação"[154].

Trata-se de uma distinção utilizada pelo autor para marcar a diferença qualitativa que a aparição de Jesus introduz na história da revelação. Para Tillich, Jesus é aquele que traz o Novo Ser redentor, conferindo um novo sentido para a revelação do mistério de Deus. Seguindo a linha de sua reflexão cristológica, Tillich indica que com Jesus Cristo "a história chegou ao fim", ou seja, à sua meta qualitativa, enquanto traduz o "aparecimento do Novo Ser como realidade histórica". Mas isto não significa o encerramento do processo revelatório, que continua quantitativamente em curso[155].

Na visão de Tillich, o aparecimento de Jesus como o Cristo determina uma qualidade distinta à "Comunidade Espiritual". Se antes de sua recepção esta comunidade estava em período de "latência", com a sua presença entra no período de "manifestação". Mas os dois períodos, ainda que qualitativamente distintos, estão animados pela "Presença Espiritual"[156]. Esta é uma distinção utilizada por Tillich no terceiro volume de sua teologia sistemática, para estabelecer a relação entre o cristianismo e as outras tradições religiosas. O teólogo identifica a presença de uma Comunidade Espiritual latente na "assembleia do povo de Israel", nas "comunidades devocionais islâmicas", nas "comunidades que adoram os grandes deuses mitológicos", nos "grupos sacerdotais esotéricos" etc. São comunidades que se encontram "sob o impacto da Presença Espiritual", mas de forma ainda latente, pois carecem a seu ver dos critérios da "fé e o amor do Cristo". Para Tillich, estas comunidades estão orientadas teleologicamente para a Comunidade Espiritual manifesta, dirigindo-se "inconscientemente ao Cristo"[157].

---

[154] Ibidem, p. 154.

[155] Ibidem, p. 409. Tillich argumenta que "se a revelação final foi aceita, nem por isso o processo revelatório terminou; ele continua até o fim da história": ibidem, p. 154. Em semelhante linha de reflexão, o teólogo Jacques Dupuis vai assinalar que em Jesus a revelação divina alcança sua "plenitude qualitativa" (de intensidade), mas deixa em aberto sua dimensão quantitativa, na medida em que não significa um "obstáculo para a continuação da auto-revelação divina por meio dos profetas e dos sábios de outras tradições religiosas, como por exemplo, o profeta Maomé". Para Dupuis, em Jesus Deus pronuncia sua palavra "decisiva", mas não "definitiva" e conclusiva. Cf. J.DUPUIS. *Rumo a uma teologia cristã do pluralismo religioso*. São Paulo: Paulinas, 1999, pp. 346-347; Id. La teologia del pluralismo religioso rivisitata. *Rassegna di Teologia*, v. 40, n. 5, set./ott. 1999, p. 671.

[156] E esta "Presença Espiritual" para Tillich "transcende condições, crenças e expressões de fé individuais".

[157] P.TILLICH. *Teologia sistemática*, pp. 605-607. É uma posição teológica que se aproxima bastante daquela defendida no campo católico por Karl Rahner. A ideia de "ordenação" à igreja é também tradicional na teologia e magistério católico-romano. É uma perspectiva que tem suas raízes em Tomás de Aquino (ST IIIa, q.8, a.3, ad 1), sendo assumida a nível magisterial na encíclica *Mystici corporis* de Pio XII, em 1947 (DzH 3821). Segundo

Este critério eclesiológico adotado por Tillich para distinguir o cristianismo das outras tradições religiosas é, de fato, mais restritivo com respeito a posições mais arrojadas defendidas pelo teólogo em outros textos do mesmo período. É uma perspectiva que vem sendo progressivamente questionada pela reflexão teológica em torno do pluralismo religioso. Não há como manter a plausibilidade de um pluralismo religioso de princípio quando se busca defender uma "ordenação" das outras tradições religiosas ao cristianismo ou à igreja. A legitimidade do pluralismo acaba sendo minada pela perspectiva de uma "teologia do acabamento", que identifica no cristianismo o "remate" e o cumprimento da positividade que pode ser encontrada nas outras tradições religiosas. O desafio que se coloca para aqueles que buscam encontrar em Tillich pistas fundamentais para uma teologia aberta das religiões é descortinar os traços mais abertos que estão envolvidos na sua reflexão sobre a "substância católica" e o "princípio protestante". É no âmbito desta reflexão que se pode encontrar a chave fundamental para a superação de um provincianismo eclesiológico ainda presente em alguns textos do autor, com repercussões negativas no campo missiológico.

Uma cristologia cristomórfica

A perspectiva cristológica defendida por Paul Tillich é distinta daquela defendida por Karl Barth. Pode-se falar de mudança de tônica: de um cristocentrismo para um cristomorfismo, para utilizar uma terminologia tomada de Langdon Gilkey[158]. Na visão de Tillich, no evento de Jesus como o Cristo "a unidade eterna de Deus e ser humano se tornou realidade histórica"[159], fazendo emergir o "Novo ser na totalidade de seu ser"[160], mas não se pode com isso desconhecer a finitude autêntica de Jesus: "como ser finito, ele está sujeito à contingência de tudo que não é por si mesmo, mas que é ´lançado` à existência"[161]. Há uma relação paradoxal entre Jesus e o Cristo. Se para Tillich, o Cristo está no centro da dinâmica reveladora de

---

John Dourley, Tillich assume aqui traços de uma reflexão bem conservadora, se comparada com outros textos escritos no mesmo período, depois de sua viagem ao Japão: cf. substância católica e princípio protestante..., pp. 5-6.

[158] J-M.AVELINE. *L'enjeu christologique en théologie des religions*, p. 456.
[159] P.TILLICH. *Teologia sistemática*, p. 434.
[160] Ibidem, p. 410.
[161] Ibidem, p. 419 e também p. 420. Ver também: M.AEBISCHER-CRETTOL. *Vers un oecuménisme interreligieux*, pp. 232-234.

Deus, Jesus não é o todo deste centro. A manifestação empírica do Cristo em Jesus de Nazaré instaura, necessariamente limites que não podem ser olvidados[162]. Como indica Jean-Marc Aveline,

> "Tillich refuta sustentar uma adequação perfeita entre a pessoa de Jesus de Nazaré e a realidade designada pelo termo 'Cristo`, preferindo deixar aberta a possibilidade de outras realizações da realidade crística em outras culturas e outros períodos da história. Ele mantém, contudo, que só a realização em Jesus confessado como o Cristo é normativa, sendo as outras análogas"[163].

Ao situar Cristo no centro da história, Tillich está expressando algo que traduz uma experiência de confissão existencial, mas que não pode ser objeto de uma constatação fora de seu emprego na igreja. E isto se aplica igualmente a determinadas expressões bíblicas que apresentam Jesus como via única de salvação. São expressões claramente performativas, exortativas, que encontram plausibilidade no âmbito do contexto litúrgico-doxológico, mas que não podem ser aplicadas de forma objetiva, e nem ser utilizadas para condenar as outras tradições religiosas. Tillich tem razão quando sublinha que

> "Jesus é o Cristo para nós, a saber, para aqueles que participam deste *continuum* histórico a que Cristo confere um sentido. Esta limitação existencial não limita qualitativamente sua significação, mas deixa a porta aberta a outras auto-manifestações divinas antes e depois de nosso *continuum* histórico"[164].

Esta reflexão cristológica de Tillich insere-se em sua visão mais ampla sobre a presença universal do Logos e do Espírito de Deus que se faz presente em toda a história da humanidade[165]. E como assinala Claude

---

[162] Algo semelhante diz Jacques Dupuis: "a particularidade histórica de Jesus confere limitações inevitáveis ao evento-Cristo": J.DUPUIS. *Rumo a uma teologia cristã do pluralismo religioso*, p. 412. É importante sublinhar que ao enfatizar a particularidade histórica de Jesus, a reflexão teológica está abrindo portas para o diálogo inter-religioso. Como assinala Christian Duquoc, "revelando-se em Jesus, Deus não absolutizou uma particularidade; significa, ao contrário, que nenhuma particularidade histórica é absoluta, e que em virtude desta relatividade, Deus pode ser alcançado na nossa história real": *Un dio diverso*. 2 ed. Brescia: Queriniana, 1985, p. 137.

[163] J-M.AVELINE. *L'enjeu christologique en théologie des religions*, pp. 644-645.

[164] P.TILLICH. *Teologia sistemática*, p. 391. Não há, segundo Tillich, fundamento para uma exclusividade da revelação. Ninguém está autorizado a limitar as possíveis e inusitadas manifestações do incondicionado. E isto significa a abertura para a "eventualidade de outras revelações": J-M.AVELINE. *L'enjeu christologique en théologie des religions*, p. 353.

[165] "Para Tillich, uma teologia é cristológica na medida em que perscruta a presença e a ação do Logos de Deus em toda a criação, na história das religiões e das culturas...": J-M.AVELINE. *L'enjeu christologique en théologie des*

Geffré, é uma posição teológica em larga consonância com a tradição católica, que busca afirmar a dinâmica de uma revelação universal que transborda amplamente as fronteiras do cristianismo, e abre "um caminho fecundo para exorcizar a pretensão de monopólio da revelação divina por uma religião cristã"[166].

As religiões sob a Presença Espiritual

Uma das importantes contribuições dadas por Paul Tillich em favor da reciprocidade entre as religiões situa-se no âmbito da dimensão mística. Trata-se da pista da profundidade que habita cada tradição religiosa. O diálogo acontece não em nível de superfície, onde as distâncias são muito mais acentuadas, mas em nível de profundidade. Foi com base em Tillich que Paul Ricoeur utilizou a imagem da esfera para exemplificar este dado: na superfície as distâncias são imensas, mas na medida em há um direcionamento para o centro, em profundidade, verifica-se uma inusitada aproximação. Para Ricoeur,

> "não existe ponto de vista de Sirius, de observador superior de onde se possa abraçar a multiplicidade das religiões; é sempre do seio de um compromisso determinado que se pode reconhecer, lateralmente de algum modo – quer dizer, sem sobrevôo nem visão de profundidade -, os valores das outras religiões, se bem que é aprofundando meu compromisso que posso encontrar aquele que, partindo de outro ponto perspectivo, realiza um movimento análogo"[167].

Esta pista da aproximação pela profundidade indica a importância da perspectiva mística para se poder acessar o mistério que subjaz na pluralidade religiosa. Mas a tendência comum é resistir a este "recanto mais secreto de nós mesmos" e se manter estável à superfície, no "ambiente das coisas familiares", evitando o confronto com o "Desconhecido", e o desafio de "medir a profundeza do Mundo abaixo de nós"[168]. Mas aquele que tem a coragem e "ousadia" de fazer uma tal experiência depara-se com

---

religions, p. 326.
[166] C.GEFFRÉ. *De babel à pentecôte*, pp. 92-93.
[167] P.RICOEUR. *Em torno ao político*. São Paulo: Loyola, 1995, pp. 188-189 (Leituras I). Ver ainda: C. DUQUOC. *O único Cristo*. A sinfonia adiada. São Paulo: Paulinas, 2008, pp. 90-91.
[168] Teilhard de CHARDIN. *O meio divino*. Petrópolis: Vozes, 2010, pp. 44-46 (trata-se de uma das passagens místicas mais densas e belas em torno da descida do ser humano à profundidade de seu ser).

a surpresa de um encontro com o mistério que é "eterno descobrimento" e "eterno crescimento", de um mistério que é envolvente e que banha cada rincão das culturas e tradições religiosas. Mas para poder captar o seu enigma é necessário "educar" a vista, como indica Teilhard de Chardin[169].

O teólogo Roger Haight está coberto de razão ao assinalar que "as pessoas que não conseguem reconhecer a verdade salvífica das outras religiões podem implicitamente estar operando com uma concepção de Deus distante da criação"[170]. A perspectiva apontada pela experiência mística vai noutra direção, que é de reconhecimento e acolhida da presença de um mistério que está sempre disponível. E o que se pode verificar é algo ainda mais radical: na medida em que se aprofunda e se adentra na experiência religiosa de uma particular tradição, cresce de forma concomitante a consciência de que o mistério experimentado transborda a própria tradição. Para Tillich, o cristianismo encontra-se diante de um desafio singular, que é o de transcender sua particularidade. Mas não pelo caminho do abandono da própria tradição, mas de seu aprofundamento mediante a oração, o pensamento e a ação:

> "Na profundidade de toda religião viva há um ponto onde a religião como tal perde sua importância e o horizonte para o qual ela se dirige provoca a quebra de sua particularidade, elevando-a à uma liberdade espiritual que possibilita um novo olhar sobre a presença do divino em todas as expressões do sentido último da vida humana"[171].

Na visão de Tilich, toda a história humana está marcada pela Presença Espiritual, assim como as tradições religiosas. Mas a forma de captação de sua presença sofre a refração da dinâmica contingencial e limitada da mesma história. É semelhante ao que ocorre com a mudança de direção sofrida pelos raios luminosos provenientes dos astros ao atravessarem

---

[169] Ibidem, pp. 42-43. Para Chardin, "Deus está infinitamente próximo e em toda a parte". Em sua visão, o grande mistério do cristianismo não está na Aparição de Deus, mas na sua "Transparência" no Universo. Mas é um mistério que sempre se esquiva do abraço, e só pode ser alcançado no esforço limite de captá-lo "presente e atraente no fundo inacessível de cada criatura": ibidem, pp. 128 e 130.

[170] R.HAIGHT. *Jesus, símbolo de Deus*. São Paulo: Paulinas, 2003, p. 479.

[171] P.TILLICH. *Le christianisme et les religions*. Paris: Aubier, 1968, p. 173. Ver ainda: J-M. AVELINE. *L'enjeu christologique en théologie des religions*, p. 573. O exemplo de Thomas Merton pode ser aqui apontado como significativo para esta experiência de intensificação de uma experiência religiosa, de sua "realização tradicional e interior", mas ao mesmo tempo disponível para a sua "ultrapassagem", na medida em que marcada pela abertura sempre renovada ao aprendizado de novas experiências e linguagens: cf. T.MERTON. *O diário da Ásia*. Belo Horizonte: Vega, 1978, p. 248; P.KNITTER. *Introduzione alle teologie delle religioni*, pp. 448-449; D.TRACY. *Pluralidad y ambigüedad*. Madrid: Trotta, 1987, p. 143.

a atmosfera terrestre. A Presença Espiritual nunca se esgota nas formas fragmentárias de sua manifestação no tempo, ela transcende "condições, crenças e expressões de fé individuais"[172].

Embora a Presença Espiritual nunca seja ambígua, encontra-se sempre presente na história de forma "fragmentária e antecipatória". Não pode haver nem história nem religiões sem a presença de ambigüidades[173]. Segundo Tillich,

> toda religião tem uma profundidade que vem perenemente ocultada, como no cristianismo, por sua própria particularidade. Na maior parte das religiões combateu-se e se combate, uma batalha contra as distorções do Absoluto operadas pelas religiões particulares. O resultado desta luta foram os grandes sistemas místicos do Oriente. Em nenhum lugar, porém, a luta foi radical a ponto de eliminar completamente as distorções. Porém, no nosso diálogo com as outras religiões não devemos tentar fazer prosélitos; devemos, ao contrário, convocar as outras religiões à sua profundidade, naquele ponto onde se possa ver claramente que elas não são o Absoluto, mas testemunhas do Absoluto"[174].

Na linha da tradição mística sufi, Ibn ´Arabi (1165-1240) mostrou com pertinência o equívoco de querer atar ou vincular a realidade última (o Real) a imagens categoriais e fixas. O resultado de tal operação de vinculação pode ser, às vezes, desastroso. Ao comentar sobre a questão, Michael Sells assinalou:

> "Dado que o real é infinito, não pode ser limitado aos confins de uma única crença; o deus da crença não é o Deus verdadeiro, mas somente um ídolo intelectual. A tragédia é que de fato o real se manifesta verdadeiramente nessa imagem, mas ao limitar o real a essa imagem particular e ao negar suas outras manifestações, terminamos por negar o real em sua infinitude"[175].

---

[172] P.TILLICH. *Teologia sistemática*, p. 607.

[173] Ibidem, p. 594. Segundo Tillich, "a união transcendente plena é um conceito escatológico. O fragmento é uma antecipação": ibidem, p. 594. Pode-se falar, como o faz Christian Duquoc, em "religiões em fragmentos", de forma a assinalar a provisoriedade e o inacabamento das religiões no tempo da história: *O único Cristo*, pp. 88 e 91.

[174] P.TILLICH. *La mia ricerca degli assoluti*. Roma: Ubaldine, 1968, p. 103.

[175] M.SELLS. Tres seguidores de la religión del amor: Nizām, Ibn ´Arabī y Marguerite Porete. In: P. BENEITO (Ed.). *Mujeres de luz. La mística feminina, lo femenino en la mística*. Madrid: Trotta, 2001, p. 141. Como indica Ibn ´Arabī, a "Divindade das convicções dogmáticas é prisioneira das limitações", enquanto nada pode conter a "Divindade absoluta", pois ela é "a essência das coisas e a essência de Si mesma": *Le livre des chatons des sagesses*. Beyrouth: Al Bouraq, p. 713 (Tome second).

A realidade da Presença Espiritual é um convite permanente às religiões para superarem a tendência de "profanização" e "demonização" presentes na dinâmica de suas ambigüidades. Ela constitui uma "superação" da religião, uma provocação contínua no sentido de seu aperfeiçoamento espiritual. Como mostra Tillich,

> "onde o Espírito divino supera a religião, ele impede a reivindicação de absolutismo, tanto por parte da igreja quanto por parte de seus membros. Onde o Espírito divino é efetivo, rejeita-se a reivindicação de uma igreja de representar a Deus como exclusão das demais. A liberdade do Espírito se opõe a esta reivindicação. E quando o Espírito divino está presente, a reivindicação de um membro da igreja por posse exclusiva da verdade é minada pelo testemunho do Espírito divino acerca de sua participação fragmentária e ambígua na verdade"[176].

Segundo Paul Tillich, o que expressa essa superação da religião pela Presença Espiritual é o "princípio protestante", uma categoria chave em sua abordagem teológica, e que vem articulada com a "substância católica". Enquanto o "princípio protestante" é uma barreira protetora contra as forças de "profanização e demonização" das igrejas e religiões, não se atendo às igrejas da Reforma; a "substância católica" traduz a "corporificação concreta da Presença Espiritual"[177]. O aprofundamento da compreensão destas duas categorias centrais no pensamento de Tillich e o exercício de sua extensão às outras religiões tornam-se chave essencial para o diálogo inter-religioso[178], além de indicar que este encontro vem animado por uma indispensável dimensão experiencial e mística.

Tudo isto contribui para mostrar que o diálogo inter-religioso constitui um caminho essencial para o aprofundamento da compreensão do próprio mistério que se experimenta em determinada "comunidade de escuta e

---

[176] P.TILLICH. *Teologia sistemática*, p. 687.

[177] Ibidem, pp. 687-688. Ver também: Id. *A era protestante*. São Bernardo do Campo: Ciências da Religião, 1992, pp. 242-243 e 246; J-M.AVELINE. *L'enjeu christologique en théologie des religions*, pp. 636 e 651; C.GEFFRÉ. *De babel à pentecôte*, p. 106. Como mostra Paul Knitter, "há um verme dentro de toda religião – Tillich chama-o de 'elemento demoníaco` - pelo qual ela procura domesticar Deus e capturar a divindade dentro da segurança do conhecimento humano. Toda religião está em necessidade diária de reforma porque toda religião, tanto de maneira gritante como sutil, busca fazer-se, a si mesma e a seus credos, códigos e cultos, mais importante do que a revelação e a vivência às quais se destina a servir e transmitir". Daí, segundo este autor, a necessidade de sua permanente reforma. O "princípio protestante" de Tillich atuaria, assim, como uma "vigilância nos confrontos da própria corruptibilidade": P.KNITTER. *Introdução às teologias das religiões*, p. 95. Mas como o próprio Tillich sublinhou, "ele sozinho não é suficiente", e necessita ser complementado pela "substância católica".

[178] M.AEBISCHER-CRETTOL. *Vers un oecuménisme interreligieux*, p. 252; J.DOURLEY. Substância católica e princípio protestante, p. 6.

interpretação". E Tillich soube reconhecer isto ao enfatizar o dado de que toda religião se baseia numa experiência de revelação. O cristianismo deixa de ser o "cumprimento" ou "realização" das outras religiões, firmando-se como uma tradição de escuta e acolhida da alteridade, permeável ao "enriquecimento" da experiência de Deus que acontece também alhures.

2.3 A teologia do pluralismo inclusivo

A abordagem teológica pluralista tem provocado atualmente uma ampla discussão e, particularmente no campo católico, tem suscitado muitos questionamentos e críticas. Sobretudo os teólogos inclusivistas têm advertido sobre os riscos presentes em certas abordagens teocêntricas que estariam "sacrificando a questão da verdade" ao questionar a realidade objetiva dos conteúdos da fé cristã[179]. É em torno do debate cristológico que emergem as maiores dificuldades: é ou não Jesus o único e exclusivo mediador de Deus? É ou não a mediação normativa e constitutiva da salvação? A realidade do Cristo esgota-se ou não em Jesus? Em certas afirmações de teólogos pluralistas manifestar-se-ia o risco de ruptura do vínculo "único e exclusivo de Jesus Cristo com Deus separando Cristo-logia de Teo-logia", e com ela a erosão da própria identidade cristã[180].

Certos autores identificam em determinadas afirmações cristológicas atuais uma dinâmica gnóstica, ao separar o Jesus "pregador" do Cristo "pregado". Como assinala C.Palácio,

> "A rigor, e de forma brutal, a pessoa de Jesus seria ´descartável`. Como um limiar ultrapassado, ao qual não se volta mais. Depois de ter-nos ´trazido a revelação`, a sua pessoa poderia desaparecer. A nós caberia continuar ´administrando` a sua doutrina. Como se a revelação (conteúdo) pudesse subsistir fora do revelador (a sua existência como forma). Não, Jesus

---

[179] M.F.MIRANDA. O encontro das religiões, p. 15. Neste artigo, de cunho informativo, o autor levanta uma série de críticas à posição pluralista a partir de três questões principais: a questão da verdade, a questão de Deus e a questão cristológica. Vários autores, identificados com posições mais arrojadas são direta ou indiretamente questionados pelo autor: Jonh Hick, por relativizar a questão da verdade com a introdução do conceito de verdade mitológica (p. 16); Hans Küng, por introduzir o *"humanum"* como critério da verdadeira religião (p. 17); Amaladoss, por considerar "inspiradas" as Escrituras não-cristãs e adiar para o fim da história a plena revelação do Cristo cósmico (pp. 18 e 21); e Panikkar, por relativizar as expressões cristãs, igualando-as com as expressões das outras religiões (p 21). Numa diversa perspectiva cf. tb. as críticas de G.COFFELE. Missão. In: *Dicionário de Teologia Fundamental*. op. cit., pp. 647-648. Este autor fala, inclusive, de "uma espécie de complô inconsciente para 'desmissionalizar' a Igreja". Veja igualmente: G.D'COSTA (Ed.) *La teologia pluralista delle religioni: un mito? L'unicità cristiana riesaminata*. Assisi: Cittadella Editrice, 1994.

[180] MIRANDA, Mário de França. A configuração do cristianismo num contexto pluri-religioso, p. 380.

> não é um ´mestre` qualquer, nem um fundador de religião. E menos ainda um guru iniciador de uma experiência religiosa qualquer. Ele é o mediador absoluto e permanente, para usar uma expressão querida a K. Rahner"[181].

Sem desconhecer toda a complexidade que envolve este tema, há hoje um grupo de teólogos católicos que buscam responder positivamente o desafio da diversidade das religiões para o cristianismo, sem romper com o inclusivismo, mas aceitando a interlocução fecundante do pluralismo. De forma ainda mais precisa, trata-se de teólogos que expressam sua insatisfação diante da maneira com que o tema vem sendo refletido tanto no horizonte do inclusivismo-cristocêntrico como no horizonte do pluralismo-teocêntrico. Foram escolhidos aqui um bloco de teólogos para situar, ainda que de forma sucinta, o quadro geral desta nova perspectiva[182]: Jacques Dupuis, Claude Geffré, Andrés Torres Queiruga, Michael Amaladoss, Edward Schillebeeckx, Hans Küng, Christian Ducquoc e outros. Mesmo reconhecendo a diversidade de nuances entre estes teólogos, apresentam-se adiante, de forma esquemática, os traços essenciais de suas abordagens sobre o tema.

a. Jacques Dupuis: os caminhos diversificados da graça divina

O tema do pluralismo religioso vem hoje envolvendo de forma cada vez mais decisiva a teologia cristã, que é provocada a posicionar-se positivamente a respeito. O quadro das posições em jogo é bem complexo e envolve uma variante bem diversificada. Dentre os autores que apresentam propostas específicas de reflexão encontra-se o teólogo belga Jacques Dupuis (1923-2004)[183], cujo livro "Rumo a uma teologia cristã do pluralismo religioso"[184] constitui um importante marco no balizamento metodológico neste

---

[181] PALÁCIO, Carlos. A originalidade singular do cristianismo. *Perspectiva teológica*, v. 33, n.70, p. 333, 1994. O mesmo posicionamento crítico foi expresso pelo cardeal-arcebispo de Bruxelas, Godfried Danneels, em sua intervenção no Sínodo sobre a Europa (1991), particularmente quando fala do risco da separação entre Deus e o Cristo, que vem ocorrendo no interior da própria Igreja (nas paróquias, movimentos e escolas). Cf. DANNEELS, C. Intervention au synode spécial sur l'Europe. *Lumen Vitae*, n. 1, p. 10, 1992. Ver ainda sua entrevista, em que resume a sua intervenção no Sínodo: BRUNELLI, L. O inimigo é a religião. *30dias*, n. 1, pp. 36-37, 1992.

[182] Isto será desenvolvido nos tópicos 2.3 (a teologia do pluralismo inclusivo) e 2.4 (outros desdobramentos do paradigma inclusivista).

[183] Para uma abordagem sobre o seu itinerário teológico, incluindo os percalços em torno à notificação pela CDF de seu clássico livro cf. F.TEIXEIRA. Uma teologia de amor ao pluralismo religioso. In: A.M.L.SOARES (Org). *Dialogando com Jacques Dupuis*. São Paulo: Paulinas, 2008, pp. 181-200. Ver ainda: D.KENDAL & G.O´COLLINS (Edd). *In Many and Diverse Ways*. In Honor of Jacques Dupuis. New York: Orbis Books, 2003.

[184] Jacques DUPUIS. *Rumo a uma teologia cristã do pluralismo religioso*. São Paulo: Paulinas, 1999.

campo de abordagem teológica. O objetivo deste capítulo é especificar o traço distintivo do modelo proposto pelo teólogo belga e que vem definido como pluralismo inclusivo.

Uma cristologia trinitária e pneumatológica

As pistas teológicas abertas por Jacques Dupuis em favor de uma teologia cristã do pluralismo religioso foram apresentadas nas suas duas últimas obras, que compõem uma trilogia envolvendo o tema do cristianismo e as religiões[185]. O que ele propõe são roteiros que possam resultar num "salto qualitativo da teologia cristã e católica das religiões, para uma avaliação teológica mais positiva delas e uma atitude concreta mais aberta com relação a seus seguidores"[186]. E roteiros que se inserem "deliberadamente no quadro da fé eclesial", mas sempre abertos à interlocução criadora. É este "salto qualitativo" que pode garantir, segundo Dupuis, a credibilidade da mensagem cristã num tempo marcado pela dinâmica multicultural e multireligiosa.

O modelo proposto por Dupuis busca manter-se eqüidistante tanto do absolutismo como do relativismo. Trata-se de uma perspectiva que busca levar a sério a questão do pluralismo religioso, entendido como dado de princípio e situado no desígnio de Deus para a salvação da humanidade. Sua proposta consiste em mostrar a compatibilidade da afirmação da identidade cristã com "um reconhecimento autêntico da identidade das outras comunidades de fé"[187]. Para Dupuis, a auto-revelação do Mistério Absoluto, que opera sempre num desígnio unitário, manifesta-se em "diversos percursos religiosos" legítimos. Esta percepção abre novas perspectivas para o diálogo inter-religioso, que possibilita aos cristãos descobrir com admiração "tudo aquilo que a ação de Deus, através de Jesus Cristo e do seu Espírito, realizou e continua realizando no mundo e na humanidade inteira"[188]. Longe de lhes enfraquecer a fé, o diálogo a aprofunda, facultando-lhe sua abertura a novas e inéditas dimensões do Mistério de Deus. É nesse sentido que Dupuis justifica sua tese de que "uma teologia das religiões deve ser, em última análise, uma teologia do pluralismo religioso"[189].

---

[185] Ao lado dos dois livros de Dupuis já citados, publicados em 1997 e 2001 pode-se também acrescentar um que é pioneiro: *Gesù Cristo incontro alle religioni*. Assisi: Cittadella Editrice, 1989.
[186] J. DUPUIS. *O cristianismo e as religiões*, p. 322.
[187] J.DUPUIS. *Rumo a uma teologia cristã*, p. 294.
[188] PONTIFÍCIO Conselho para o Diálogo Inter-Religioso. *Diálogo e Anúncio*. Petrópolis: Vozes, 1991, n. 50.
[189] J.DUPUIS. *Rumo a uma teologia cristã*, p. 282.

A cristologia trinitária e pneumatológica vem identificada por Dupuis como chave interpretativa fundamental de acesso a uma teologia do pluralismo religioso, que possibilita a afirmação de um modelo teológico "para além dos paradigmas inclusivista e pluralista". Trata-se de um projeto que foi nomeado por Dupuis como "pluralismo inclusivo", cujo traço de especificidade consiste na busca de harmonização "do que se deve reter do inclusivismo cristológico com o que se pode afirmar teologicamente a respeito de um certo pluralismo das religiões no desígnio de Deus"[190].

Para Dupuis, uma falsa dicotomia determinou a recíproca contraditoriedade entre os paradigmas inclusivista e pluralista. A seu ver, "modelos que em si mesmos deveriam ser vistos como reciprocamente complementares foram, de fato, transformados em paradigmas contraditórios entre si"[191]. O novo modelo teológico permite a interação da fé cristã com outras perspectivas de fé, resguardando a singularidade de cada adesão particular.

Segundo Dupuis, a transformação do cristocentrismo em paradigma restritivo se deu em razão de uma inadequada atenção à dimensão inter-pessoal da cristologia, ou seja, das relações interpessoais entre Jesus e Deus e Jesus e o Espírito. Uma teologia do pluralismo religioso pressupõe uma "tensão construtiva" entre a centralidade do acontecimento histórico de Jesus Cristo e a influência dinâmica do Verbo e do Espírito.

Uma cristologia integral recupera, assim, a dimensão trinitária do mistério cristológico, mantendo intimamente unidas a "jesuologia" e a "cristologia". Para Dupuis, não tem sentido um Jesus sem o Cristo nem um Cristo sem Jesus. No mistério de Jesus Cristo, enquanto "universal concreto", está dado tanto o seu significado universal como a sua particularidade histórica. O Cristo proclamado pela fé cristã é o mesmo Jesus histórico que por Deus foi constituído Cristo na sua ressurreição dos mortos (At 2,36)[192]. Uma cristologia adequada é, portanto, aquela que desvela o "Filho-de-Deus-feito-homem-na-história"[193].

A abertura das relações de Deus com a humanidade não se restringe em razão da adoção de uma perspectiva cristocêntrica. A restrição só acontece quando se trabalha o "cristocentrismo" em tom menor, deslocado de sua

---

[190] J.DUPUIS. *O cristianismo e as religiões*, p. 319 (e também p. 124).

[191] J.DUPUIS. *Rumo a uma teologia cristã*, p. 287.

[192] Dupuis afirma a existência de uma continuidade de identidade pessoal entre Jesus e o Cristo, bem como uma descontinuidade de condição humana. Com base em At 2, 36, ele afirma que Jesus é o Cristo, assim transformado em virtude de sua ressurreição dos mortos. Cf. J. Dupuis. *Gesù Cristo incontro alle religioni*, p. 251.

[193] J.DUPUIS. *Introduzione alla cristologia*. 3 ed. Casale Monferrato: Piemme, 1996, p. 55.

perspectiva trinitária. É o que ocorre quando não se desenvolve adequadamente a relação de Jesus com Deus e a tensão construtiva entre a centralidade do evento histórico Jesus Cristo e a ação universal do Espírito de Deus.

De acordo com Dupuis, a *relação de Jesus com Deus* pode ser caracterizada como uma relação recíproca de unidade (proximidade) e distância. A *unidade* é que confere o caráter específico à consciência religiosa de Jesus. É singular e inaudita a familiaridade com que Jesus se refere ao Pai; familiaridade que nasce de uma profunda e única intimidade com Ele. O Evangelho de João expressou com clareza esta realidade: "Eu e o Pai somos um" (Jo 10,30)[194]. Para Dupuis, esta intimidade implica "uma imanência recíproca (Jo 10,38; 14,11; 17,21), um mútuo conhecimento (10,15), um amor recíproco (5,20; 15,10), uma ação comum – aquilo que Jesus realiza, o Pai realiza junto com ele (5,17)"[195]. Esta união de Jesus com o Pai encontra o seu fundamento último para além da condição humana.

Esta proximidade única que une Jesus com Deus, em virtude do próprio mistério da encarnação, não pode, segundo Dupuis, apagar a *"distância abissal que permanece entre o Pai e Jesus na sua existência humana".* Em razão das implicações de uma cristologia trinitária, não se pode jamais pensar Jesus Cristo como realidade que substitua o Pai[196]. Isto não invalida a perspectiva cristã que identifica em Jesus Cristo a realização da plenitude da revelação. Mas esta plenitude é qualitativa e não quantitativa, na medida em que deixa aberto o espaço para as surpresas do Deus que sempre vem[197]. A revelação de Deus em Jesus permanece, porém, relativa:

---

[194] O exegeta R. Schnackenburg, ao analisar esta passagem joanina no contexto em que se encontra, sublinhou que a mesma indica somente "o poder conferido a Jesus de preservar as suas ovelhas, os homens a ele confiados (10,29). Por suas obras deve-se reconhecer e compreender que o Pai está nele e ele no Pai (10,38). Dado que Jesus está em tal comunhão com o Pai, os inimigos nada lhe podem fazer (10,39)." Há, portanto, segundo este autor, uma relação recíproca e de tensão dialética entre a cristologia do enviado e aquela do filho. Cf. R.SCHNACKENBURG. *La persona di Gesù Cristo nei quattro vangeli.* Brescia: Paideia, 1995, p. 354.

[195] J.DUPUIS. *Rumo a uma teologia cristã,* p. 374. Este autor acrescenta: "Jesus não é, em sua experiência, o Pai, mas entre ele e o Pai a comunicação de semelhança e, mais ainda a unidade, são de tal modo que exigem ser expressas em termos de uma relação Pai-Filho": Ibidem, p. 374.

[196] Há sempre uma "excedência" e "desbordamento" de Deus com respeito ao finito, inclusive com respeito à realidade criada de Jesus. A auto-consciência humana de Jesus, como o sublinha Rahner, não pode ser monofisiticamente identificada com a consciência do Logos de Deus. Entre as duas existe uma "distância infinita". Para este tema ver: K.RAHNER. *Corso fondamentale sulla fede.* Roma: Paoline, 1978, pp. 323 e 294-295.; Id. *Teologia dall'esperienza dello Spirito.* pp. 370 e 375. E também: C.DUQUOC. *O Único Cristo,* pp. 92-93.

[197] Interessante observar as pertinentes reflexões a esse propósito elaboradas por Eberhard Jüngel em seu livro: *Dio, mistero del mondo.* 2 ed. Brescia: Queriniana, 1991, p. 493. Este autor trabalha a ideia do ser de Deus como evento do vir-a-ser.

> "A consciência humana de Jesus, embora sendo a do Filho, é, todavia, uma consciência humana e, portanto, limitada. Não teria podido ser de outra forma, em vista do mistério da encarnação. Nenhuma consciência humana, nem mesmo a do Filho-de-Deus-que-se-tornou-ser-humano, pode ´compreender`, ou seja, abranger e exaurir o mistério divino na sua totalidade. Nenhuma expressão do mistério em palavras humanas, nem sequer as que brotam da experiência única do Filho na sua humanidade, pode exaurir a totalidade do mistério: somente a consciência intra-divina, partilhada pelas três pessoas no mistério da Trindade, é que o pode fazer"[198].

O tratamento que Dupuis dá ao tema da unicidade e universalidade de Jesus Cristo é bem precavido, de forma a preservar uma teologia aberta das religiões e do pluralismo religioso. Em defesa desta perspectiva, ele prefere falar do evento Jesus Cristo como "constitutivo" da salvação, em vez de falar de Jesus como "Salvador absoluto". O que busca assegurar em sua reflexão é a especificidade humana de Jesus. E o que vale para Jesus, vale mais decisivamente ainda para o cristianismo. A absolutez não pode, a seu ver, constituir-se em atributo de Jesus Cristo, enquanto Filho-de-Deus-feito-homem, e a nenhuma outra realidade criada e contingente. Daí evitar

> "a todo custo falar de ´absolutez`quer referindo-se a Jesus Cristo quer, a *fortiori*, referindo-se ao cristianismo. A razão é que o ´absoluto`é um atributo da Realidade última ou Ser Infinito, que não deve ser atribuído a nenhuma realidade finita, até mesmo a existência humana do Filho-de-Deus-feito-homem. O fato de Jesus Cristo ser Salvador ´universal`não faz dele o ´Salvador Absoluto`, que é o próprio Deus"[199].

A história continua, assim, sendo palco da auto-revelação de Deus, embora "nenhuma revelação pode superar ou igualar, antes ou depois de Jesus Cristo, aquela que nos foi dada nele, o Filho divino encarnado"[200]. Dupuis é extremamente cuidadoso na escolha das palavras para definir o caráter singular do evento Jesus Cristo. Trata-se para ele de um evento *decisivo*, mas não *definitivo*, na medida em que deixa em aberto a dinâmica

---

[198] J.DUPUIS. O cristianismo e as religiões, p. 172. Ver também: Id. *Rumo a uma teologia cristã*, p. 346; Id. Gesù Cristo incontro alle religioni, pp. 240-241. É interessante verificar como a reflexão de Dupuis a respeito foi ganhando precisão, sendo corrigidas as possíveis ambigüidades: é só comparar a forma como se expressa nos três livros citados. Esta mesma questão é recorrente nas reflexões de Edward SCHILLEBEECKX. Cf. *Umanità la storia di Dio*. Brescia: Queriniana, pp. 218-219, 1992.

[199] J.DUPUIS. *Rumo a uma teologia cristã*, p. 390; Id. *O cristianismo e as religiões*, pp. 210-211; Id. La teologia del pluralismo religioso rivisitata, *Rassegna di Teologia*, v. 40, n. 5, pp. 680-681, 1999.

[200] J.DUPUIS. *Rumo a uma teologia cristã*, p. 347.

das manifestações divinas mediante a ação do Logos e do Espírito. Em sua visão, "a auto-manifestação definitiva de Deus à humanidade, como igualmente a completa realização da função salvífica de Cristo, coincidirá com o advento da plenitude do reino de Deus no *eschaton* (cf. 1 Cor 15, 26-28)"[201].

Ao contrário do que pensam determinados críticos[202], Dupuis não relativiza ou desconhece a "união hipostática e o caráter verdadeiramente teândrico da ação de Jesus Cristo". O que ele faz, e com razão, é precisar os elementos de unidade e distinção presentes na relação filial de Jesus com Deus. Quando o autor trabalha a tônica da consciência filial de Jesus, sobretudo no capítulo terceiro da segunda parte de sua obra mais clássica[203], ele define com precisão e clareza o que de fato estabelece a "diversidade" de Jesus, ou seja, sua identidade pessoal de Filho (filiação divina). Garante-se, assim, o caráter qualitativamente diferente da revelação de Deus em Jesus Cristo.

Assim como uma cristologia trinitária deve acentuar as relações interpessoais presentes na relação de Jesus com Deus, deve igualmente expressar a relação existente entre *Jesus e o Espírito*. A cristologia deve, necessariamente, incluir uma "cristologia pneumatológica", capaz de perceber e acentuar a "presença universal e operante do Espírito de Deus no evento Cristo"[204]. Isto implica reconhecer a influência do Espírito em toda a trajetória terrena de Jesus, desde o momento de sua concepção por influxo da dinâmica do Espírito (Lc 1,35), até o coroamento de sua ressurreição, por força do mesmo Espírito (Rm 8,11). Reconhecer também, para além da ressurreição, a presença de uma relação dinâmica entre a "ação do Senhor ressuscitado e a economia do Espírito Santo". Uma tal cristologia mostra-se capacitada para discernir a presença e ação universal do Espírito na história concreta, não apenas enquanto dado afirmado, mas como "fio condutor e princípio guia"[205].

Esta renovada insistência sobre o papel do Espírito na economia da salvação, muito enfatizada no cristianismo oriental, constitui fator importante para ressaltar a imensa riqueza e variedade das auto-manifestações de

---

[201] J.DUPUIS. La teologia del pluralismo religioso rivisitata, p. 671. Ver ainda: *Rumo a uma teologia cristã*, pp. 347-348.

[202] Veja em particular a recensão feita pelo comitê de redação da revista tomista ao livro de Dupuis: "Tout récapituler dans le Christ" *Revue Thomiste*, v. 98, n. 4, p. 604, 1998. E também a Instrução Pastoral da Conferencia Episcopal Espanhola, por ocasião de sua LXXXVI Assembleia Plenária: *Teologia y secularización en Espana* – Madrid, 30 de marzo de 2006 (em especial o n. 31):
htp://www.conferenciaepiscopal.es/documentos/Conferencia/teologia.htm (acessado em 09/09/2006).

[203] J.DUPUIS. *Rumo a uma teologia cristã*, pp. 373-378.

[204] J.DUPUIS. *Introduzione alla cristologia*, p. 55.

[205] J.DUPUIS. *Rumo a uma teologia cristã*, p. 289.

Deus à humanidade. É verdade que o Espírito não constitui uma "alternativa a Cristo", estando a ele referido, mas é igualmente verdade que a cristologia não existe sem a pneumatologia, caso contrário acaba por desembocar num cristomonismo problemático. Como indica Dupuis, "a censura que o cristianismo oriental fez muitas vezes à tradição ocidental, considerada uma forma de ´cristomonismo`, produziu o feliz resultado de desenvolver na teologia ocidental recente uma renovada insistência no papel do Espírito na economia divina da salvação, não último na cristologia em sentido estrito"[206].

O evento Cristo, como indica Dupuis, é ativado e torna-se operante no tempo e no espaço pela ação e obra do Espírito, que já desde o início se fazia presente no mundo (AG 4). Uma cristologia do Espírito constitui canal fundamental para a superação de um exclusivismo particularista no sentido de um inclusivismo disponível para a recepção plural. Com base em tal cristologia as religiões em sua pluralidade podem ser reconhecidas como um valor, enquanto animadas pelo Espírito, que as dinamiza para a meta do mistério absoluto da Divindade.

Com sua cristologia trinitária e pneumatológica, Dupuis busca preservar a reserva escatológica de Deus. O Deus revelado por Jesus permanece "irremediavelmente escondido". Sem desconsiderar a singularidade do evento de Jesus Cristo, de modo particular para os cristãos, há que reconhecer que ele não "esgota e nem pode esgotar, o poder salvífico de Deus". É uma perspectiva cristológica singular, que favorece

> "uma perspectiva global capaz de manter unidas a unicidade constitutiva de Jesus Cristo Salvador e o engajamento pessoal de Deus junto aos povos através de toda a história da humanidade. O evento ´constitutivo` de salvação é evento ´relacional`, que se insere necessariamente no conjunto do plano orgânico de Deus para a humanidade. Os diversos componentes deste plano único e orgânico são interdependentes e relacionais. O evento Jesus Cristo, constitutivo da salvação para todos, não exclui nem inclui, absorvendo-os, nenhuma outra figura ou tradição salvadora. Há mais verdade e graça divina em curso na história global das intervenções de Deus em favor do gênero humano do que o que se pode encontrar na única tradição cristã"[207].

---
[206] J.DUPUIS. *O cristianismo e as religiões*, p. 128.
[207] J.DUPUIS. Vers une théologie chrétienne du pluralisme religieux. *La Vie Spirituelle*, v. 151, n. 724, p. 578, 1997 (e também pp. 576-577).

Uma sabedoria infinita e multiforme

Na construção de seu modelo de "pluralismo inclusivo", Dupuis busca complexificar o quadro da economia trinitária, assinalando outras dimensões assumidas pela mediação da graça, como a potência universal do Logos e a ação ilimitada do Espírito. A plenitude qualitativa (de intensidade) da revelação em Jesus Cristo não significa, como lembra Dupuis, que após a realização desse evento histórico, Deus deixe de continuar revelando-se por meio dos sábios e profetas das outras tradições religiosas, como no caso do profeta Mohammad (Maomé)[208]. A história continua a ser palco da auto-revelação de Deus. Daí se afirmar que a plenitude é não quantitativa. Este autor abre espaço em sua reflexão para uma compreensão da revelação como evento progressivo e diferenciado.

Com respeito à potencia universal do Logos, Dupuis retoma a referência ao prólogo do evangelho de João para mostrar a dinâmica peculiar de sua ação mais ampla, que não se exaure no evento-Cristo mas manifesta sua operatividade em toda a história humana. Como ele mesmo assinala, "a incomparável força iluminadora do Verbo divino - ´a verdadeira luz que, vindo ao mundo, ilumina todo homem`(Jo 1,9) – foi universalmente operativa antes de sua manifestação na carne e continua operativa através de toda a história da salvação, mesmo depois do evento Jesus Cristo e para além das fronteiras do cristianismo"[209]. Os elementos de "verdade e graça" (AG 9) presentes nas tradições religiosas da humanidade constituem expressões desse Logos. E para Dupuis, esta ação universal do Logos não rompe com a unidade do desígnio divino para a salvação da humanidade, que encontra no evento Cristo, "o ponto culminante do processo de autocomunicação divina, o eixo que sustenta todo o processo"[210].

---

[208] Outro teólogo jesuíta que retoma a pista pneumatológica é Roger Haight. Em sua visão, é Deus como Espírito que constitui "o fundamento universal da salvação". Sem desconsiderar o lugar de Jesus Cristo enquanto "mediação basilar da presença e da salvação de Deus à humanidade", Haight sublinha que a presença salvífica de Deus pode ser mediada por "um evento, um livro, um ensinamento, uma práxis". Não precisa ser, necessariamente, uma pessoa: cf. Roger HAIGHT. *Jesus, símbolo de Deus*. São Paulo: Paulinas, 2003, p. 477. Para uma visão mais ampla da reflexão cristológica de Haight cf. F.TEIXEIRA. Uma cristologia provocada pelo pluralismo religioso. *REB*, v. 65, n. 258, 2005, pp. 293-314.

[209] J.DUPUIS. *O cristianismo e as religiões*, p. 206; Id. *Rumo a uma teologia cristã*, pp. 440-442. E essa reflexão de Dupuis encontra sua fundamentação exegética em autores como Leon Dufour e Schnackenburg: J.DUPUIS. La teologia del pluralismo religioso rivisitata, p. 669s. E também em teólogos como Claude Geffré, que com base nos padres da Igreja situa "a economia do Verbo encarnado como sacramento de uma economia mais vasta, a do Verbo eterno de Deus que coincide com a história religiosa da humanidade": C.GEFFRÉ. *Crer e interpretar*. Petrópolis: Vozes, 2004, p. 165.

[210] J.DUPUIS. *Rumo a uma teologia cristã*, p. 441.

Segundo Dupuis, a singularidade do evento-Cristo está em sua condição de "sacramento universal da vontade salvífica de Deus". Mas tal evento não constitui a única expressão possível dessa mesma vontade de Deus, já que

> "o poder salvífico não está ligado exclusivamente ao sinal universal que ele projetou para sua ação salvífica. Isso significa, em termos de uma cristologia trinitária, que a ação salvífica de Deus por meio do Logos não encarnado (*Logos ásarkos*), sobre o qual o Prólogo segundo João declara que ´era a luz verdadeira, aquela que ilumina todo homem` vindo ao mundo (Jo 1,9) persiste também depois da encarnação do Logos (Jo 1,14), assim como também existe a ação salvífica de Deus pela presença Universal do Espírito, quer antes, quer depois do evento histórico de Jesus Cristo"[211].

Assim como há uma ação universal do Logos, há também uma ação ilimitada do Espírito. O Espírito está sempre presente e em ação na história, antes e depois do evento Jesus-Cristo. E ele atua não apenas na vida das pessoas, mas igualmente nas diversas culturas e tradições religiosas. A dinâmica da salvação vem operada pelo Verbo de Deus e pelo Espírito, que foram tão singularmente nomeados por santo Irineu como as "duas mãos" do Pai[212]. E Dupuis recorre também à imagem de Deus como o oleiro (Is 64,7), que com suas duas mãos realiza uma única economia de salvação. São mãos unidas e inseparáveis, mas também distintas e complementares. Ele assinala que "à luz desta metáfora torna-se mais fácil compreender que a comunicação do Espírito por obra do Cristo ressuscitado não exaure necessariamente a operosidade do Espírito depois do evento-Cristo"[213].

---

[211] Ibidem, p. 413. E continua Dupuis: "Se a ação humana do *Lógos énsarkos* é o sacramento universal da ação salvífica de Deus, ele não esgota a ação do Logos. Continua a ocorrer uma ação distinta do *Lógos ásarkos*". E isto não significa uma "economia da salvação distinta", mas "expressão da gratuidade superabundante e da liberdade absoluta de Deus": Ibidem, p. 413. Esta perspectiva apontada por Dupuis indica que a revelação de Deus permanece sempre aberta. Assim como "a consciência humana de Jesus enquanto Filho não podia, por sua própria natureza, esgotar o mistério divino (...), de maneira análoga o evento-Cristo não esgota – nem poderia – o poder salvífico de Deus": Ibidem, p. 412. E menciona o risco de um "monofisismo invertido", que seria a "possível absorção da natureza divina na humana, de forma a reduzir a natureza divina à medida daquela humana": Id. La teologia del pluralismo religioso rivisitata, p. 673.

[212] J.DUPUIS. Vers une théologie chrétienne du pluralisme religieux, p. 577.

[213] J.DUPUIS. La teologia del pluralismo religioso rivisitata, p. 676. Sem desconsiderar a conexão entre a ação do Espírito com o evento Jesus Cristo, Dupuis fala na necessidade de se garantir uma "discrição, ou melhor, certo silêncio apofático, respeitoso da transcendência do mistério, na tentativa de descobrir e explicar o ´como` de tal ligação e relação": ibidem, p. 678.

A complementaridade inter-religiosa

Com base na epístola aos Hebreus, há que reconhecer os "modos diversos" (Hb 1,1) em que Deus se revelou e continua a se revelar na história. Isto ocorre também por meio das diversas tradições religiosas da humanidade. Todas elas participam da "história da salvação, que é una e multiforme", e de maneira misteriosa contribuem igualmente para a afirmação do Reino de Deus[214].

A reflexão desenvolvida por Jacques Dupuis sobre a unicidade de Jesus Cristo destacou como um de seus traços importantes o caráter relacional. O significado universal do evento-Cristo vem, assim, situado no horizonte mais amplo do desígnio salvífico de Deus para a humanidade. A questão que agora se coloca diz respeito ao modo de relação recíproca que vigora entre o 'caminho' representado por Jesus Cristo e os outros "caminhos" propostos pelas demais tradições religiosas a seus membros.

Reconhecer as outras religiões como "caminhos de salvação" é dar um passo além da perspectiva inclusivista tradicional, que restringe a experiência religiosa que acontece nestas tradições a meros "anseios" ou "busca tateante" de Deus. O novo passo implica em reconhecer que é Deus mesmo que se faz presente em toda experiência religiosa autêntica[215]. As religiões em si não são a "causa" primária da salvação, já que esta "causa" só pode ser pertinentemente aplicada ao Pai, que em Cristo reconciliou o mundo consigo (2 Cor 5,19). Elas, porém, podem ser "utilizadas por Deus como 'canais' de sua salvação"; podem "se tornar 'caminhos' ou 'meios' que comunicam o poder do Deus salvífico"[216].

A ênfase dada por Jacques Dupuis nas religiões como "caminhos de salvação" implica o reconhecimento da legitimidade de "diversos percursos religiosos", mas sempre direcionados para o horizonte da comunhão com o Deus uno e trino. Não há, portanto, lugar em sua reflexão para a tese que defende um "pluralismo de orientações", entendido como a afirmação de

---

[214] J.DUPUIS. *Rumo a uma teologia cristã*, p. 472.

[215] Em linha bem distinta da "teologia do acabamento", Dupuis sublinha que ao falar das religiões como caminhos de salvação quer expressar não apenas uma "simples busca de Deus", universalmente presente nos sere humanos, mas "em primeiro lugar à busca deles por parte de Deus e à graciosa iniciativa tomada por Deus ao convidá-los a participar da própria vida": J.DUPUIS. *O cristianismo e as religiões*, p. 213; Id. J.DUPUIS. *Rumo a uma teologia cristã*, p. 421. Na mesma direção vai a reflexão de Claude Geffré, ao assinalar que a história religiosa da humanidade testemunha não apenas uma busca humana tateante, mas traduz sobretudo "a pluralidade dos dons de Deus em busca do ser humano": *De babel à pentecôte*, p. 114.

[216] J.DUPUIS. *Rumo a uma teologia cristã*, p. 422.

"fins religiosos diferentes" para a humanidade. Uma semelhante tese entra em tensão com a vontade salvífica universal de Deus, relativiza a unidade do gênero humano e a comum dignidade de todos os seres humanos perante Deus.

As diversas religiões não se encontram deslocadas das "alianças" estabelecidas por Deus com a humanidade. Santo Irineu falava em quatro alianças de Deus com a humanidade: com Adão, Noé, Moisés e Cristo[217]. A teologia das religiões retoma em particular o significado universal da aliança com Noé, simbolizada pelo arco iris: "Eis o sinal da aliança que instituo entre mim e vós e todos os seres vivos que estão convosco, para todas as gerações futuras" (Gn 9, 12). Em cada uma das alianças estabelecidas por Deus com a humanidade pulsa o "ritmo trinitário". As tradições extra-bíblicas, como manifesta a aliança com Noé, estão igualmente envolvidas e abraçadas pelos traços da trindade, participando assim da dinâmica da comunicação amorosa de Deus.

Entre as várias tradições religiosas, incluindo aí o cristianismo, existem valores de uma "complementaridade recíproca"[218], o que não significa conceder o mesmo significado salvífico a todas as manifestações do Verbo ou do Espírito na história. A consciência de uma tal complementaridade a nível dos valores salvíficos permite concluir a existência de uma "convergência entre as tradições religiosas e o mistério de Jesus Cristo, enquanto itinerários – certamente desiguais – ao longo dos quais Deus procurou e continua procurando os seres humanos na história, no seu Verbo e no seu Espírito"[219]. Em Jesus Cristo o processo salvífico universal revela uma fisionomia concreta, mas este mesmo processo ganha "realizações particulares" também nas outras tradições religiosas. Em Jesus Cristo, o desígnio salvífico de Deus para a humanidade ganha a sua densidade culminante, mas não no sentido de representar a única manifestação do Verbo ou a completa e exaustiva revelação de Deus[220].

O reconhecimento de uma "complementaridade recíproca" entre as diversas tradições religiosas deve ocorrer respeitando-se a "alteridade irre-

---

[217] Cf. IRINEU. *Contro le eresie e gli altri scritti*. A cura di E. Bellini. Milano: Jaca Book, 1979.

[218] J.DUPUIS. *Rumo a uma teologia cristã*, p. 449. Esta questão será igualmente motivo de algumas críticas sofridas por Dupuis, como as tecidas pelo teólogo G.De Rosa e pelos teólogos dominicanos da revista tomista: cf. Una teologia problematica del pluralismo religioso. *La Civiltà Cattolica*, n. 3554, pp. 142-143, 1998; S.T BONINO et alli. Tout récapituler dans le Christ. À propos de l´ouvrage de Jacques Dupuis Vers une Théologie Chrétienne du Pluralisme Religieux. *Revue Thomiste*, n. 4, p. 627, 1998 (Comité de rédaction de la Revue Thomiste). Nos últimos trabalhos, Dupuis passou a falar em complementaridade "recíproca" e "assimétrica", de forma a enfatizar que "o reconhecimento de valores adicionais e autônomos de verdade e de graça nas outras tradições não cancela a transcendência insuperável da revelação e da autocomunicação de Deus na pessoa e na obra de Jesus Cristo": Id. *O cristianismo e as religiões*, p. 320.

[219] J.DUPUIS. *Rumo a uma teologia cristã*, p. 452.

[220] Ibidem, p. 452.

dutível" de cada uma delas[221]. Levar a sério as religiões é nelas reconhecer algo de irredutível e irrevogável, que jamais será tematizado ou totalizado no cristianismo. O caráter único e singular de cada religião não impede, mas exige uma dinâmica de abertura ao outro. Na experiência do encontro ocorre um "intercâmbio e uma partilha de valores salvíficos" em favor de uma transformação e enriquecimento mútuos[222].

O diálogo inter-religioso constitui o espaço singular para esta experiência de "complementaridade recíproca" entre as religiões. Trata-se de um dos desafios mais importantes nesse novo milênio. Longe de significar um enfraquecimento da fé, o diálogo torna-a mais profunda, convocando-a a navegar em outros espaços e a se abrir a novas e inusitadas dimensões. O cristianismo sai igualmente enriquecido com a experiência da alteridade. Dupuis salienta como mediante o diálogo os cristãos podem descobrir em maior profundidade determinados aspectos ou dimensões do mistério divino, não tão acentuados na tradição cristã[223].

A experiência de "complementaridade recíproca" e o encontro inter-religioso contribuem também para o crescimento do Reino de Deus na história, sempre ordenado para a sua plenitude escatológica. A recapitulação de todas as coisas em Cristo, de que fala Efésios 1,10, não acontecerá de forma "totalitária", mas no respeito e salvaguarda do "caráter irredutível impresso em cada tradição pelo automanifestação de Deus por intermédio do seu Verbo e de Seu Espírito"[224]. Esta riqueza plural não constitui apenas um fenômeno histórico mas prolonga-se igualmente no horizonte escatológico, quando então haverá uma "maravilhosa convergência" de todas as tradições religiosas no Reino de Deus e no Cristo Universal.

---

[221] C.Geffré chamou a atenção para esta questão em sua reflexão sobre a obra de Dupuis. Este autor manifesta dificuldade com respeito à expressão "complementaridade", que para ele pode deixar em suspenso o traço da "alteridade irredutível" presente nas religiões não-cristãs. Prefere manter a ideia do pluralismo religioso como um "enigma". Neste tempo da história, sublinha este autor, torna-se necessário "aceitar esta situação de 'contestação recíproca'": C.GEFFRÉ. Le pluralisme religieux comme question théologique. La Vie Spirituelle, v. 151, n. 724, p. 585, 1997; id. Crer e interpretar. A virada hermenêutica da teologia. Petrópolis: Vozes, 2004, pp. 178-179.

[222] J.DUPUIS. Rumo a uma teologia cristã, p. 449.

[223] J.DUPUIS. Rumo a uma teologia cristã, p. 521. Em sua obra anterior, Dupuis afirma: "Por mais paradoxal que possa parecer, o contato prolongado com as Escrituras não bíblicas – praticado no interior da própria fé – pode ajudar o cristão a descobrir mais profundamente certos aspectos do mistério divino plenamente revelado em Jesus Cristo.": J.DUPUIS. Gesu Cristo incontro alle religioni, p. 245. De forma semelhante afirma E.Schillebeeckx: "Existem verdadeiros, bons e belos – e surpreendentes – aspectos positivos e irredutíveis nas múltiplas formas de harmonia religiosa com Deus, também nas formas que não encontraram nem encontram lugar na vivência específica do cristianismo.": Religião e violência, Concilium, v. 272, n. 4, p. 179, 1997.

[224] J.DUPUIS. Rumo a uma teologia cristã, p. 530.

A perspectiva aberta pela cristologia trinitária e pneumatológica de Dupuis, bem como o tratamento que dá ao tema da complementaridade inter-religiosa abrem espaço fundamental a uma nova valorização do pluralismo religioso, que vem acolhido como um fator positivo. Ganha a nível teológico uma plausibilidade "de direito", deixando de ser visto como um dado conjuntural passageiro, uma ameaça ou expressão da fragilidade missionária da Igreja. Trata-se de um fenômeno rico e fecundo, que haure sua razão de ser no próprio desígnio de Deus, favorecendo ainda a transparência de toda a "riqueza multiforme" de seu mistério[225]. Enquanto fator positivo, o pluralismo religioso sinaliza a profunda generosidade com que Deus manifestou o seu mistério de modo diversificado à humanidade, bem como as "respostas pluriformes" dadas pelos seres humanos na diversidade de suas culturas à auto-revelação divina. Este novo "salto qualitativo" requer mudanças fundamentais no âmbito da linguagem teológica, muitas vezes pontuada por dinâmica ofensiva e deletéria com respeito às outras tradições religiosas. Mas requer ainda "uma purificação do próprio entendimento teológico e uma compreensão renovada no modo de pensar os ´outros` e seu patrimônio cultural e religioso"[226].

b. Claude Geffré: as religiões no desígnio salvífico de Deus

No contexto atual da reflexão teológica sobre o pluralismo religioso, Claude Geffré destaca-se como um dos mais originais e instigantes pensadores católicos. Nascido em Niort (França) em 1926, dedicou boa parte de sua vida ao ensinamento teológico, começando o seu trabalho nas Faculdades Dominicanas de Saulchoir (1957-1968) e posteriormente no Instituto Católico de Paris (1968-1997). Uma de suas maiores contribuições se deu no campo da hermenêutica teológica, tendo sido um pioneiro e qualificado representante deste tipo de reflexão na França[227]. O desdobramento da reflexão de Geffré para a temática da teologia das religiões ocorreu

---

[225] Como indica Geffré, o pluralismo religioso deve ser visto como "a expressão mesma da vontade de Deus, que necessita da diversidade das culturas e religiões para melhor manifestar as riquezas da Verdade última": *Crer e interpretar*, p. 137.

[226] J.DUPUIS. *O cristianismo e as religiões*, p. 321.

[227] Para o teólogo americano David Tracy, Claude Geffré representa "um dos principais teólogos hermenêuticos de nosso tempo", tendo formulado de forma singular os objetivos e métodos da teologia fundamental contemporânea. Cf. D. TRACY. L'herménéutique de la désignation de Dieu: hommage a Claude Geffré. In: J.P. JOSSUA & N.J. SED (Eds.) *Interpréter:* hommage amical à Claude Geffré. Paris: Cerf, 1992, p. 49. Semelhante opinião é partilhada por Joseph Doré, para o qual Geffré constitui, na França, o "mais qualificado e o mais reconhecido" representante e promotor da prática hermenêutica da teologia. Cf. J. DORÉ. Les courants de la théologie française depuis Vatican II. In: J.P. JOSSUA & N.J. SED (Eds.) *Interpreter*, p. 240. Geffré é também membro fundador da

sobretudo a partir da década de 80, quando então desenvolveu proposições particularmente originais no campo da relação do Cristianismo com as outras grandes religiões.

No seu clássico ensaio de hermenêutica teológica[228], Geffré sublinha que "a fé só é fiel ao seu impulso e ao que lhe é dado crer se levar a uma interpretação criativa do Cristianismo"[229]. Neste sentido, o Cristianismo encontra-se sempre sob o "risco da interpretação". Uma justa interpretação do Cristianismo implica necessariamente uma correlação mútua e crítica entre a experiência cristã fundamental, testemunhada nos escritos do Novo Testamento, e a sua releitura na tradição e na experiência histórica contemporânea.

Para Geffré, a teologia é essencialmente um "empreendimento hermenêutico". Em primeiro lugar, porque trabalha os textos da tradição da fé. Em segundo lugar, porque interpreta sempre de novo estes textos em função do tempo presente[230]. A interpretação da tradição entra, assim, em correlação mútua e crítica com a experiência humana contemporânea, suscitando uma interpretação criativa. Retoma-se a mensagem cristã sob novas bases e aponta-se "novas figuras históricas na forma de escrituras ou práticas inéditas"[231].

Esta nova compreensão da teologia como hermenêutica implica a superação de um modelo dogmático de teologia, que reduzia sua função quase exclusivamente a expor e explicar os dogmas imutáveis da fé. O novo paradigma teológico toma simultaneamente a sério tanto a historicidade de toda a verdade, mesmo que seja revelada, como a historicidade do intérprete humano, enquanto sujeito interpretante. A mensagem cristã é reatualizada, sem cessar, de maneira viva, em função da nova situação histórica que a mantém em permanente diálogo com os recursos singulares e inéditos de cada cultura[232].

Revista Internacional de Teologia *Concilium* e diretor da Coleção "Cogitatio Fidei" das Edições du Cerf, tendo sido igualmente diretor da Escola Bíblica e Arqueológica Francesa de Jerusalém (1997-1999).

[228] C.GEFFRÉ. *Le christianisme au risque de l'interprétation* ["Cogitatio Fidei" n. 120]. Paris: Cerf, 1983. As citações desta obra serão tomadas da tradução brasileira: *Como fazer teologia hoje*: hermenêutica teológica. São Paulo: Paulinas, 1989.

[229] Ibidem, p. 6.

[230] Ibidem. Ver também C.BOFF. *Teoria do método teológico*. Petrópolis: Vozes, 1998, p. 87-8. Como sublinha Geffré, a teologia "é hermenêutica por natureza, pois estuda uma tradição que é transmitida essencialmente mediante textos e sua interpretação". Cf. W.G.JEANROND. *Introduction à l'herméneutique théologique*. Paris: Cerf, 1995, p. I [Préface].

[231] C.GEFFRÉ. *Como fazer teologia hoje*, pp. 7-8. A teologia como empreendimento hermenêutico não apenas cria interpretações novas, mas produz igualmente "novas figuras históricas do cristianismo". Ibidem., p. 59.

[232] Ibidem, pp. 64-5.

A nova atenção dedicada por Geffré, na década de 80, ao tema da teologia das religiões, encontra-se em linha de continuidade com a sua reflexão hermenêutica. Os princípios hermenêuticos que pontuam sua prática teológica serão agora aplicados em sua abordagem sobre a teologia das religiões. No atual debate em torno da teologia das religiões, Geffré assume uma posição eqüidistante tanto de um inclusivismo eclesiocentrado como de um teocentrismo radical. Na sua perspectiva, a posição inclusivista tradicional não deixa de ser devedora de um "imperialismo cristão", na medida em que considera o Cristianismo como o "acabamento" e a "realização" de todos os traços de verdade presentes nas demais tradições religiosas. Por sua vez, a posição teocêntrica, também identificada como pluralista, torna-se problemática na medida em que coloca em questão a unicidade de Jesus Cristo, desfazendo neste sentido o "liame único entre o evento Jesus Cristo e a manifestação decisiva e definitiva de Deus"[233].

Para Geffré, não é rompendo com o cristocentrismo que se conseguirá a afirmação de um cristianismo dialogal. O caminho por ele sugerido indica justamente o aprofundamento da cristologia. É voltando-se para "o centro da própria fé cristã, quer dizer, à irrupção de Deus na particularidade de Jesus de Nazaré, que se tem mais chance de fazer a prova do caráter não exclusivista do cristianismo"[234]. Este autor acompanha, assim, um grupo importante de teólogos católicos que buscam responder positivamente o desafio da diversidade das religiões para o cristianismo, sem romper com o paradigma inclusivista, mas aceitando a interlocução fecundante do pluralismo. Trata-se de teólogos que expressam sua insatisfação diante da maneira com que o tema vem sendo refletido tanto no horizonte do inclusivismo cristocêntrico como no horizonte do pluralismo teocêntrico.

Em linha de sintonia com Jacques Dupuis, Geffré fala em "pluralismo inclusivo", que busca ultrapassar a perspectiva teológica do acabamento em direção a uma teologia do pluralismo religioso, resguardando, porém, um cristocentrismo constitutivo, sem cair num cristomonismo[235].

---

[233] C.GEFFRÉ. O lugar das religiões no plano da salvação. In: F.TEIXEIRA (Org.). *O diálogo inter-religiso como afirmação da vida*. São Paulo: Paulinas, 1997, p. 125. Geffré não vê possibilidade de se avançar nesta posição sem comprometer a identidade mesma do cristianismo. Cf. Id., Théologie chrétienne et dialogue interreligieux, *Revue de l'Institut Catholique de Paris*, n. 38, pp. 72, 1991; Id. *Profession Théologien. Quelle pensée chrétienne pour le XXI siècle?* Paris: Albin Michel, 1999, p.210.

[234] C.GEFFRÉ, O lugar das religiõe, p. 125; Id. Paul Tillich et l'avenir de l'oecuménisme interreligieux, *Revue des Sciences Philosophiques et Théologiques* n.77, p. 6, 1993 (também publicado no livro: Id. *De babel à pentecôte*. Essais de théologie interreligieuse Paris: Cerf, 2006, pp. 81-106).

[235] C.GEFFRÉ. *De babel à pentecôte*, pp. 46, 53 e 116.

A teologia das religiões é provocada a tomar a sério a questão do pluralismo religioso, não mais entendido como um dado conjuntural e passageiro, mas como realidade de direito: pluralismo de princípio[236]. A grande novidade consiste agora em captar a significação do pluralismo religioso no desígnio misterioso de Deus, como "dom de Deus aos povos". Este pluralismo deixa de ser considerado como uma fase histórica provisória, ou sintoma de uma cegueira culpável dos seres humanos, e passa a ser visto como "expressão mesma da vontade de Deus, que necessita da diversidade das culturas e das religiões para melhor manifestar as riquezas da plenitude da verdade, que coincide com o mistério mesmo de Deus"[237]. Daí a pertinência de entender a teologia das religiões como teologia do pluralismo religioso[238]. O Deus da Bíblia, como sublinha Geffré, é um Deus que "bendiz o múltiplo". Já no livro do Gênesis a multiplicidade das famílias da terra e a variedade de suas línguas vêm acolhidas e celebradas positivamente (Gn 10.31-32) e todas as nações benditas (Gn 12.3).

O reconhecimento teológico do valor do pluralismo religioso, como expressão da vontade de Deus, implica necessariamente uma nova avaliação do lugar das religiões no projeto salvífico de Deus. Neste limiar do terceiro milênio, constata-se não apenas a vitalidade das grandes tradições religiosas não cristãs, mas igualmente a consciência da particularidade histórica do cristianismo. Carecem hoje de plausibilidade efetiva os projetos teológicos ou pastorais que desconheçam o valor singular das outras tradições religiosas ou que se limitem a avaliá-las unicamente segundo os parâmetros do cristianismo. Há que "respeitar os encaminhamentos particulares que procedem do destino de cada ser humano, o qual, onde quer que se encontre, pode ser solicitado pela graça e pelo Espírito de Deus"[239].

---

[236] Cf. J.DUPUIS. *Rumo a uma teologia*, pp. 526-528 e 26; E.SCHILLEBEECKX. *Umanità la storia di Dio*. Brescia: Queriniana, 1992, p. 217; M.AMALADOSS. *Rinnovare tutte le cose*: dialogo, pluralismo ed evangelizzazione in Asia. Roma: Arkeios, 1993, pp. 126, 128.

[237] C.GEFFRÉ. Pour un christianisme mondial, *Recherches de Science Religieuse*, v. 86, n. 1, p 63, 1998; Id. *De babel à pentecôte*, p. 94; Id. La verdad del cristianismo en la era del pluralismo religioso, *Selecciones de Teologia*, v. 37, n. 146, p. 158, 1998; Id., La singularité du christianisme à l'âge du pluralisme religieux. In: J.DORÉ & C.THEOBALD (Eds.) *Penser la foi: recherches en théologie aujourd'hui ¾ mélanges offerts à Joseph Moingt*. Paris: Cerf, 1993, p. 353; Id. A fé na era do pluralismo religioso, in: F.TEIXEIRA (Org.). *Diálogo de pássaros*. São Paulo: Paulinas, 1993, pp. 65-6; Id. *Profession Théologien. Quelle pensée chrétienne pour le XXI siècle?* Paris: Albin Michel, 1999, p. 137-139.

[238] Para Geffré, o pluralismo religioso exerce hoje o papel de um novo paradígma teológico, vindo confirmar a dimensão hermenêutica da teologia. Trata-se mesmo de um convite "a ultrapassar a teologia das religiões no sentido de uma teologia inter-religiosa." C.GEFFRÉ. *Crer e interpretar*, p. 9.

[239] C.GEFFRÉ. *Como fazer teologia hoje*, p. 307. Com base na Declaração do Vaticano II sobre a Liberdade Religiosa (*Dignitatis Humanae* 3), Geffré reitera a importância do respeito ao destino espiritual de cada ser humano

Na tentativa de compreender a singularidade das diversas tradições religiosas, evitando o caminho tradicional da "teologia do acabamento", Geffré busca situar a história da salvação como sendo uma história diferenciada. Neste sentido, sublinha a pluralidade de economias de salvação no interior de uma única história da salvação. A reflexão dos Padres da Igreja fornece a base para o reconhecimento da presença universal do *Logos*, que "ilumina todos os homens" e testemunha a presença de Deus em todas as culturas e religiões[240].

É no horizonte de uma história universal da salvação que se pode compreender uma história particular da revelação. Nesta última, a história da salvação ganha reflexividade enquanto experiência consciente e articulada de fé. Da mesma forma como se pode falar numa história da salvação diferenciada, que ultrapassa os contornos da história de Israel e da Igreja, coincidindo com a história espiritual da humanidade, é também possível falar de uma revelação diferenciada. Esta tese, defendida por Geffré, não quebra a unidade da história da salvação e da revelação, que permanece uma só. Mantém-se acesa "a revelação única e definitiva da verdadeira face de Deus em Jesus Cristo"[241]. Sua novidade consiste em admitir a possibilidade de percursos diferenciados, convergentes e complementares direcionados para uma meta que é comum. Para os cristãos, Jesus Cristo é de fato a plenitude da revelação, mas esta plenitude é qualitativa e não quantitativa. Isto significa que mesmo após a realização do evento histórico de Jesus de Nazaré, Deus, mediante a presença universal do *Logos* e de seu Espírito, continua a se revelar por meio dos sábios e profetas das outras tradições religiosas. Estas tradições podem ser portadoras de outras "palavras de Deus"[242]. Continuam, assim, tendo o seu lugar singular no projeto salvífico

---

e, por conseguinte, de cada tradição religiosa.

[240] C.GEFFRÉ. La théologie des religions non chrétiennes vingt ans après Vatican II, *Islamochristiana* n.11, pp. 1127-1128, 1985. Esta grandiosa visão dos Padres da Igreja vai inspirar diretamente a Declaração do Vaticano II sobre as relações da Igreja com as religiões não cristãs (*Nostra Aetate* 2). Para um aprofundamento do tema, cf. J.DUPUIS. *Rumo a uma teologia*, pp.83-122; M.FÉDOU. *Les religions selon la foi chrétienne*. Paris: Cerf, 1996, pp. 35-40.

[241] C.GEFFRÉ. O lugar das religiões, p. 121.

[242] Id., ibidem., p. 123. Afirmar que a plenitude da revelação em Jesus Cristo é não-quantitativa significa dizer que esta plenitude é escatológica, incluindo assim palavras de Deus antes e depois da vinda de Cristo (ibid.). Na linha de sua reflexão sobre a revelação diferenciada, Geffré indica a possibilidade de reconhecer no Corão uma "Palavra de Deus autêntica", ainda que formalmente diferente da Palavra revelada em Jesus Cristo. Uma Palavra que "continua a interpelar a consciência de todos os filhos de Abraão." Cf. C.GEFFRÉ. Le Coran, une parole de dieu différent?, *Lumière et Vie* n.163, p. 28, 1983. Para um aprofundamento da questão da plenitude qualitativa e não quantitativa da revelação em Jesus Cristo cf. J.DUPUIS. *Gesù Cristo incontro alle religioni*. 2. ed., Assisi: Cittadella, 1991, p. 239-40; Id., *Rumo a uma teologia*, p. 346-347. Em seus artigos Geffré assume a posição defendida por Dupuis a propósito.

de Deus. O cristianismo, animado pela convicção de que Jesus Cristo constitui a revelação decisiva e definitiva de Deus, não pode pretender assumir o monopólio da verdade religiosa sobre Deus. Experiências religiosas autênticas e únicas acontecem também alhures, sem que possam ser tematizadas ou praticadas no interior do próprio cristianismo. Desconhecer este dado é arriscar comprometer a originalidade e a harmonia das riquezas do próprio cristianismo. Neste sentido, é teologicamente correto afirmar que "há mais verdade de ordem religiosa no concerto polifônico das religiões do mundo que no cristianismo, considerado em sua exclusividade" [243].

Para Geffré, a humanidade inteira vive sob o signo do Espírito de Deus, estando marcada pela presença latente do mistério de Cristo. Desde que existe, a humanidade jamais esteve abandonada a si mesma, mas sempre sob a solicitação da graça. Esta "cristianidade"[244] constitui um fenômeno universal e susceptível de ser partilhado por todos os seres humanos, na medida em que traduz a presença de "valores crísticos", o que não pode ser confundido com os valores "implicitamente cristãos". Só nesse sentido é que se pode falar de universalidade do cristianismo. Segundo Geffré, o superabundante mistério de Jesus Cristo não encontra tradução adequada nem no cristianismo histórico, nem na humanidade particular de Jesus de Nazaré[245].

Levar a sério as religiões é nelas reconhecer algo de irredutível e irrevogável, que jamais será tematizado ou totalizado no cristianismo. O que há de irredutível em cada tradição religiosa não pode ser diluído num pretenso "implícito cristão", mas reconhecido em sua diferença e enigma[246]. As religiões são portadoras de um "valor intrínseco" e se inserem positiva-

---

[243] C.GEFFRÉ. Pour un christianisme mondial, *Recherches de Science Religieuse*, v. 86, n. 1, p. 67, 1998; Id., O lugar das religiões, pp. 121 e 123. Esta mesma posição vem sendo assumida por SCHILLEBEECKX,E. Universalité unique d'une figure religieuse historique nommée Jésus de Nazareth. *Laval Théologique et Philosophique*, v. 50, n. 2, p. 273, 1994.

[244] Com base no pensamento de Panikkar, Geffré faz uma distinção importante entre "cristandade" e "cristianidade" (christianité). A primeira diz respeito a uma expressão histórica do cristianismo, e a segunda a uma potencialidade cristã, ou "ser crístico mais universal", que implicaria a presença latente do Mistério ou Espírito de Cristo, enquanto onipresente. Cf. C.GEFFRÉ. *Profession Théologien*, pp. 50, 147-148 e 226.

[245] C.GEFFRÉ. *Crer e interpretar*, pp. 160 e 165.

[246] Ibidem, pp. 169-170 e tb. 167 e 179. É em razão de tal "irredutibilidade" das tradições religiosas que Geffré desconfia das teses que falam em "complementaridade" entre estas tradições. Para este autor, não é possível falar em complementaridade ou síntese entre as religiões no plano da história. Ao defender a "alteridade irredutível" e "irrevogável" de cada religião singular, Geffré aponta para a presença de um enigma duradouro. Na sua opinião, enquanto houver história haverá igualmente uma situação de "contestação recíproca" e salutar. Ninguém pode antecipar a forma como se dará, no *escathon*, esta convergência e complementaridade. O cristianismo deve, neste tempo da história, viver a permanente "exigência de ultrapassagem", sempre aberto às inéditas solicitações do Espírito. Cf. C.GEFFRÉ. *Profession Théologien*, pp. 206, 212 e 226; Id. *Croire et interpréter*, p. 179.

mente como "caminhos misteriosos de salvação". Como assinala, com razão, Geffré, "a pluralidade dos caminhos que levam a Deus continua sendo um mistério que nos escapa"[247]. A nova teologia cristã do Judaísmo contribuiu de maneira eficaz para mostrar a presença de um irredutível em Israel que não pode ser integrado na Igreja. Esta não se substitui jamais a Israel. Daí ter afirmado João Paulo II em 1980, diante de membros da tradição judaica, que a antiga aliança "jamais foi revogada". O que ocorre com a nova aliança é uma dilatação do único povo de Deus[248]. Em analogia ao que há de irredutível em Israel, Geffré propõe pensar no que há igualmente de irredutível nas grandes tradições religiosas: "Assim como a Igreja nascente não integrava nem substituía as riquezas do povo de Israel, assim, também hoje, o cristianismo histórico não pode ter a pretensão de integrar e substituir as riquezas autênticas das outras tradições religiosas"[249].

Entre o cristianismo e as demais tradições religiosas há, portanto, uma coexistência de reciprocidade. Supera-se, assim, uma compreensão abrangente e totalitária do cristianismo, segundo a qual este viria completar e levar ao acabamento as verdades fragmentárias presentes nas outras religiões. Nesta nova perspectiva, vislumbra-se um "intercâmbio e partilha dos valores salvíficos" em favor de uma transformação e enriquecimento mútuos[250].

O aprofundamento da reflexão sobre a revelação diferenciada chama consigo a questão do caráter paradoxal da revelação final. Conforme mostrou Geffré, a revelação cristã, enquanto plenitude qualitativa, constitui um acontecimento definitivo e insuperável, já que comunica a verdade última sobre o mistério de Deus. Em virtude, porém, de sua dimensão escatológica, "conserva o caráter de algo inacabado". Enquanto conteúdo inteligível está

---

[247] C.GEFFRÉ. A crise da identidade cristã na era do pluralismo religioso. *Concilium*, v. 311, n. 3, p. 21, 2005. E também: Id. *De babel a pentecôte*, p. 117.

[248] GEFFRÉ, C. La verdad del cristianismo en la era del pluralismo religioso. *Selecciones de Teologia*, v. 37, n.146, p. 138, 1998; Id., O lugar das religiões, p. 133; N.LOHFINK. *L'alleanza mai revocata*, Brescia: Queriniana, 1991, p. 9. Para o aprofundamento da teologia cristã do judaísmo, cf. C.THOMA. *Teologia cristiana dell'ebraismo*. Casale Monferrato: Marietti, 1983.

[249] C.GEFFRÉ. O lugar das religiões, p. 133. É neste sentido que Hans Urs Von Balthasar falava na "não catolicidade da Igreja em sua dimensão histórica", ou seja, no limite inerente à sua capacidade de integração durante sua peregrinação histórica. C.GEFFRÉ. La singularité du christianism, pp. 360, 362, 364. Como bem salientou E. Schillebeeckx, "existem verdadeiros, bons e belos ¾ e surpreendentes ¾ aspectos positivos e irredutíveis nas múltiplas formas de harmonia religiosa com Deus, também nas formas que não encontraram nem encontram lugar na vivência específica do cristianismo. Existem diferenças no viver a relação com Deus que, não obstante todas as semelhanças que possam conter, não podem ser suprimidas. Mais ainda, existem diferentes práticas autenticamente religiosas, que nunca foram objeto de reflexão e prática por parte dos cristãos (...)." Cf. E.SCHILLEBEECK. Religião e violência, *Concilium*, v. 272, n. 4, p.179, 1997.

[250] J.DUPUIS. *Rumo a uma teologia*, p. 449.

permanentemente aberta às surpresas do Deus que era, que é, e que vem. Na significativa expressão do evangelho de João, "quando vier o Espírito da Verdade, ele vos conduzirá à verdade plena" (Jo 16.13)[251].

Uma das questões mais difíceis que se coloca para o teólogo cristão no atual contexto multicultural diz respeito ao modo como conciliar a convicção fundamental da fé cristã, que afirma que Deus se revelou definitivamente em Jesus Cristo, com o reconhecimento do valor positivo e "autônomo" das outras religiões do mundo. Para o teólogo cristão, não se pode silenciar este caráter de irreversibilidade definitiva da revelação de Deus em Jesus (unicidade constitutiva). Por outro lado, o diálogo inter-religioso autêntico exige que se leve a sério a singularidade e diferença das outras tradições religiosas. Constitui um equívoco tanto incorporar tais tradições no cristianismo, à maneira de um "implícito cristão", como nivelá-las por igual. Mesmo afirmando o primado de Jesus Cristo como "figura integral da salvação de Deus", é teologicamente pertinente afirmar que o processo de salvação continua a acontecer de "maneira independente" nas outras tradições religiosas: "Estas tradições seriam como concretizações particulares de um processo universal, concretizado de maneira preeminente em Jesus Cristo"[252].

Segundo Geffré, o caminho de abertura para o reconhecimento da singularidade das outras tradições religiosas está diretamente relacionado com uma nova compreensão da unicidade de Jesus Cristo, entendida não mais como uma unicidade de "excelência e integração", mas como uma unicidade singular e relacional, "que não exclui outras manifestações de Deus através da história das religiões e das culturas"[253]. O papel mediador das religiões no plano da salvação não se encontra destacado da única mediação, para os cristãos identificada com Jesus Cristo. É neste sentido que Geffré sublinha o valor das tradições religiosas da humanidade como

---

[251] C.GEFFRÉ. La verdad del cristianismo, p. 138; Id. Paul Tillich et l'avenir de l'oecuménisme interreligieuse, p. 13.
[252] J.O'LEARY, J. La verité chrétienne à l'age du pluralisme religieux. Paris: Cerf, 1994, p. 253.
[253] C.GEFFRÉ, C. O lugar das religiões, p. 127; Id., La singularité du chistianisme, p. 368-69. Esta tese de Geffré inspira-se nas reflexões de Stanislas Breton, que em seu livro sobre a unicidade e o monoteísmo aponta a impossibilidade do cristianismo permanecer num isolamento absoluto: "La singularité chrétienne n'a rien à gagner à s'isoler dans un absolu d'indépendance. Elle ne s'impose qu'en se situant dans l'ensemble des expressions religieuses que, selon leur modalité originale, schématisent le divin." E este autor continua: "La conscience d'unicité doit intégrer, en conséquence, au titre de ses dimensions constitutives, son être-pour l'autre et l'inéluctable frontière que est aussi bien l'expression de sa finitude que l'indicatif de son irremplaçable originalité." Cf. S.BRETON. Unicité et monothéisme, Paris: Cerf, 1981, pp. 149 e 153. Em sua reflexão sobre o tema, Jacques Dupuis confirma a tese de Geffré. Cf. J.DUPUIS. Rumo a uma teologia, pp. 419-420. Geffré fala de "unicidade de um vir-a-ser", que supera a ideia de uma totalidade já constituída e fechada: Id. Crer e interpretar, p. 170.

"mediações derivadas". Elas não constituem, portanto, vias paralelas de salvação, mas encontram-se animadas pela potência universal do *Logos* e pela ação ilimitada do Espírito[254].

Deus manifesta sua presença onde quer que se dê uma genuína experiência religiosa. Neste sentido, a resposta positiva à oferta de salvação acontece na prática efetiva das próprias tradições religiosas: nelas e através delas. É por intermédio desta prática que Deus se faz misteriosamente presente e atuante[255]. As próprias tradições religiosas assumem, assim, um papel mediador da graça, já que não se pode destacar a vida religiosa dos membros das outras religiões das suas tradições particulares. Há, portanto, uma comunhão das várias tradições religiosas, ainda que de diferentes modos, no mistério da unidade da salvação.

Reconhecer um papel mediador das várias tradições religiosas no plano da salvação não significa desconhecer nelas a presença de ambigüidades. Aliás, toda experiência religiosa histórica é pontuada por limitações específicas. Assim como no plano das relações inter-religiosas não se podem considerar equivalentes as várias religiões, também em nível interno há que reconhecer que nem todos os elementos constitutivos das religiões favorecem necessariamente a abertura para o Absoluto ou sua sintonia com os valores do Reino de Deus. Para Geffré, um critério importante de verificação do valor positivo de uma religião com respeito ao mistério da salvação está na sua capacidade de favorecer ou não o "descentramento do homem relativamente a algo maior que ele mesmo e relativamente a outrem"[256]. O descentramento que ocorre, por exemplo, no campo ético, mediante o testemunho em favor de justiça, da liberdade e da fraternidade, já situa, de fato, o membro desta ou daquela religião como membro de Reino de Deus, que constitui o projeto de Deus para a humanidade[257]. E, seguindo a lógica anteriormente destacada, como não se pode "separar a vida religiosa dos membro das outras religiões das tradições religiosas às quais pertencem, é lícito concluir que as grandes religiões do mundo contribuem misteriosamente para a construção do Reino de Deus desejado por Deus entre os homens"[258].

---

[254] C.GEFFRÉ. *Crer e interpretar*, pp. 156-157 e 178.
[255] C.GEFFRÉ, O lugar das religiões, pp. 128-29. Semelhante posição encontramos no rico documento do PONTIFÍCIO Conselho para o Diálogo Inter-Religioso. *Diálogo e anúncio*, Petrópolis: Vozes, 1991, n. 29.
[256] C.GEFFRÉ. O lugar das religiões, p. 129.
[257] Ibidem, p. 130-31. Para Geffré, neste final de milênio, toda religião desumana está condenada a morrer ou se transformar, pois o futuro das grandes tradições religiosas passa pela rota do humano; cf. C.GEFFRÉ, Le dialogue des religions défi pour un monde divisé. *Le Supplément*, n. 156, p. 118, 1986.
[258] C.GEFFRÉ. O lugar das religiões, p. 131.

As diversas tradições religiosas estão animadas por virtualidades inéditas com respeito ao cristianismo. Neste sentido, a revelação encontra-se em processo de continuidade, na medida em que novas virtualidades revelatórias advindas da conversação inter-religiosa estão em processo de manifestação. Como salienta Geffré, neste tempo da história deverá sempre ocorrer uma coexistência de riquezas do religioso, das quais o cristianismo constitui testemunho privilegiado, mas não exclusivo.

Mediante a conversação inter-religiosa processa-se um mútuo enriquecimento e uma fecundação recíproca das tradições disponibilizadas ao diálogo. Nesta dinâmica, a tradução atual da revelação cristã vem enriquecida pelas experiências reveladoras suscitadas pela práxis e pelas atitudes religiosas fundamentais presentes nas outras tradições religiosas. Trata-se aqui de uma reflexão de longo alcance, exigindo grande humildade para a sua verdadeira captação. Reconhecer as virtualidades revelatórias do outro não significa negar o dado de incondicionalidade que deve animar a relação específica com o mistério absoluto. Toda fé verdadeira não só implica mas exige um engajamento absoluto com respeito a uma verdade. O diálogo inter-religioso acontece com interlocutores animados por esta vinculação absoluta à verdade. Esta relação incondicional a uma verdade singular não a torna por si absoluta.

Para Geffré, o diálogo inter-religioso é uma "aventura". Por ser diálogo, não pode acontecer com base em condições prévias ou pré-determinadas, mas implica uma partilha da verdade. Na dinâmica de humildade e despojamento que o diálogo implica, cada interlocutor é convidado a "ultrapassar" sua limitada e insuficiente concepção de verdade e celebrar uma verdade mais alta. Só no diálogo percebe-se o mistério desta verdade que ultrapassa as experiências singulares. De certa forma, a relação com a verdade dos outros favorece uma melhor compreensão da verdade professada[259].

Para Geffré, a experiência da alteridade toca o que há de mais profundo e específico da vocação original do cristianismo. Este caráter essencialmente dialogal constitui um desdobramento do núcleo mesmo da mensagem cristã, ou seja, a manifestação de Deus na particularidade histórica de Jesus de Nazaré. O cristianismo encontra-se essencialmente enraizado numa "par-

---

[259] Como indica Geffré, o encontro inter-religioso provoca como resultado um "para além do diálogo", ou seja, uma transformação decisiva em cada um dos interlocutores. Neste processo, opera-se uma mudança na forma de apropriação e interpretação da própria fé, ao ver-se confrontada com a verdade do outro. Neste diálogo, preserva-se a singularidade do encontro entre verdades que são diferentes, sem que sejam necessariamente contraditórias entre si. Cf. C.GEFFRÉ, *Crer e interpretar*, pp. 146-147 e 175.

ticularidade histórica" inevitável, e isto confere limites particulares à sua realidade. De acordo com a concepção cristã, é a particularidade histórica do homem Jesus de Nazaré, em sua contingência e limitação, que revela a via e essência de Deus como Salvador absoluto. A "identificação de Deus como realidade transcendente a partir da humanidade concreta de Jesus de Nazaré"[260] constitui um traço distintivo do cristianismo, e também o grande paradoxo da confissão de fé cristã: Jesus como a "manifestação relativa, visto que histórica, de um sentido, contudo absoluto"[261].

Jesus revela o amor universal de Deus por todos os seres humanos; neste sentido ele constitui o "ícone do Deus vivo", a um título único e qualitativamente insuperável. Mas desta afirmação não se pode concluir pela identificação sem mais do elemento histórico e contingente de Jesus com o seu elemento "crístico" e divino. Isto seria confundir, ao modo docetista, a particularidade histórica de Jesus com a plenitude do Deus invisível. Como bem expressou Geffré, "a humanidade particular de Jesus não pode ser a tradução adequada das riquezas contidas na plenitude do Cristo glorificado", e garantir esta "distância" é levar a sério o programa do Concílio de Calcedônia (451), que estabelece a impossibilidade de qualquer "confusão"[262].

A revelação de Deus na humanidade de Jesus não significa uma absolutização por parte de Deus de uma particularidade histórica (Jesus de Nazaré). Em razão mesma desta historicidade, nenhum fenômeno histórico

---

[260] C.GEFFRÉ. La singularité du christianisme, p. 365.

[261] E.SCHILLEBEECKX. Universalité unique d'une figure religieuse historique, p. 273. Ver também p. 274. Id. Religião e violência, p. 179. Como expressa este teólogo, "De certo, os cristãos professam que 'a plenitude de Deus habita corporalmente em Jesus' (Col 2.9), mas este habitar ocorre precisamente na humanidade de Jesus, e com isto dentro de um prisma limitado, inevitavelmente alienante e refrangente: é uma expressão de contingência, portanto do caráter limitado deste manifestar-se da plenitude de Deus na precariedade de nossa história." Ibidem, p. 179.

[262] C.GEFFRÉ, C. La singularité du christianisme, p. 365. Ao comentar sobre Calcedônia, Jacques Dupuis observa que sua atualidade reside em "ajudar-nos a manter, contra o sempre atual perigo do monofisismo, a verdade e a realidade da humanidade de Jesus na sua condição de união com o Filho de Deus. Por mais que se tenha feito próximo de Deus em Jesus Cristo, o homem não foi de fato absorvido e suprimido. A 'humanização' de Deus não significa assimilação de sua humanidade na divindade." E, citando Rahner, Dupuis complementa: "Cristo é homem na maneira mais radical, e a sua humanidade é a mais autônoma, a mais livre"; e isto justamente por ser uma "humanidade aceita e disposta como auto-manifestação de Deus." Cf. J.DUPUIS. *Introduzione alla cristologia*. 3. ed., Casale Monferrato: Piemme, 1996, p. 141. Este mesmo autor sublinha a presença de uma coincidência em Jesus Cristo da dialética particular e universal. Argumenta que "um Cristo universal separado do Jesus particular deixaria de ser o Cristo da revelação cristã". Neste sentido, é correto dizer que "a particularidade histórica de Jesus confere inevitáveis limitações ao evento-Cristo." E justifica: "Assim como a consciência humana de Jesus, enquanto Filho, não podia, por sua natureza, exaurir o mistério divino, e por isto deixou incompleta a revelação de Deus; de maneira análoga o evento Cristo não exaure ¾ e nem poderia ¾ a potência salvífica de Deus. Esta permanece para além do homem Jesus, enquanto fonte última tanto da revelação como da salvação." Cf. J. DUPUIS. *Rumo a uma teologia*, pp. 412-413.

particular, nem mesmo o evento Jesus de Nazaré, pode ser absolutizado. A dimensão absoluta só pode ser aplicada, pertinentemente, a Deus enquanto Realidade Última ou Ser Infinito[263]. É a própria singularidade da revelação de Deus em Jesus que confirma a impossibilidade de tomar como absoluta qualquer realidade histórica. Em razão, pois, da relatividade presente em Jesus, abre-se a possibilidade de se encontrar Deus também fora de Jesus, na história concreta e nas diversas religiões[264].

Partindo desta premissa, Geffré retoma a reflexão dos Padres da Igreja para sublinhar que a economia do *Logos* encarnado constitui sacramento de uma economia mais ampla, ou seja, do *Logos* eterno de Deus irradiado na história religiosa da humanidade[265]. Em linha semelhante de reflexão, Jacques Dupuis assinala que o evento-Cristo, que é sacramento universal da vontade salvífica de Deus, não constitui a única expressão possível desta mesma vontade: "O poder salvífico de Deus não está ligado exclusivamente ao sinal universal que ele projetou para sua ação salvífica"[266]. Esta permanece ativa antes e depois da encarnação, enquanto fonte última tanto da revelação como da salvação.

c. Andrés Torres Queiruga: uma teologia aberta da revelação

No quadro dos autores que buscam hoje inovar a reflexão no campo do diálogo das religiões, pode-se incluir o teólogo sistemático Andrés Torres Queiruga (1940-). Diante das três alternativas teológicas formais normalmente apresentadas, ou seja, o exclusivismo, o inclusivismo e o pluralismo, este autor faz sua opção pela segunda alternativa, mas alertando que esta indicação pretende ser unicamente uma "demarcação formal", sem constituir-se em "determinante do processo reflexivo". Na linha de um "inclusivismo aberto", Queiruga propõe-se a refletir sobre o tema do encontro das religiões[267] com uma atitude de profunda abertura. Ele mesmo

---

[263] J.DUPUIS. *Rumo a uma teologia*, p. 390; E.SCHILLEBEECKX. Universalité unique d'une figure religieuse historique, p. 273; Id., Religião e violência, pp. 177-79.

[264] E.SCHILLEBEECKX. *Umanità la storia di Dio*, p. 219; C.DUCQUOC. *Un Dio diverso*. 2. ed., Brescia: Queriniana, 1985, p. 137; C.GEFFRÉ. La singularité du christianism, p. 365.

[265] C.GEFFRÉ. La singularité du christianisme, p. 366. Ver também J.O'LEARY. *La vérité chrétienne*, pp. 279-80.

[266] J.DUPUIS, J. *Rumo a uma teologia*, p. 413.

[267] Este autor usa preferencialmente o termo "encontro", em lugar de "diálogo" que, para ele, "pode ter uma conotação de verdade que já se possui e que se negocia com o outro." A.T.QUEIRUGA. *Il diálogo de las religiones*. Sal Terrae. Santander, 1992. p. 33 (Tradução brasileira: *O diálogo das religiões*. São Paulo: Paulus, 1997).

reconhece tratar-se de um processo vivo de reflexão "que ao buscar-se a si mesma encontra-se com outros processos que a obrigam a inverter sua postura, reconsiderando-a sob nova luz" [268].

Uma abordagem mais aberta sobre esta questão pressupõe, para Queiruga, uma remodelação do próprio conceito de revelação[269]. A compreensão da revelação foi certamente um dos campos fecundados pelo diálogo inter-religioso. Na perspectiva atual do pluralismo religioso, não há mais lugar para uma concepção exclusivista da revelação, fundada na perspectiva tradicional de uma "clausura da revelação", enquanto "depósito" estático e carente de dinamismo atual. A reflexão de Queiruga insere-se na corrente de autores que, sensibilizados pelo desafio do diálogo inter-religioso, buscam uma remodelação do conceito tradicional de revelação. Para Queiruga, a revelação "não consiste num estático sempre aí, senão num 'sempre aí' dinâmico que se atualiza constantemente no novo de sua realização através da liberdade do homem e de sua história"[270].

Compreender a revelação de Deus como uma "intervençao" extrínseca ao contexto existencial e histórico do sujeito é, para Queiruga, desconhecer sua lógica mais profunda. A união com Deus não é uma experiência que advém, como um ornamento postiço acrescentado ao humano. "A revelação não tem de 'entrar' na vida do homem, visto que é presença viva daquele mesmo que está sustentando seu ser, suscitando sua liberdade e empurrando sua história. Deus não necessita 'chegar' ao homem, porque está já sempre com ele"[271].

Partindo-se da consideração da infindável intimidade do Deus sempre maior, a dinâmica reveladora ganha uma singularidade peculiar, abrindo um campo inusitado para o diálogo inter-religioso. A experiência reveladora vem intimamente marcada pela dinâmica da gratuidade. Conforme Queiruga, mesmo na reflexão tradicional do inclusivismo, as categorias de "concorrência e predomínio" permanecem vivas, dificultando a compreensão da dinâmica de gratuidade da experiência reveladora. O verdadeiro encontro com as religiões pressupõe o reconhecimento do "regime de

---

[268] A.T.QUEIRUGA. *Il diálogo de las religiones*, p. 10.
[269] A.T.QUEIRUGA. *El dialogo de las religiones*, p. 7; Id. *Do terror de Isaac ao Abbá de Jesus*. São Paulo: Paulinas, 2001, p. 318.
[270] A.T.QUEIRUGA. *A revelação de Deus na realização humana*. São Paulo: Paulus, 1995, p. 195.
[271] Ibidem, p. 154-155. Como indica este autor, em sintonia com a reflexão de Teilhard de Chardin, Deus não é alguém que deve ser buscado, pois já "está se manifestando a nós sempre. Precisamos apenas – e aqui está a chave – dar-nos conta, abrir os olhos, precaver-nos." Cf. Id. *Creio em Deus Pai; o Deus de Jesus como afirmação plena do humano*. São Paulo: Paulinas, 1993, p. 178.

dom e gratuidade" da revelação, que exclui como soberba e pecado toda e qualquer postura de concorrência ou dominação[272]. O Deus que se revela "não aparece jamais como possessão própria nem salvação exclusiva, e sim como Aquele que mantém sua transcendência gratuita e intrinsecamente destinada a todos"[273]. A universalidade salvífica brota da "essência mais íntima de Deus, que 'é amor' (1 Jo 4,8.16)"[274].

A reflexão teológica contemporânea tem recordado que "não existe uma universalidade abstrata", pois toda universalidade só pode realizar-se "através de uma mediação particular"[275]. E Queiruga acrescenta que "não existe uma revelação isolada". A nova situação de encontro das religiões, facultada pela dinâmica da modernidade, evidenciou que nem a tradição bíblica é "tão divina" a prescindir dos limites humanos, nem as outras tradições tão "humanas" a excluir qualquer presença viva do divino em seu horizonte. Este autor acentua que "hoje é um fato evidente que a revelação bíblica não constitui uma realidade tão à parte que a distinga totalmente das demais religiões, nem que estas devam contar com ela para experimentar a presença salvífica de Deus"[276].

Ao abordar o tema da unicidade de Jesus e da revelação plena, Queiruga toca um ponto que divide os teólogos pluralistas e inclusivistas. A questão é saber se historicamente a plenitude da revelação acontece unicamente numa dada religião, no caso o cristianismo, ou simultaneamente nas distintas religiões[277]. Queiruga discorda tanto da posição que afirma uma "universalidade de conquista", como da outra que "nivela todas as experiências reveladoras". Enquanto teólogo cristão, busca mostrar como a auto-compreensão da universalidade cristã não pode romper com a convicção de que em Cristo se dá uma plenitude única e definitiva. Nele aconteceu de modo insuperável e total o encontro, também presente nas religiões, entre Deus e os seres humanos[278]. Afirma, do mesmo modo, que

---

[272] Id. *El dialogo de las religiones*, p. 11
[273] Ibidem, p. 10.
[274] Ibidem, p. 10.
[275] Ibidem, p. 1 2. Queiruga menciona aqui a reflexão de E.SCHILLEBEECKX. *Gesù la storia di un vivente*. 3ª ed. Brescia: Queriniana. 1980. pp. 628s.
[276] A.T.QUEIRUGA. *El diálogo de las religiones*, p. 13. A universalidade bíblica, como indica este autor, não afirma um exclusivismo "de um Deus que, para cultivar um povo, abandona todos os demais. Trata-se, melhor, do Deus que, enquanto cultiva um, segue igualmente com os demais." Ibidem, p. 14.
[277] Ibidem, p. 21.
[278] Ibidem, p. 24. Embora Queiruga busque trabalhar a questão da unicidade da revelação em Jesus Cristo com novas categoria, ele reconhece com firme convicção a absolutez e definitividade desta revelação. Para este autor, "com Cristo a relação viva com Deus alcançou o instransponível e insuperável, que nele se tornam claras

só um cristocentrísmo mal-entendido pode constituir-se em "obstáculo insuperável"[279]. A compreensão da unicidade de Cristo implica reconhecer que Nele se dá a "culminação" da revelação de Deus, sem desconhecer, entretanto, que de modos, graus e caminhos diversos esta mesma revelação divina se faz presente nas outras religiões.

A plenitude da revelação em Jesus Cristo é situada por Queiruga como "uma plenitude relativa e aberta". Em razão de sua humanidade, Jesus era limitado. Neste sentido, "a revelação teve que ir fazendo nele o seu caminho. Ele foi também receptor da revelação"[280]. A partir da experiência de Sua morte e ressurreição é que se desvela o significado pleno de sua revelação[281]. Daí o extraordinário alcance da ressurreição, que "já forma parte do mistério absoluto de Deus". Esta reflexão de Queiruga assinala que a revelação de Jesus "realiza-se numa difícil dialética de pertença e não-pertença à história. Não-pertença, porque o ressuscitado 'vai ao Pai', escapando radicalmente de nossa adequada compreensão. Pertença, porque, apesar de tudo, 'permanece', dando-se-nos a conhecer em nossa história e mantendo-nos abertos à plenitude em que ele agora vive"[282].

---

as chaves definitivas da atitude de Deus em relação ao mundo." Mas esta confissão só pode, para ele, ser feita sob duas condições: não pode ser imposta aos outros e sua apresentação deve ocorrer com abertura ao diálogo, ao contraste e à verificação. Acrescenta ainda um outro elemento decisivo com respeito à figura de Jesus de Nazaré: "Para o diálogo, a ênfase prioritária deve estar não em sua figura individual, mas em sua proposta reveladora e salvadora.": Id. *Do terror de Isaac ao Abbá de Jesus,* pp. 344-346.

[279] Ibidem, p. 25; Para Queiruga, "o diálogo das religiões obriga a revisar com absoluta seriedade o 'cristocentrismo'". Em sua opinião, as frases tradicionais que excluem a possibilidade de conhecimento de Deus fora de Jesus Cristo, guardam sua razão de ser unicamente em seu sentido de "linguagem confessante", não podendo, porém, ser universalizadas como um dado válido para todos. O autor sugere um "teocentrismo jesuânico". Id. *Do terror de Isaac ao Abbá de Jesus.* op. cit., p. 348; Id. *Repensar a revelação,* p. 365; Id. *Autocompreensão cristã.* Diálogo das religiões. São Paulo: Paulinas, 2007, pp. 115-116 e 191. Em reflexão sobre o tema, Carlos Palácio indica que há uma "inegável concentração cristológica no NT", e que "não pode ser confundida com um problemático cristocentrismo (é mais do que evidente que Jesus não tem o centro em si mesmo) e, menos ainda, com um cristomonismo que seria injustificável. Jesus é lugar de passagem, porta, caminho para os outros e para o Outro." C.PALÁCIO. A originalidade singular do cristianismo. *Perspectiva teológica* v. 70, n. 330, 1994.

[280] A.T.QUEIRUGA. *El diálogo de las religiones,* p. 27. Esta mesma perspectiva foi acentuada por Pannemberg em 1964, reportando-se a Rahner: "*Karl Rahner ha messo in evidenza que questa immediatezza di Gesù nei confronti di Dio non esclude un non-sapere sul piano della conoscenza riflessa".* W.PANNENBERG. *Cristologia: lineamenti fondamentali.* Brescia: Morcelliana, 1974, p. 462. Jesus, em sua "autoconsciência humana", "como qualquer outra consciência humana, situava-se perante Deus mantendo a distância e a autonomia próprias de criatura, na liberdade, obediência e adoração". E esta autoconsciência "não-reflexa de radical e singular proximidade de Deus" tinha "sua história", participando "do horizonte de compreensão e dos conceitos do seu meio ambiente...": K.RAHNER. *Corso fondamentalle sulla fede,* pp. 323-324. Cf. tb. L.BOFF. *Jesus Cristo libertador.* Petrópolis: Vozes, 1972, pp. 215-216.

[281] Daí, como também afirma Pannemberg, a experiência da ressurreição "tem um significado constitutivo para o ser de Jesus e para o significado de sua revelação": A.T.QUEIRUGA. *El dialogo de las religiones,* p. 27. Para Pannemberg, a ressurreição de Jesus é o "fundamento de sua unidade com Deus". Cf. W.PANNENBERGERG. Cristologia, p. 166. Cf. tb. L.BOFF. *Jesus Cristo libertador,* p. 217.

[282] A.T.QUEIRUGA. *El diálogo de las religiones,* p. 27.

Este rico posicionamento de Queiruga abre um singular caminho para um encontro entre as religiões, um "diálogo" que convoca cada parceiro a se abrir permanentemente ao dom da universalidade de Deus. Um "diálogo" em que todos aprendem e enriquecem a vivência de sua tradição particular com a contribuição das outras. E, de forma particular, para o cristianismo, que se vê provocado a viver uma "verdadeira modéstia" e reconhecer os autênticos valores reveladores de Deus presentes nas outras tradições religiosas. Segundo Queiruga, a comunicação reveladora de Deus se dá na polifonia do mundo, não se concentrando exclusivamente numa dada tradição religiosa. Seria, ao contrário, uma "pretensão ingênua", ou mesmo "soberba blasfêmia", acreditar que ela se concentra exclusivamente no cristianismo. Na verdade, indica o autor, "há aspectos que só a partir de fora de sua configuração concreta podem chegar-lhe e que, justamente pele fidelidade ao Deus seu e de todos, deve estar disposto a acolher"[283].

Para Queiruga, "nenhum dos caminhos pelos quais o Mistério abriu passagem na consciência da humanidade é prescindível, e o mais profundo deles terá sempre muito a receber dos outros"[284]. No contexto de uma humanidade já marcada pela presença real do mistério divino, a missão cristã ganha um novo significado. Deixa de ser vista como uma ida ao "deserto da pura ausência", e ganha um sentido novo de "encontro" com novas facetas do mistério que habita a alteridade. Esta missão "sabe que chega sempre a uma casa já habitada pelo Senhor e aquilo que faz é oferecer seu novo e pleno modo de compreendê-lo como único e comum a todos"[285].

A nova perspectiva de reflexão sobre a revelação, proporcionada por Queiruga, entre outros, evidenciou uma abertura inaudita. Na esteira da consciência da presença reveladora de Deus nas diversas tradições religiosas, afirma-se igualmente a percepção de que todas as religiões são verdadeiras, e espaços reais de salvação para aqueles que a praticam honestamente. Isto, porém, não significa que, para ele, todas sejam verdadeiras no mesmo grau. Para precisar esta questão, Queiruga introduziu recentemente uma nova categoria em sua reflexão. Trata-se do tema do "universalismo assimétrico", que, segundo ele, constituiria uma alternativa mais precisa com respeito tanto

---

[283] A.T.QUEIRUGA. *Autocompreensão cristã*, p. 157.
[284] Id. *A revelação de Deus na realização humana*, p. 345.
[285] Id. *El diálogo de las religiones*, p. 26 e 31s; Id. *A revelação de Deus na realização humana*, p. 342.

ao inclusivismo como ao pluralismo[286]. Queiruga reconhece a necessidade de "novas categorias" para pensar a questão do diálogo do cristianismo e as outras religiões. Categorias que superem tanto o exclusivismo como o universalismo indiferenciado. Busca um caminho alternativo, servindo-se da "lógica da gratuidade". Com sua proposta de um "universalismo assimétrico" almeja assumir a verdade do pluralismo sem, porém, desconhecer as reais diferenças que existem entre as distintas tradições religiosas. É uma proposta que visa garantir o "indispensável realismo histórico". Com a ideia de "universalismo", este autor pretende indicar uma dupla convicção: de que todas as religiões são caminhos reais de salvação e que expressam a presença universal e irrestrita de Deus, que exclui todo e qualquer favoritismo ou discriminação[287]. Com a noção de "assimetria", Queiruga pretende ponderar a presença real das diferenças entre as religiões, decorrentes, não da vontade de Deus, mas da dinâmica antropológica. Sinaliza em sua reflexão que nem todas as religiões "são igualmente reveladoras, pois é impossível ignorar o fato das diferenças reais entre elas"; diferenças advindas não da discriminação de Deus, mas da "desigualdade da resposta humana"[288].

Na perspectiva defendida pelo autor, busca-se romper com a lógica do monopólio de uma determinada religião, ou de um exclusivismo da verdade, entendido como garantia ou posse de uma religião singular. A seu ver, todas as religiões, incluindo aí o cristianismo, necessitam de permanente aperfeiçoamento e de um descentramento face ao Mistério sempre maior, que as suscita e promove. E conclui:

> "Todas nos parecem como formando um imenso feixe de caminhos, que a partir de distâncias diferentes tentam ir subindo em direção ao monte santo da Divindade que as atrai e supera: fragmentos diferentes nos quais se difrata sua riqueza inesgotável. Cada uma o reflete à sua maneir e com base em uma situação particular"[289].

---

[286] Id. *Repensar a revelação*. A revelação divina na realização humana. São Paulo: Paulinas, 2010, pp. 359-362; Id. *Do terror de Isaac ao Abbá de Jesus*, p. 339-343; Id. Cristianismo y religiones: "inreligionación" y "pluralismo assimetrico". *Sal Terrae*, v. 84, n. 1, pp. 3-19, 1997.

[287] Em favor da lógica da gratuidade, Queiruga chega mesmo a propor a eliminação da expressão "eleição", por ele considerada perigosa. Id. *Do terror de Isaac ao Abbá de Jesus*, p. 330; Id. *Un Dios para hoy*. Santander: Sal Terrae, 1997, p. 22.

[288] A.T.QUEIRUGA. *Repensar a revelação*, p. 360.

[289] Ibidem, p. 361.

2.4 Outros desdobramentos do paradigma inclusivista

a. Michael Amaladoss: a amplitude cósmica da ação do Cristo

Com inserção no quado amplo do paradigma inclusivista, encontra-se outro importante teólogo asiático, o jesuíta indiano Michael Amaladoss (1936-)[290]. Para este autor, a postura inclusivista tradicional é insuficiente, pois mesmo respeitando as outras religiões, acaba sendo devedora de um exclusivismo que mantém em segundo plano estas religiões em relação ao cristianismo. Mas igualmente insuficiente é a posição pluralista, por não levar a sério as religiões: "Subestimam as diferenças reais e as contradições entre as religiões, buscando uma unidade subjacente, que afinal reduz-se a um mínimo denominador comum, como a libertação, o desenvolvimento humano, ou a unidade do gênero humano"[291]. O modelo proposto por Amaladoss situa-se entre o inclusivismo e o pluralismo. Não rompe com o inclusivismo, pois mantém-se no horizonte da perspectiva da fé cristã; e deixa-se fecundar pelo pluralismo ao reconhecer as manifestações plurais de Deus na história, mediante a ação de seu Espírito[292]. Este autor indica que o novo modelo implica o reconhecimento da presença ativa e operante da vontade redentora universal de Deus, que se manifesta em toda parte e de forma diversificada; bem como a consciência de que este projeto de Deus realiza-se progressivamente na história, provocando a unificação de todas as coisas[293].

O Concílio Vaticano II reconheceu, em seu documento sobre a liberdade religiosa, que todos têm o "dever e, por conseguinte o direito de procurar a verdade em matéria religiosa, a fim de chegar por meios adequados

---

[290] Este teólogo, nascido em 1936, no Sul da Índia, apresenta uma vasta produção no campo do diálogo inter-religioso e inculturação da Igreja. Foi Conselheiro de P. Kolvenbach, Geral da Companhia de Jesus e Consultor do do Pontifício Conselho para o Diálogo Interreligioso. Foi também redator da revista *Vidyajyoti Journal of Theological Reflection* e professor de teologia em Nova Deli (Índia). Depois de sua aposentadoria, em 2002, passou a dirigir o Instituto para o Diálogo com as Culturas e as Religiões (IDCR), em Tamil Nadu.

[291] M.AMALADOSS. O pluralismo das religiões e o significado de Cristo. In: F.TEIXEIRA. D*iálogo de pássaros*, pp. 91-92. Para este autor, no pluralismo "o específico de cada compromisso de fé não é suficientemente levado em conta. Por exemplo: só se pode dizer que Cristo é um entre muitos caminhos caso se negue a encarnação." Ao propor uma teologia universal das religiões acaba o pluralismo caindo numa "abstração simplista" ou "nominalismo". Ibidem, p. 92. Id. *Rinnovare tutte le cose;* dialogo, pluralismo ed evangelizzazione in Asia. Roma: Arkeios, 1993, p. 93-96.

[292] M.AMALADOSS. O pluralismo das religiões, p. 107. Para Amaladoss, esta mudança de modelo relaciona-se igualmente com a passagem do marco de referência da Igreja para o Reino, com nítidas repercussões no campo da evangelização. Cf. M.AMALADOSS. Dialogo y mission. Realidades en pugna o convergentes? *Selecciones de Teologia*, v. 27, n. 108, pp. 243-244, 1988. Id. Vivre dans un monde pluraliste. La foi et les cultures. *Christus*, n. 150, pp. 163-164, 1991.

[293] M.AMALADOSS. *Rinnovare tutte le cose*, p. 97.

a formar prudentemente juízos retos e verdadeiros de consciência"[294]. O Concílio foi um dos eventos essenciais que fez as pessoas perceberem a importância da atenção e respeito em face do pluralismo das religiões, como pluralismo de direito, que brota da "livre investigação" da consciência e que se insere numa unidade maior do plano divino.

Partindo da consciência deste pluralismo, Amaladoss aborda a questão da positividade salvífica das religiões e afirma que "é sempre Deus quem salva, não as religiões. A pessoa se salva numa religião e através dela, mas não é salva por ela. As religiões são simples mediações, que tornam presente o amor salvífico de Deus, mas não o substituem"[295]. Afirmar esta universalidade do oferecimento do amor de Deus que convida o ser humano no seguimento de Jesus a responder à sua proposta, mas que igualmente convida o irmão que, de outra perspectiva religiosa, atende a este chamado, não é incorrer em relativismo. O relativismo, sublinha Amaladoss, significa "dizer que para cada um de nós em concreto é indiferente ser cristão, hindu ou muçulmano, porque todos os caminhos levam a Deus". Na verdade, é a providência divina que indica à cada pessoa o caminho de acesso a Deus. É Deus que "guia os homens para Si por diversos caminhos, de uma maneira misteriosa que só Ele conhece. É certo que todos os rios levam ao mar; mas não para uma mesma pessoa"[296].

Com base nas reflexões do antropólogo Clifford Geertz[297], Amaladoss parte da consideração empírica da religião, entendida como um sistema de símbolos. A ação simbólica, que envolve palavras, relatos, gestos, objetos, pessoas e ações, é "fundamental para a religião e a fé. Sem ela, a fé ficaria desincorporada, sem raízes na humanidade e na comunidade"[298]. Os símbolos religiosos são "mediadores de transcendência". Encontram-se vinculados ao nível dos sentidos, mas apontam sempre para algo que está além. Enquanto representações da realidade, os símbolos são eficazes, na medida em que facultam a experiência da realidade a que aludem; mas são igualmente limitados, pois a realidade a que aludem está para além de sua representação. Os símbolos não passam de mediações voltadas para a realidade maior a que apontam. Seria problemático esquecer esta dimensão de

---

[294] Declaração *Dignitatis Humanae*, 3.
[295] M.AMALADOSS. O pluralismo das religiões, p. 97. Ver também: Id. Dialogo y mission, p. 245; Id. *Rinnovare tutte le cose*, pp. 150-152.
[296] M.AMALADOSS, M. Dialogo y mission, p. 246.
[297] C.GEERTZ. *A interpretação das culturas*. Rio de Janeiro: Guanabara, 1989, p. 101-142 (no capítulo 4: A religião como sistema cultural).
[298] M.AMALADOSS. *Pela estrada da vida*; prática do diálogo inter-religioso. São Paulo: Paulinas, 1996, p. 27.

mediação, atribuindo, por exemplo, aos símbolos a qualidade absoluta que pertence, antes, à realidade ou ao compromisso que os mesmos medeiam. Segundo Amaladoss, o que confere especificidade ao cristianismo é o seu caráter simbólico com respeito às outras religiões. Trata-se de "um dos modos simbólicos mediante os quais o amor de Deus torna-se manifesto e ativo entre os homens"[299]. Este amor divino não reivindica exclusividade, fazendo-se igualmente presente na experiência das outras tradições religiosas. No horizonte mais amplo de uma única e universal ação redentora inserem-se as diversas e singulares mediações simbólicas.

Esta nova consciência da universalidade salvífica, que leva a reconhecer a possibilidade de salvação nas outras religiões, parece minar, para alguns, a unicidade e a universalidade de Cristo e a necessária mediação da Igreja. Como pontua Amaladoss, no contexto do pluralismo religioso na Índia, em que o cristianismo é minoritário, questões nesta linha são sempre levantadas: "Se ajudarmos hindus e muçulmanos a crescerem em sua fé não falharemos na missão de proclamar que seu salvador é Jesus Cristo? Como entendemos quem é ele e qual o seu papel salvador, principalmente em outras religiões?"[300] Mas não há como negar hoje esta nova consciência do valor positivo das religiões, que exige uma nova maneira de expressão. Amaladoss escolheu justamente como ponto de partida para seu enfoque particular o caminho do diálogo e, para ele, é no contexto desta relação mútua que busca redescobrir sua identidade[301].

Na perspectiva aberta por Amaladoss, o cristocentrismo permanece "elemento essencial"[302]. A singularidade de sua reflexão cristológica reside na dinâmica com que trabalha a universalidade do Cristo e a amplitude cósmica de sua ação. Na sua visão, o Jesus histórico constitui "símbolo do Cristo-mistério", pois em sua vida e ação o mistério de Cristo torna-se

---

[299] M.AMALADOSS. *Rinnovare tutte le cose*, p.118.

[300] M.AMALADOSS. O pluralismo das religiões, pp. 89-90. É interessante perceber que nas instituições educativas cristãs, na Índia, a tarefa evangelizadora reforça muito mais a dinâmica da promoção dos valores morais e espirituais, e pretende sobretudo ajudar os alunos de outras religiões a se aprofundarem na perspectiva de sua fé, em vista de um crescimento integral. Cf. M.AMALADOSS. Théologie indienne. *Études*, n. 3783, pp. 346-347, 1993. Cf. tb. M.ZAGO. A evangelização em ambiente religioso asiático. *Concilium*, v.134, n.4, p. 85, 1978. Este autor assinalava na ocasião, referindo-se à Igreja: Ser sinal e sacramento da salvação é "auxiliar o budismo a progredir em seu caminho de história da salvação e, em certo sentido, poder colaborar para que o budista se torne ainda melhor budista".

[301] M.AMALADOSS. O pluralismo das religiões, p. 93.

[302] Para Amaladoss, ao contrário do que muitas vezes se propaga hoje, o cristocentrismo é um elemento essencial para a maioria dos teólogos indianos. Cf. Id. Théologie indienne, p. 348. E ele não entende como se possa pensar de outra forma, pois "opor o cristocentrismo ao teocentrismo é não entender nossa fé." Id. Dialogo y mission, p. 252.

manifesto e ativo, visível e tangível. Em Jesus, este mistério ganha uma particular e específica expressão. "O Cristo desconhecido está em ação por toda parte, e manifesta-se numa grande multiplicidade de símbolos. Ele torna-se, porém, humano e presente no corpo e ativo em Jesus Cristo"[303]. Para Amaladoss, assim como o Cristo foi se revelando aos poucos para os seus discípulos, que sobretudo após sua ressurreição se dão conta de seu aspecto divino, a pessoa mesma do Cristo "esta em processo na história, ao mesmo tempo que a transcende"[304]. Nesta linha de reflexão, ele distinguirá "dois tipos de presença e ação"[305] na história desta mesma pessoa Jesus Cristo, nos seus pólos divino e humano. E aqui lança a sua tese, que tem causado muita discussão: "Jesus é Cristo, mas Cristo é mais do que Jesus." Com a mesma queria dizer que

> "o Jesus da história possui limites provenientes da sua condição humana, histórica e cultural, determinadas por uma escolha sua. Mas foi neste Jesus que a ação de Deus, na sua forma de Pai, Filho e Espírito, tornou-se manifesta. O Cristo alcançará a plenitude somente no último dia, quando todas as coisas serão reconciliadas"[306].

---

[303] AMALADOSS, M. *Rinnovare tutte le cose*, p. 120.

[304] AMALADOSS, M. O pluralismo das religiões, p. 100. A mesma pessoa Jesus Cristo, como lembra este autor, envolve o Verbo pré-existente (que tudo criou), a Jesus (que sofre a limitação da história), ao Cristo ressuscitado (que é trans-histórico) e ao Cristo do final dos tempos (em quem residirá toda a plenitude). Ibidem, pp. 99-100. Como também afirma L. Boff, a fé cristã professa que o Verbo (Logos) preside todo o processo da criação do universo: "Pela encarnação o Filho de Deus é parte deste imenso processo, de ponta a ponta, mas concretizado na figura do judeu Jesus de Nazaré. Deus tocou o cosmos. Penetrou nele. É de certa maneira o seu corpo. Mas encarnação, pelo fato de ser concreta, significa também limitação." E, finalmente, com a ressurreição, o evento Cristo se universaliza. L.BOFF. *Religião, cultura e ecologia; ecologia e teologia*. Mimeo, p 9; Id. El Cristo cósmico: la superación del antropocentrismo. *Numen*, v. 2, n.1, pp. 132-133, 1999.

[305] Amaladoss insiste em que são "dois tipos de presença", mas não duas realidades. Cf. Théologie indienne, p. 348. Para Amaladoss, ao se falar sobre o Jesus histórico e o Cristo da fé, ou ao Jesus da história e o Cristo cósmico, busca-se referir à mesma pessoa, mas "não à mesma dimensão de sua personalidade e esfera de ação". Cf. Id. *Rinnovare tutte le cose*, p. 120.

[306] M.AMALADOSS. *Rinnovare tutte le cose*, p. 153-154; Id. O pluralismo das religiões, p. 100. A afirmação de Amaladoss: "Jesus é Cristo, mas Cristo é mais do que Jesus" tem causado muita discussão. Em seminário realizado no Brasil, em 1990, esta expressão de Amaladoss foi problematizada pelo filósofo jesuíta Henrique Cláudio de Lima Vaz, reagindo à conferência de Mário de França Miranda, que havia feito referência a Amaladoss. Em sua intervenção, Vaz assinalou que "a essência do cristianismo é justamente não haver outra possibilidade de encarnação do divino ou de manifestação do divino mais radical do que o divino fazer-se homem". Manifestou igualmente seu ceticismo diante dos atuais esforços do cristianismo para o pluralismo religioso, particularmente quando o "núcleo do cristianismo, que é Deus feito homem" vem relativizado. Cf. M.C.L.BINGEMER (Org) *O impacto da modernidade sobre a religião*. São Paulo, Loyola. 1992 p 235 (e a resposta de França na p. 245). O teólogo Mário de França Miranda acredita que "há uma maneira correta de se entender esta expressão". Cf. O encontro das religiões art cit., p. 21. Sobretudo os teólogos asiáticos têm trabalhado nesta mesma perspectiva de Amaladoss. Tissa Balasuriya, teólogo do Sri Lanka, afirma: "Para nós Jesus é divino, mas Jesus não é plena e totalmente Deus. Jesus é de Deus e Deus esta com Jesus. Jesus manifesta Deus, como Pai que ama a todos. Jesus não esgota Deus;

Segundo Amaladoss, a nova compreensão da amplitude cósmica da ação do Cristo permite evitar que se "isole a ação de Deus em Jesus", ampliando-a para toda a sua atuação na história. "O mistério de Cristo inclui todas as manifestações de Deus na história, não apenas as realizadas em Jesus. Ao falar de Jesus Cristo, com freqüência colocamos simultaneamente os dois registros, sem diferenciá-los claramente, dada a força da unidade de sua pessoa"[307].

A imagem bíblica da "aliança" é utilizada por Amaladoss para expressar a ação de Deus em Jesus. Deus estabeleceu uma relação de amor com a humanidade, mesmo antes de Jesus, mediante a aliança cósmica e mosaica. Com Jesus, esta aliança se faz carne, e a humanidade pode partilhar de forma palpável sua auto-comunicação amorosa. Com a experiência da ressurreição de Jesus, esta aliança torna-se duradoura, ganhando uma dimensão de universalidade cósmica, que congrega toda a história da salvação.

Para Amaladoss é correto dizer que Cristo é a "última Palavra", mas com a condição de estar se referindo ao aspecto divino de Cristo. "A plenitude de Cristo será alcançada quando Deus nele reunir todas as riquezas que comunicou ao mundo. (...) Jesus se vai realmente convertendo no Cristo através da história da salvação e que nossa tarefa consiste em promovê-lo assim, através da missão e do diálogo"[308].

As religiões constituem mediações que patenteiam o amor salvífico de Deus. Em sua situação histórico-cultural, cada religião "é capaz de expressar uma relação absoluta. Portanto, é relativa com respeito a essa relação absoluta, mas não com respeito a outras religiões"[309]. Todas as mediações

---

Deus não pertence a Jesus de modo tal que Deus não possa manifestar a divindade antes e depois de Jesus". Lasciare che Dio sia Dio. In: C.CANTONE. *La svolta planetaria di Dio*, p. 103. Id. *Right Relationships;* de-routing and re-roting of christian theology. *Logos*, v. 30, n. 3-4, p. 243, 1991 (Jesus and God: Let God be God). E igualmente o documento final da III Assembleia Geral da Associação Ecumênica de Teólogos do Terceiro Mundo, realizada em Janeiro de 1992: "Para nós, Jesus é o Senhor, e Senhor completo – mas isto não significa que nós precisamos impô-lo aos outros Pois embora o Jesus em quem nós acreditamos, verdadeiramente nos ponha em contato com Deus, para que Deus esteja presente em nós através dele, o mistério absoluto de Deus não pode ser totalmente compreendido em Jesus. Deus está além de todo nome e forma, e as muitas compreensões que nós temos de Deus não podem individualmente ou coletivamente exaurir o mistério de Deus". In: Sedoc, v. 25, n. 236, p. 475, 1993.

[307] M.AMALADOSS. O pluralismo das religiões, p. 101; Id. *A la rencontre des cultures*. Paris: Les Éditions de L'Atelier, 1997, p. 123. Segundo Amaladoss, "o cristianismo ocidental foi exageradamente cristocêntrico e tentou fundamentar em Cristo seu eclesiocentrismo. Ora, o encontro com outras religiões não só nos distanciou do eclesiocentrismo (...). Ele também fez com que nos déssemos conta da presença e da ação do Espírito nos outros, embora pertençam a religiões e culturas diferentes. Confiemos que essa experiência nos conduza a descobrir a presença do Espírito e de seus carismas fora de seu marco cristológico e hierárquico, mesmo dentro da Igreja.": Apud A.T.QUEIRUGA. *Do terror de Isaac ao Abbá de Jesus*, p. 349, n. 40.

[308] M.AMALADOSS. O pluralismo das religiões, p. 103.

[309] Ibidem, p. 95. Id. Dialogo y mission, p. 256.

tem assim um valor relativo em face do absoluto do mistério[310]. É como a realidade da Lua, cuja luz tem sua origem no Sol e não nela mesma. Assim também a Igreja, que vive o mistério manifestado em Jesus, é convocada a "proclamar e promover o mistério, não a si mesma"[311]. Ela é "serva do Reino de Deus"[312], seu sinal e instrumento de implementação na história; mas este Reino, enquanto mistério de Deus, é maior do que a Igreja. No horizonte de um mundo pluralista, o serviço que a Igreja pode prestar "consiste em colaborar com a unidade de toda a humanidade[313], promovendo uma comunidade de diálogo e cooperação"[314], que respeita a pluralidade das religiões na história, articulando-as dentro do plano maior da unidade divina.

b. Edward Schillebeeckx: as surpresas da manifestação de Deus

Pode-se situar o teólogo belga Edward Schilebeeckx (1914-2009) no mesmo horizonte de um inclusivismo aberto, certamente um dos maiores teólogos deste século.[315] Sua reflexão mais específica sobre o tema encontra-se sobretudo no terceiro livro de sua trilogia cristológica, que reflete o período mais original e criativo em sua reflexão.[316] Este autor assinala em sua recente obra que a problemática por ele abordada não trata especificamente de uma teologia das religiões, embora com ela coincida em parte. É o tema da identidade do cristianismo - e de sua "correta auto-designação" - que irá ocupar a sua atenção fundamental. Uma identidade que permita

---

[310] Com exceção de Jesus, único mediador, que faz parte do mesmo mistério.

[311] Id. O pluralismo das religiões, p. 103.

[312] M.AMALADOSS. La mission en la decada de los 90. *Selecciones de teologia*, v. 31, n. 122, p. 141, 1992; Id. Vivre dans un monde pluraliste, p. 164; Id. *Rumo à plenitude;* em busca de uma espiritualidade integral. São Paulo: Loyola, 1997, pp. 123-126; Id. *Missão e inculturação*. São Paulo: Loyola, 2000, pp. 47-60 (capítulo 4: O Reino de Deus: propósito da missão).

[313] *Lumen Gentium*, 1.

[314] M.AMALADOSS. O pluralismo das religiões, p. 104. E quando este autor fala em unidade do plano divino, ele não quer com ela entender um "sistema acabado", mas sim "uma unificação a ser realizada pelo Espírito e por nós através do diálogo e da missão". Ibidem. p. 98. Para o aprofundamento da questão do significado do diálogo inter-religioso na reflexão deste autor, cf. M.AMALADOSS. *Pela estrada da vida*. Pratica do diálogo interreligioso; Id. *Rinnovare tutte le cose*; Id. *Missão e inculturação*, pp. 38-43 (sobre a hermenêutica inter-religiosa).

[315] Para maiores detalhes sobre a vida e obra deste teólogo, que faleceu em dezembro de 2009, cf. a crônica que fizemos: Os oitenta anos de Edward. Schillebeeckx *REB*, v. 54, n. 216, pp. 957-960, 1994. E outro artigo, por ocasião de seu falecimento: http://www.ihu.unisinos.br/index.php?option=com_noticias&Itemid=18&task=detalhe&id=31788 (acesso em 15/09/2011). Para uma visão mais extensiva cf. P.KENNEDY. *Edward Schillebeeckx*. Cinisello Balsamo: San Paolo, 1997.

[316] O vasto projeto cristológico de Schillebeeckx foi publicado em três grandes volumes: *Gesù la storia di un vivente*. 3ª ed. Brescia: Queriniana, 1980 (edição original de 1974); *Il Cristo la storia di una nuova prassi*. Brescia: Queriniana, 1980 (edição original de 1977); *Umanità la storia di Dio*. Brescia: Queriniana, 1992 (original de 1989). Este último volume, já traduzido em português, sob o título *História humana da revelação de Jesus*. São Paulo: Paulus, 1994.

à religião crista "reportar-se corretamente às outras religiões: sem absolutismos ou relativismos, de uma parte, e sem discriminação ou sentimento de superioridade, de outra"[317].

A perspectiva defendida por Schillebeeckx em sua reflexão exclui tanto o absolutismo como o relativismo. Para ele, a identidade do cristianismo deve ser hoje delineada de forma a reconhecer e respeitar a identidade religiosa das outras tradições religiosas e, mediante uma recíproca relação, ser por elas desafiada e igualmente desafiá-las com a dinâmica de sua mensagem[318].

Para Schillebeeckx, a grande tentação do cristianismo foi, freqüentemente, traduzir sua verdade e unicidade numa perspectiva fechada ou absolutista e, nesta linha, as outras religiões foram consideradas de valor inferior. Os elementos positivos nelas encontrados apresentavam-se no cristianismo já de forma eminente. Neste "imperialismo religioso e cultural", roubava-se a identidade especifica das outras religiões, pois os valores que apresentavam não eram próprios de sua realidade, mas "valores cristãos"[319]. Em contraste com a anterior situação cristã de pretensão absoluta, este autor reconhece que, em razão de sua própria natureza, o cristianismo é hoje convocado a uma "assunção positiva da diversidade das religiões"[320].

Em que medida o cristianismo poderá simultaneamente manter sua identidade peculiar e reconhecer, sem discriminações, um valor positivo para as outras tradições religiosas? O caminho adequado para responder a tal indagação, sublinha Schillebeeckx, encontra-se no próprio cristianismo. O fundamento para uma relação de abertura às outras religiões reside no anúncio e na práxis do Reino assumido por Jesus. Como indica o teólogo belga, "o que é peculiar, singular e único no cristianismo é justamente o fato de que a vida e essência de Deus encontram-se nesta particularidade histórica e limitada, que é Jesus de Nazaré, a quem os cristãos confessam como a manifestação humano-pessoal de Deus: uma manifestação 'singular e única', mas também 'contingente', ou seja, histórica e, assim, limitada, do dom salvífico de Deus a todas as criaturas"[321].

---

[317] E.SCHILLEBEECKX, E. *Umanità*, pp. 217-218. No prefácio do livro, justificando a alteração no plano original de sua obra, ele dirá: "Tive que me convencer que é preferível, num período de polarização eclesial, buscar o núcleo do *Evangelho* e da religião cristã, o que é autêntico e peculiar em ambos, do que ocupar-me diretamente com problemas intra-eclesiásticos". Ibidem, p. 7.

[318] Ibidem, p. 217.

[319] Ibidem, p. 216.

[320] Ibidem, p. 218.

[321] Ibidem, p. 218-219; Id. Universalité unique d'une figure religieuse historique nommée Jésus de Nazareth. *Laval Théologique et Philosophique*, v. 50, n. 2, pp. 273-274, 1994.

A consciência desta historicidade de Jesus tem para Schillebeeckx uma importância muito grande na discussão da relação do cristianismo com as outras religiões. Para este autor, "quem negligenciasse este fato da humanidade individual e concreta de Jesus na sua qualidade de 'homem' geograficamente determinado e socio-historicamente reconhecível e, em decorrência, limitado, converteria o homem Jesus numa emanação divina 'necessária', esvaziando de fato todas as outras religiões e contradizendo de forma evidente todos os concílios e profissões de fé cristológicos e também, em última análise, a essência divina mesma, enquanto liberdade absoluta"[322]. Considerar a humanidade de Jesus apenas como algo aparente, bem a modo docetista é, na prática, manifestar pouco apreço pela "identidade de todas as religiões não-cristãs"[323].

Esta revelação de Deus na humanidade de Jesus, conforme sublinha Schillebeeckx, não significa uma absolutização por parte de Deus de uma particularidade histórica (Jesus de Nazaré). "Sabemos melhor, por esta revelação de Deus em Jesus, que nenhuma singularidade histórica pode considerar-se absoluta e, por isso, por causa da relatividade presente em Jesus, toda criatura humana pode encontrar a Deus também fora de Jesus, a saber, em nossa história concreta e nas diversas religiões que nela surgiram"[324]. Para Schillebeeckx, Jesus não constitui o único caminho de vida que leva a Deus. Jesus "não só revela Deus, mas também o esconde[325],

---

[322] Id. *Umanità*, p. 219. K. Rahner destaca que Jesus, em sua realidade humana, encontra-se diante do "mistério inexorável", deste mistério da autocomunicação de Deus "que comunica a si mesmo mas permanece eternamente tal mesmo quando se comunica". Jesus, na sua humanidade, se abandonou também no saber, incondicionalmente, ao Deus incompreensível, e aceitou com amor e possuiu sem removê-la esta última 'bem-aventurada ignorância'." K.RAHNER. A proposito del nascondimento di Dio. In: *Teologia dall'esperienza dello Spirito*. Roma: Paoline, 1978. p. 370.

[323] E.SCHILLEBEECKX. *Umanità*, pp. 219 e 220.

[324] Ibidem, p. 219. Esta posição também é defendida por C.DUQUOC. Para este teólogo, não é possível separar a figura universal de Cristo da figura particular de Jesus. É esta figura particular "que dá peso e limite à figura substitutiva de Deus, Cristo. Com efeito, ela se previne de substituir Cristo a Deus, mantendo sempre o afastamento necessário entre Cristo e Deus, entre Cristo e sua testemunha histórica, a Igreja: afastamento que dá crédito a uma forma e a um regime particulares do universal". O cristianismo e a pretensão à universalidade. *Concilium*, v. 155, n.5, pp. 68-69, 1980. Cf. tb. Id. *Um Dio diverso*. Brescia: Queriniana. 1985, p. 137.

[325] O Concílio Ecumênico de Calcedônia (451) busca reequilibrar a compreensão de Jesus Cristo "consubstancial ao Pai", definida no Concílio de Nicéia (325). Agora Jesus Cristo também é "consubstancial aos homens". Ou seja, Calcedônia indica que em Jesus Cristo há "uma pessoa (uma hipóstase divina), em que estão reunidas duas naturezas: uma divina, outra humana, não mistas, mas indivisas, imutáveis, inseparáveis. Esta é a resposta clássica da 'união hipostática', do 'Deus e homem'..." H.KÜNG. *Ser cristão*, p. 109. Cf. tb. W.KASPER. *Jesus, el Cristo*. Salamanca: Sígueme, 1984, pp. 290s. Como o próprio Küng indica, a questão cristológica neste século avançou para além de Calcedônia. Ibidem, pp. 110 e 537 n. 21. Mencionando a reflexão teológico-crítica moderna sobre os limites do modelo cristológico de Calcedônia, L. Boff assinala que "a fórmula de Calcedônia não toma em conta a evolução em Cristo, como no-la testificam os evangelhos sinóticos. Nem se apercebe das transformações que se operaram com a Ressurreição, onde o Logos-carne passou a Logos-Pneuma-Espírito. A encarnação como

já que nos aparece numa humanidade criatural, não divina". Em decorrência desta sua contingência e limitação, "não pode representar toda a riqueza de Deus"[326].

Em comentário mais amplo sobre a perspectiva teológica de Schillebeeckx com respeito ao tema de Jesus Cristo e as religiões, o teólogo Roger Haight identificou sua visão como inserida numa perspectiva teocêntrica. A seu ver, Cristo não vem retratado pelo teólogo belga como o centro de sua cosmologia, mas Deus, enquanto criador do céu e da terra e vértice do movimento da história. É uma perspectiva distinta da defendida por Karl Rahner. Em sua defesa de um pluralismo de princípio, Schillebeeckx trata a delicada questão do lugar de Jesus no plano de salvação. Na ocular de Roger Haight, Jesus não vem por ele interpretado como "constitutivo da salvação", mas como "mediador da salvação especificamente cristã e, em termos mais gerais, como revelador do caráter da salvação como tal". Garante-se, por um lado, a relevância universal da revelação e da salvação, dado o traço criador e redentor do Deus revelado em Jesus, mas se reconhece igualmente, por outro, a presença e atuação de Deus alhures, independentemente de Jesus[327].

A abertura é um dos traços característicos da identidade de Jesus. Na trajetória de sua identificação com os seres humanos, baseada na sua identificação com a causa de Deus, é que se plasmou a identidade própria de Jesus[328]. O *Evangelho de João* apresenta Jesus e o Pai como duas pessoas, mas que vivem a unidade no amor, vontade e atividade. Respeitando a unidade

---

Calcedônia a vê dificulta a compreensão da *kénosis* de Deus em Jesus, isto é: como Deus se humilha e se torna anônimo. Precisamos respeitar e devemos acatar o anonimato de Deus em Jesus e tentar compreender o que isso significa teologicamente". L.BOFF. *Jesus Cristo libertador*. Petrópolis: Vozes, 1972, p. 209. Para Schillebeeckx, a partir do Concílio de Nicéia um único modelo cristológico (o de João) foi se afirmando até se transformar em norma. Nesse sentido, o modelo sinótico permaneceu desconhecido e inexplorado na história. Cf. *Gesù*, p. 593s e em particular pp. 606-607.

[326] E.SCHILLEBEECKX. *Umanità*, p. 24. Se, por um lado, o itinerário humano de Jesus é fundamental para a compreensão de Deus, por outro, a identidade de Jesus, na sua "humanidade plena", só pode ser definida mediante a relação singular que ele estabelece com Deus e com as criaturas humanas. "Deus, porém, é maior que qualquer auto-revelação, por quanto decisiva e definitiva, no Homem Jesus." Ibidem, p. 164; Id. *Perché la politica non è tutto*; parlare di Dio in un mondo minacciato. Brescia: Queriniana, 1987, pp. 10-11 e 27. Em semelhante linha de reflexão, Christian Ducquoc sublinha que "o Espírito sopra onde quer, e que Jesus nunca pretendeu que soprava apenas nele. Seu Dom não absolutiza a particularidade de Jesus, mas a situa como ponto crítico para os outros caminhos de acesso a Deus. A diferença de função dos atores divinos em nossa história convida a rejeitar a absolutização do caminho de Jesus: este não exclui uma legitimidade histórica de outros caminhos." Monoteísmo e ideologia unitária. Concilium, v. 197, n.1, p. 71, 1985.

[327] R.HAIGHT. *O futuro da cristologia*. São Paulo: Paulinas, 2008, pp. 103-105 (a citação encontra-se na p. 104). Apesar da pertinência das observações de R.Haight, não se justifica a inserção de Schillebeeckx entre os teólogos do paradigma pluralista. E isso em razão de outros argumentos já levantados no conjunto de nossa reflexão.

[328] E.SCHILLEBEECKX. *Gesù*, p. 631. *"La particularità di Gesù non si può conoscere, passando sopra ciò che a lui stava maggiormente a cuore: Dio intento al'umanità."* Ibidem, p. 645.

entre estas duas pessoas, intimamente ligadas entre si, João recorda, porém, que "o Pai é maior" que Jesus (Jo 14,28)[329]. É o próprio "ser-humano" de Jesus que "reenvia, pois, substancialmente a Deus e ao evento de seu Reino, pelo qual ele empenhou sua própria vida e a ele subordinou-a. Para Jesus, a causa de Deus - o seu Reino como salvação da e para a humanidade - é mais importante que sua própria vida. E justamente neste reportar-se e superar-se em Deus, que Jesus chama seu Criador e Pai, que está o significado mais verdadeiro de sua própria pessoa"[330].

O teólogo belga experimenta um grande fascínio por Deus, e em particular pela Deus de humanidade (*Dio umanissimo*), cuja grande glória é a afirmação de vida do humano. Em ampla entrevista concedida a Francesco Strazzari, recolhida em livro publicado em 2005, ele trata o tema com grande sensibilidade. Ao falar sobre Deus, sinaliza a qualidade humana do Deus que a todos transcende, de um Deus que ama os humanos e se preocupa decisivamente com sua história. Essas duas qualidades de Deus, enquanto transcendente e humano, encontram-se para ele realizadas em Jesus de Nazaré, confessado como Cristo pelos cristãos. Jesus, por uma parte é "o testemunho de Deus, a manifestação daquilo que Deus quer e, de outra, é o paradigma da humanidade, de como a humanidade deve viver. Em Cristo se dá o encontro do céu com a terra, da transcendência com a nossa humanidade"[331].

A relação do cristianismo com as outras religiões deve ser caracterizada por uma atitude de abertura e justamente porque o Deus de Jesus constitui um "símbolo de abertura". O pluralismo das religiões não deve ser, portanto, julgado como algo problemático ou como um mal a eliminar, mas deve ser acolhido com alegria, enquanto um fenômeno rico e fecundo, que haure sua

---

[329] E.SCHILLEBEECKX. *Il Cristo*, p. 502. Para Adolphe Gesché, este é o "ponto de imanência mais misterioso" na estrutura do cristianismo: "Assim, inclusive na religião da encarnação de Deus, Jesus não cessa, no *Evangelho*, de nos lembrar que devemos dirigir-nos ao Pai e não a ele. Em nossa teologia pode haver, como lembrou com frequência Congar, um cristocentrismo que não é cristão. Talvez seja também um dos sentidos do segredo messiânico. Qualquer cristianismo que absolutize o cristianismo (Cristo inclusive) e sua revelação seria idolatria". A.GESCHÉ. O cristianismo e as outras religiões. In: F.TEIXEIRA. *Diálogo de pássaros*, pp. 56-57. Ao refletir sobre a Trindade como "três modos de presença de Deus para nós" (evitando-se, assim, o risco de se falar em três consciências, três amores e três centros de operação imanente), Karl Rahner salienta que nesta maneira de Deus estar presente para nós, como Pai, Filho e Espírito estão dadas verdadeiras e reais distinções: "Para nós, o Pai, o Filho-Logos e o Espírito não são os mesmos", e estes "modos de presença" de Deus não eliminam a real auto-comunicação de Deus enquanto uno, único e mesmo. *Corso fondamentale sulla fede*, pp. 186-187.

[330] E.SCHILLEBEECKX. *Umanità*, p. 164. Também p. 219. Schillebeeckx, em sintonia com a reflexão atual de Paul Knitter, também dirá que o coração da mensagem e da vida de Jesus foi teocêntrico, e é só com o NT e com a Igreja que ocorre o deslocamento do teocentrismo para o cristocentrismo. Cf. Ibidem, pp. 152s e 166s.

[331] E.SCHILLEBEECKX & F.STRAZZARI. *Cerco il tuo volto*. Conversazioni su Dio. Bologna: EDB, 2005, p. 15.

razão de ser na própria natureza do cristianismo[332]. Para Schillebeeckx, esta "pluralidade das religiões", que "não se deve eliminar historicamente por princípio, é internamente nutrida e sustentada por uma unidade não mais tematizável nem praticável expressamente dentro de nossa história: ou seja, a unidade de Deus (pelos cristãos confessado como trinitário), enquanto essa unidade transcendente se espelha nas imanentes semelhanças de família entre essas religiões (...)"[333].

No horizonte do pluralismo religioso atual, definido por Schillebeeckx como "pluralismo de princípio" (de direito), o cristianismo não pode constituir-se em "imperativo categórico" universalizante, mas com sua mensagem e vida deve, sim, oferecer o seu testemunho como dom[334]. Mas não só testemunhar e anunciar, igualmente aprender e ser desafiado pelos outros, acolhendo com humildade os valores que eles vivenciam e apresentam. E isto implica tanto reconhecer que "a manifestação de Deus em Jesus Cristo não conclui a história da religião", bem como admitir que "Deus é muito rico e acima das determinações, para poder deixar-se exaurir na sua plenitude por uma determinada tradição de experiência religiosa, sempre determinada e limitada"[335]. Karl Rahner já sublinhara que a autocomunicação de Deus ao não divino acontece como vizinhança, mas sua realidade de mistério absoluto e realidade infinita[336] nos impedem qualquer atitude de garantia, posse ou soberba. E isto se aplica igualmente às religiões. Há uma "reserva divina" que diz respeito não só ao "fenômeno mundo" mas também ao "fenômeno religião"[337]. Para Schillebeeckx, Deus é dom, "pura gratuidade"[338] e não uma garantia que justifique uma posição de superioridade sobre os outros. Nesse sentido, Ele é igualmente "uma contínua surpresa: é 'aquele que era, que é e que vem' (Ap 1, 8; 4,8)"[339].

---

[332] E.SCHILLEBEECKX. *Umanità*, pp. 218 e 220. Ver também C.DUQUOC. *Un Dio diverso*, pp.137-139.

[333] Ibidem, pp. 220-221 e n. 40. Aqui a posição de Schillebeeckx diferencia-se da posição de Duquoc. Para o primeiro autor, a pluralidade das religiões encontra a sua sustentação, como se observou, na unidade de Deus. Este autor evita falar de três pessoas em sua reflexão sobre a Trindade, em razão de sua possível ambiguidade (risco do triteísmo). Prefere dizer que "a natureza de Deus é ela mesma pessoal com uma estrutura trinitária". *Sono un teologo felice*. Bologna: EDB, 1993, p. 59. Já para Duquoc, a "simbólica trinitária" é essencial na motivação para uma abertura plural do cristianismo. Esta última posição é partilhada por A.GESCHÉ, que igualmente vislumbra na doutrina trinitária como "concepção diferenciada de Deus" uma exigência de abertura e o reconhecimento do "direito à diferença". Cf. O cristianismo e as outras religiões. In: F.TEIXEIRA. (Org.) *Diálogo de pássaros*, pp. 43-45.

[334] E.SCHILLEBEECKX. *Umanità*, p. 243.

[335] Ibidem, pp. 219 e 220.

[336] K.RAHNER. *Corso fondamentale sulla fede*, p. 166. Como diz a *Carta aos Coríntios*: "Agora vemos num espelho e de modo confuso, então, porém, veremos face a face" (1Cor 13, 12).

[337] E.SCHILLEBEECKX. *Umanità*, p. 30.

[338] Ibidem, p. 98. Id. *Sono un teologo felice*, p. 62.

[339] E.SCHILLEBEECKX. *Umanità*, p. 165.

O grande teólogo W. Pannenberg afirma que a legítima posição cristã não permite que a "questão da verdade" seja sacrificada[340] em função de uma equiparação de todas as religiões. Para Schillebeeckx esta questão é bem complexa e só pode ser situada dentro de um "circulo hermenêutico" e sua definitiva resolução "somente em chave escatológica". Entretanto, acentua que "o resultado que se alcança aprofundando a verdade de nossa religião não deve ser necessariamente discriminante no confronto com as outras religiões. Nenhuma religião particular exaure o problema da verdade. Por isso devemos 'in religiosis' abandonar seja o absolutismo, como também o relativismo"[341].

Ao contrário da tese exclusivista tradicional "Fora da Igreja não há salvação", ou melhor pontuando a tese inclusivista mais recente "Fora do Cristo não há salvação", Schillebeeckx propõe neste livro que se está examinando uma tese mais radical ainda: "Fora do mundo não há salvação"[342]. Para este autor, "quem ofende e profana este mundo comete, sob o ponto de vista teológico, um pecado contra o Criador do céu e da terra, contra Aquele que muitos indivíduos chamam, ainda que com nomes diferentes, Deus".[343] A salvação, para Schillebeeckx, não pode vincular-se exclusivamente às religiões e às igrejas, mas reporta-se ao mundo e à história, que para ele são a base de toda realidade salvífica. É na história "que primordialmente se realiza a salvação..., ou vem refutada, deixando o espaço para a desventura.[344] Neste sentido é verdade que 'extra mundum nulla salus', fora do mundo não há salvação"[345].

Neste amplo espaço da história é que acontece a história das religiões, como um segmento neste universo maior. As religiões e igrejas não são a salvação, mas seu sacramento no mundo: "a *anamnese*, ou seja, a lembrança

---

[340] Cf. M.F.MIRANDA. O encontro das religiões, p. 15. Segundo Miranda, "a omissão do discurso sobre a verdade acarreta a equiparação superficial de todas as religiões, esvaziando-as, no fundo, de seu potencial salvífico, já que afirmar serem todas verdadeiras equivale a declarar serem todas *falsas*". Ibidem, p. 15. Esta afirmação de Miranda foi integralmente retomada no documento da Comissão Teológica Internacional, da qual participou como membro efetivo: *O cristianismo e as religiões*. São Paulo: Loyola, 1997, p. 15 (n. 13).

[341] E.SCHILLEBEECKX. *Umanità*, p. 215.

[342] Ibidem, p. 19ss.

[343] Ibidem, p. 14.

[344] Na reflexão escatológica de Schillebeeckx, aqueles que não vivem uma relação teologal com Deus e que fazem o mal de uma maneira definitiva, excluem-se da vida eterna. Para ele, o inferno, como realidade objetiva para além da morte, não existe, pois aqueles que se separam definitivamente da comunhão com o Deus da vida destinam-se à "aniquilação do próprio ser". A maldade exclui-se da eternidade da felicidade de Deus. Os que exercem a maldade como realidade permanente manifestam incapacidade de amar, auto-excluindo-se da esperança da vida eterna. A lógica do mal, adverte, não leva a parte alguma e não tem futuro. Não existe, pois, um "*eschaton*" negativo. No fim haverá somente o Reino de Deus. Cf. E.SCHILLEBEECKX. *Umanità*, p. 180s; Id. *Sono un teologo* felice, pp. 70-71.

[345] E.SCHILLEBEECKX. *Umanità*, pp. 27-28.

viva em nosso meio desta vontade salvífica universal, 'silenciosa' mas ativa, e da absoluta presença salvífica de Deus na nossa história"³⁴⁶. A salvação não é o real das religiões, mas o real de toda a história da humanidade. "A história da salvação não coincide com a história da revelação, nesta última, a história da salvação chega à experiência consciente e articulada da fé."³⁴⁷ Para Schillebeeckx, a "referência ao mundo" torna-se essencial para uma religião que queira de fato proferir uma palavra singular, própria e insubstituível hoje em dia. Nesta referência ao mundo, a tarefa humanizadora, que retoma a dinâmica de um Deus "interessado em nossa humanidade"³⁴⁸, torna-se critério decisivo para o valor positivo das religiões: uma religião que "ofende e destrói o homem e a dignidade humana", nega-se a si mesma, e ao rebaixar o humano sintoniza-se com uma "forma equivocada de crer em Deus"³⁴⁹.

c. Hans Küng: para uma teologia ecumênica das religiões

Ainda que sua posição sobre o tema das religiões seja objeto de discussão, o teólogo suíço Hans Küng (1928-2021) pode ser situado no horizonte mais amplo da perspectiva inclusivista³⁵⁰. A questão da relação entre o cristianismo e as religiões do mundo, amplamente presente em suas obras, já foi objeto de tratamento num de seus clássicos livros, de 1974: *Ser cristão* (*Christ sein*).

Ao tratar o tema do desafio das religiões universais, este autor reconhece a peculiaridade e a riqueza das religiões³⁵¹, considerando-as caminhos autênticos de salvação³⁵². A partir do Vaticano II, assinala Küng, impõe-se

---

³⁴⁶ Ibidem, p. 29.
³⁴⁷ Ibidem, p. 28. Cf. tb. C.BOFF, Clodovis. *Teologia e prática*. Petrópolis. Vozes, 1978, pp. 175-200.
³⁴⁸ O "fazer o bem aos homens" é para o profeta Baruc um critério importante para a compreensão do verdadeiro Deus. (Br 6, 63).
³⁴⁹ E.SCHILLEBEECKX. *Sono un teologo felice*, p. 65. E aqui o autor identifica-se com a posição defendida por H. Küng. O teólogo dominicano C. Geffré vai ainda mais longe: *"Toutes les religions qui son inhumaines sont condamnés à mourir. L'avenir des grandes traditions religieuses passe par la route de l'homme"*: C.GEFFRÉ. Le dialogue des religions défi pour un monde divisé. *Le Supplément*, n. 156, p. 118, 1986.
³⁵⁰ J. Dupuis inclui Hans Küng entre os teólogos que seguem o modelo do "universo teocêntrico de cristologia normativa". *Gesù Cristo incontro alle religioni*. op. cit., p. 274. O meu ponto de vista é mais concordante com o apresentado por J.H.P.WONG: Il Dio di Gesù Cristo in prospettiva pneumatologica. In: C.CANTONE (Ed.) *La svolta planetaria di Dio*. Roma: Borla, 1992, pp. 244 s (Tradução brasileira: *A reviravolta planetária de Deus*. São Paulo: Paulinas, 1995). Este autor situa a perspectiva de Küng como cristocêntrica (de cristologia normativa). Na tese defendida por Monique Aebischer-Crettol, ela sublinha que apesar do pensamento de Küng não permitir um enquadramento absolutamente claro, sua cristologia é de traço inclusivista normativo. Cf. *Vers un oecuménisme interreligieux*, p. 350-368.
³⁵¹ H.KÜNG. *Ser cristão*. Rio de Janeiro: Imago, 1976. pp. 74-75.
³⁵² Este autor sublinha a propósito: "Fora da Igreja, há salvação: por que não reconhecê-lo honestamente já que de fato, se afirma isso? Só assim se tomam realmente a sério as outras religiões, só sob esta condição se encara

uma nova atitude para o cristianismo na sua relação com as outras religiões: em lugar do "anterior desprezo" tende-se a afirmar agora um "respeito fundamental" que conduz ao diálogo. Este reconhecimento do valor das outras tradições religiosas provoca a superação do exclusivismo, mas mantém viva a pergunta pela verdade das religiões: "Se a Igreja percebe por toda parte luz evidente, até que ponto pretende ser portadora da 'luz'? Se todas as religiões contêm verdades, por que precisamente o cristianismo deve ser a verdade? Se há salvação fora da Igreja e do cristianismo, por que, afinal, a Igreja e o cristianismo?"[353] Na linha dessas indagações é que Hans Küng irá tratar da questão da singularidade do cristianismo. Sua proposta é resumida nos seguintes termos: "Nem absolutismo arrogante que não dê valor a nada mais. Nem ecletismo indolente a fazer valer uma pitada de tudo. Mas um universalismo cristão, inclusivo, a pleitear para o cristianismo não exclusividade, mas singularidade"[354].

Segundo o pensamento de Küng, em sua mencionada obra, a especificidade do cristianismo em confronto com as religiões universais consiste justamente em considerar Jesus Cristo como essencial, normativo e determinante: "O específico, o próprio e peculiar do cristianismo é encarar esse Jesus como suprema e decisiva instância e critério último para o relacionamento humano com Deus, com o próximo e com a sociedade: em forma bíblica e abreviada, como 'Jesus Cristo'"[355].

Da afirmação de Jesus como normativo" para as outras religiões, não conclui, porém, Küng o seu caráter de mediador "constitutivo" para a salvação de todos. Em Jesus encontra-se Deus somente para aquele que se entrega a Jesus na fé; ou, na formulação de Küng: "O verdadeiro homem Jesus de Nazaré é, para a fé, a real revelação do único Deus verdadeiro"[356]. A interpretação cristológica de Küng, em particular sobre a relação entre Deus e Jesus, não revela de forma explícita a afirmação decisiva de sua filiação divina. Para ele a "divina dignidade de Jesus" é concebida inicialmente no Novo Testamento como "funcional", e só mais tarde declarada como

---

a problemática com realismo." *Ser cristão*, p. 80. Ou como formulado em outra obra: "Si miramos al designio de salud de Dios, no hay un 'afuera', sino sólo un 'dentro', pues 'Dios quiere que todos los hombres se salven y lleguen al conocimiento de la verdad'": H.KÜNG, Hans. *La Iglesia*. Barcelona: Herder, 1975. p. 380.

[353] H.KÜNG. *Ser cristão*, p. 80.
[354] Ibidem, p. 92.
[355] Ibidem, p 103.
[356] Ibidem, p. 386.

"metafísica"³⁵⁷. Esta interpretação vai provocar, por exemplo, a crítica de Jacques Dupuis, para o qual "a forma como H. Küng estabelece a diversidade de Cristo permanece no fim incompleta e inconcludente, pois somente a identidade pessoal de Jesus Cristo como Filho unigênito de Deus pode estabelecer de modo decisivo tal diversidade"³⁵⁸, identidade sobre a qual se funda a compreensão de Jesus como mediação necessária e constitutiva da salvação universal³⁵⁹.

Em suas obras mais recentes,³⁶⁰ Hans Küng avança sua proposta no sentido de uma "teologia ecumênica das religiões" a serviço de uma "teologia ecumênica para a paz." Em sua mencionada proposta, Hans Küng considera insuficientes quatro posições comumente adotadas: a posição ateísta, absolutista, relativista e inclusivista. Sua abordagem aponta para uma "posição ecumênica crítica" equidistante tanto de um exclusivismo

---

³⁵⁷ Ibidem, p. 389 e 383. Em sua reflexão cristológica, Küng assinala que "no Novo Testamento, o termo 'Deus' praticamente sempre denota o Pai. Entretanto, a aplicação do nome 'Filho de Deus', assim como o termo divino Kyrios (Senhor Jesus), na área helenista, devia acarretar a transferência de atributos divinos a Jesus e ocasionar uma reflexão sobre o seu divino domínio, a sua dignidade, a sua sabedoria, em suma, sobre a sua divindade": Ibidem, p. 382. Cf. tb. E.SCHILLEBEECKX. *Gesù, la storia di un vivente*. 3ª ed. Brescia: Queriniana, 1980. pp. 577 e 579; K.RAHNER. *Theos* nel Nuovo Testamento. In: Id. *Saggi teologici*. Roma: Paoline, 1965, p. 565-568. Utilizando as mesmas categorias de Schillebeeckx e Küng, o teólogo jesuíta indiano George Soares-Prabhu, em trabalho apresentado na III Assembleia Geral da Associação Ecumênica dos Teólogos do Terceiro Mundo (1992), assinala que as cristologias do Novo Testamento são largamente funcionais, mas não ontológicas. Preocupam-se mais com o "descrever o significado de Jesus (seu papel na história salvífica) do que com o explicar a estrutura de seu ser". Para Prabhu, toda a cristologia do NT "liga-se à experiência de Jesus", utilizando-se de uma linguagem "metafórica" e não "metafísica". Jesus é compreendido como o mistério que dá vida". Só posteriormente, com a tradição eclesiástica, é que houve um deslocamento do mistério para os mecanismos" utilizados para compreender o mistério, ocorrendo então uma dogmatização e ontologização do mistério. Cf. The Jesus of Faith. In: *The Dharma of Jesus*. New York: Orbis Books, pp. 79, 82 e 86. Ver também: R.GIBELLINI. Una teologia dal grido degli oppressi. *Il Regno* n. 677, p. 67, 1992.
³⁵⁸ J.DUPUIS. *Gesù Cristo incontro alle religioni*, p. 272; Id. *Rumo a uma teologia cristã*, pp. 218-219. Esta talvez seja a razão mais fundamental para a inclusão de Küng entre os pluralistas, na abordagem de Dupuis.
³⁵⁹ Na avaliação de Dupuis, quando Küng afirma que Jesus é a "real revelação do único Deus verdadeiro" e que é "Filho de Deus", quer indicar que ele é "Encarregado". "Delegado", "Advogado", "Porta-voz", "Procurador", "Enviado", "Representante" etc. E todos estes termos são "funcionais", não expressando o decisivo que é a sua "única filiação divina". J.DUPUIS. *Gesù Cristo incontro alle religioni*, p. 273.
³⁶⁰ Cf. H.KÜNG. *Teologia in cammino*. Milano: Mondadori, 1987 (Tradução brasileira: *Teologia a caminho*. São Paulo: Paulinas, 1999); Id. *Projeto de ética mundial*. São Paulo: Paulinas, 1992 (publicado originalmente em 1990); Id. Para uma teologia ecumênica das religiões. *Concilium*, v. 203, n. 1, pp. 124-131, 1986; Id. Em busca de um "ethos" mundial das religiões universais. *Concilium*, v. 228, n. 2, pp. 113-134, 1990. Para Karl-Josef Kuschel, o trabalho de Küng com respeito às outras tradições religiosas passou por três fases. Nos anos 60, distancia-se da teologia tradicional, e passa a afirmar uma teologia da vontade salvífica universal de Deus. Nos anos 70, as religiões universais ganham em sua teologia uma maior relevância, quando passam a ser compreendidas como "horizonte ineludível a partir do qual deve-se pensar a identidade cristã". E a partir dos anos 80, firma-se sua perspectiva de uma teologia ecumênica inter-religiosa, com o acento decisivo dado ao tema do diálogo. Cf. K-J. KUSCHEL. Teologia in libertà. Gli aspetti fondamentali della teologia di Hans Küng. In: W.JENS & K-J.KUSCHEL (Ed.) *Dialogo com Hans Küng*. Brescia: Queriniana, 1997, pp. 43-44.

absolutista como de um pluralismo indiferentista. Uma posição que, "sem renunciar ao testemunho da verdade", abre-se ao desafio do diálogo inter-religioso. Para tanto, Küng estabelece uma "criteriologia inter-religiosa" que possa valer para todas as religiões. Este autor determina três critérios distintos: um critério ético geral, um critério religioso geral e um critério especificamente cristão. Ele busca resumir estes critérios: "Segundo o critério ético geral, uma religião é verdadeira e boa, na medida em que ela é humana, na medida em que não oprime nem destrói o humanismo, mas o protege e fomenta. Segundo o critério religioso geral, uma religião é verdadeira e boa, na medida em que ela permanece fiel à sua origem ou ao cânone, isto é, a sua verdadeira 'essência', a seu escrito ou a sua figura normativa, à qual sempre de novo recorre. Segundo o critério cristão específico, uma religião é verdadeira e boa, na medida em que sua teoria e prática permitem reconhecer o espírito de Jesus Cristo"[361].

Para Küng, este terceiro critério só pode ser diretamente aplicado ao cristianismo. Às outras religiões só pode ser aplicado de forma indireta e sem superioridade, no sentido de perceber nelas "um pouco daquele espírito que nós designamos de cristão"[362]. Ao lado de um critério especificamente cristão, existem critérios especificamente budistas, muçulmanos, judeus etc. Sob o ponto de vista ético e religioso (visto a partir de fora, por exemplo, a partir da perspectiva da história das religiões), muitas religiões podem ser verdadeiras, mas sob o ponto de vista "existencial" (visto a partir de dentro) só pode haver uma religião verdadeira. De acordo com Küng, "não se trata de uma verdade universal, mas de uma verdade existencial, na minha e nas outras religiões: *'tua res agitur'*. Neste sentido, para mim - como para todos os outros crentes - há somente uma religião verdadeira"[363]. O cristão, a partir de seu horizonte de referência, é animado "existencialmente" pela convicção de que "só há uma religião verdadeira", o que não exclui para ele a existência de verdade em outras religiões ou a possibilidade das outras religiões virem "complementar, corrigir e aprofundar a religião cristã", desde que não contradigam com a sua mensagem[364]. Mas como alguém envolvido existencialmente e orientado pelo

---

[361] H.KÜNG. *Projeto de ética mundial*, pp. 136-137; Id. *Teologia in cammino*, pp. 269-284.

[362] Id. *Projeto de ética mundial*, p. 137.

[363] Id. *Teologia in cammino*, p. 280. Como indica Küng, os fiéis cristãos experimentam o absoluto não como algo "amorfo e sem rosto", já que para eles este mesmo absoluto "revelou-se na relatividade do homem Jesus de Nazaré." Para estes fiéis, e só para eles, Jesus constitui "a Palavra, a Imagem, o Caminho, e, para os outros, ao menos um convite para seguir este Caminho.": Ibidem, p. 282.

[364] Para Küng, as diversas tradições religiosas não podem renunciar no diálogo aos seus critérios específicos de verdade, pois o diálogo não implica uma negação de si; mas tais critérios só podem ser "relevantes e obrigatórios"

Novo Testamento que aponta Jesus como a instância normativa e definitiva, o cristão só pode concluir - segundo Küng - que as outras religiões são "condicionalmente religiões verdadeiras"[365].

Ao apresentar uma das obras de Paul Knitter a propósito do diálogo inter-religioso e a responsabilidade global, Hans Küng precisa sua posição teológica com respeito aos temas das religiões. Ele assinala:

> "Sempre sustentei que um teólogo cristão, mesmo no diálogo com os seguidores de outras religiões, deve defender a normatividade e a definitividade de Jesus Cristo, enquanto evento revelador de Deus para os cristãos – sem com isso fixar-se em reivindicações arrogantes de superioridade sobre as outras religiões. No meu modo de ver, posso servir melhor à causa do diálogo inter-religioso atendo-me firmemente à convicção – como o fiz em todos os meus livros, de *Ser Cristão* (1974) à *Global Responsability* (1991) – de que os cristãos podem aceitar as reivindicações de verdade das outras religiões condicionalmente (ou seja, condicionados pela norma de Jesus Cristo), como igualmente os seguidores de outras religiões podem aceitar as reivindicações de verdade dos cristão só condicionalmente"[366].

Mesmo considerando esta tríplice criteriologia, Küng salienta que a humanidade é a exigência mínima para todas as religiões, e tanto o Evangelho quanto as singulares religiões estão a serviço do *"humanum"*. Para ele, o que faz uma religião autêntica e verdadeira é a possibilidade de traduzir de fato e praticamente a "força misteriosa" que torna a ação de todos agradável diante de Deus e dos seres humanos; as religiões que não se enquadram nesta perspectiva e "não concretizam em si mesmas os direitos humanos, não são hoje mais dignas de fé"[367]. Mas acrescenta também que a religião

---

para cada religião em particular, não podendo, porém, estender-se aos outros. Id. *Teologia in cammino*, p. 268.

[365] H.KÜNG. *Projeto de ética mundial*, p. 139. Assim como para o muçulmano o Corão será a instância normativa, para os judeus a Torá e para os budistas o caminho óctuplo.

[366] H.KÜNG. Presentazione. In: P.KNITTER. *Una terra molte religioni*. Dialogo interreligioso e responsabilità globale. Assis: Cittadella Editrice, 1998, p. 7. Para Küng, o diálogo não exime o cristão de seu testemunho. São termos que não se excluem. Daí defender a ideia de que a disposição ao diálogo pressupõe a firmeza de posição, que traduz uma virtude essencial, que está em sintonia com outra virtude, defendida pelos antigos romanos: a constância. Cf. H. KÜNG. *Projeto de ética mundial*, pp. 132-133, 136 e 143. Para maiores detalhes da posição de Küng, cf. Gianmaria ZAMAGNI. *La teologia delle religioni di Hans Küng*. Bologna: EDB, 2005. Para o debate entre o teólogo suíço e Paul Knitter cf. Ibidem, pp. 96-97 e 111-115.

[367] Id. Em busca de um "ethos", p. 132. Esta tese de Küng, lançada no colóquio da Unesco em Paris, em 1988, "teve que enfrentar mal-entendidos e contradição. Religião, objetou-se, seria sempre uma relação do homem com o Absoluto. Como é que um 'humano' em estado puro, isolado, pode possuir uma função de juiz entre as religiões, se elas se fundamentam no Absoluto'? Não estaria, desta forma, sendo construída uma espécie de

é o "pressuposto por excelência e optimal da realização do humano", pois a verdadeira religião constitui "o acabamento e o aperfeiçoamento da verdadeira humanidade"[368].

d. Christian Duquoc: a sinfonia sempre adiada

Christian Duquoc (1926-2008) foi um dos mais criativos teólogos franceses do pós-concílio[369]. Autor de importantes obras teológicas que cobrem o vasto campo da cristologia, eclesiologia, ecumenismo e outras questões de fronteira. Como mostrou com acerto Claude Geffré, ele aborda com vigor as "questões mais difíceis da teologia cristã com um olhar novo, aquele do homem que habita a modernidade e a pós-modernidade". A criatividade de seu fazer teológico veio pontuada pelo toque da literatura, que foi uma das influências importantes em seu labor pessoal, juntamente com sua abertura à teologia da libertação latino-americana e os desafios do mundo ecumênico. Além de sua atuação como docente de teologia na Faculdade de Teologia de Lyon e na Universidade de Genebra, exerceu por longos anos um trabalho singular junto à revista *Lumière et Vie*, enquanto diretor e inspirador durante muitos anos, tendo ali publicado inúmeros artigos. Foi ainda co-diretor da seção de espiritualidade da revista *Concilium*, junto com Claude Geffré. Em seu trabalho na *Concilium* estabeleceu contato com os teólogos da libertação e em particular com Gustavo Gutiérrez. Foi um grande defensor da liberdade crítica do teólogo em sua permanente busca da inteligência da fé, daí o título da obra em sua homenagem, publicada pela editora Cerf em 1995, por ocasião de seus 70 anos[370].

Ainda que o tema da teologia do pluralismo religioso não tenha sido objeto específico de suas pesquisas, duas de suas obras no âmbito da teologia dogmática exercem uma singular contribuição nesse campo: *Dieu différent*. Essai sur la symbolique trinitaire (Cerf, 1977) e *L'unique Christ*. La

---

'superestrutura' acima das religiões concretas, segundo a qual as religiões deveriam agora ser julgadas e condenadas?". No decorrer dos debates, os desentendimentos foram esclarecidos e Küng incluiu, ao lado deste critério mínimo, um critério máximo: "A verdadeira religião seria a plenitude do verdadeiro humano! Religião seria a condição ideal para a realização do humano. Terá que haver religião (como critério máximo) se tiver que haver humanidade, como dever incondicional e universal". K-J.KUSCHEL. As grandes religiões, os direitos humanos e o humano. *Concilium*, v. 228, n. 2, p. 110, 1990.

[368] H.KÜNG. Em busca de um "ethos", pp. 132-133.

[369] Nasceu em Nantes (França) em dezembro de 1926. Entrou para a Ordem Dominicana em 1948 e se ordenou presbítero em julho de 1953. Atuou como docente de teologia dogmática por 35 anos na Faculdade de Teologia da Universidade Católica de Lyon (1957-1992) e também na Faculdade autônoma de teologia protestante em Genebra (1979-1991).

[370] M.DEMAISON. *La liberté du théologien*. Hommage à Christian Duquoc. Paris: Cerf, 1995.

symphonie différée (Cerf, 2002)[371]. Não apenas sua abertura à questão nodal da pluralidade das experiências, como também das questões da fragmentariedade e da provisoriedade, fazem de Duquoc um teólogo que "habita a modernidade". Daí ser reconhecido, na ocular de Geffré, como um teólogo existencial, cuja teologia poderia ser inserida na perspectiva narrativa, ou ainda na linha de uma "dogmática negativa sob o signo da *docta ignorantia*", de Nicolau de Cusa[372].

Um dos pilares essenciais da reflexão teológica de Duquoc envolvendo o tema das religiões é sua defesa da diversidade religiosa e da singularidade da diferença, ou seja, da "dispersão benéfica do divino". Em favor do reconhecimento positivo das religiões suscita mudanças importantes na eclesiologia clássica e na cristologia. A modificação na eclesiologia clássica vem num primeiro momento, após o reconhecimento de um novo estatuto aos que buscam o Mistério fora dos circuitos da Igreja católica. A reinterpretação cristológica vem em seguida. Ele assinala: "A mudança de atitude com relação às outras religiões, a qual se foi firmando pouco a pouco a partir do Concílio Vaticano II, não provém da decisão ética ou estratégica apenas; implica reavaliação doutrinal do ponto crucial do cristianismo, a cristologia"[373]. Nada mais obtuso hoje em dia do que firmar-se num posicionamento que reivindica, sem mais, uma centralidade ao cristianismo, entendido como única religião verdadeira. Na visão de Duquoc, mesmo as posições inclusivistas mais tradicionais carecem de plausibilidade nos tempos atuais, sobretudo pelo fato de desconhecerem o valor intrínseco da "extraordinária diversidade religiosa". Revelam-se, assim, problemáticas as posições que só reconhecem como legítimo nas outras religiões o que nelas se anuncia de cristianismo, ou seja, sua capacidade de abertura positiva àquilo que desconhecem[374].

Na visão eclesiológica tradicional as diferenças eram pensadas sobretudo como desvios, e acompanhando a lógica desse posicionamento, junto com a convicção exclusivista vinha a reboque traços precisos de violência contra o outro. Duquoc levanta a hipótese de uma cumplicidade entre a convicção de possuir a verdade e a violência. Destaca na história da Igreja

---

[371] As citações serão aqui tomadas das traduções italiana e portuguesa: *Un dio diverso*. Saggio sulla simbólica trinitaria. 2 ed. Brescia: Queriniana, 1985 e *O único Cristo. A sinfonia adiada*. São Paulo: Paulinas, 2008.

[372] C.GEFFRÉ. Le symphonie différée. In: *Hommage au frère Christian Duquoc*, p. 74 (2008): http://bibliotheque.domuni.eu/IMG/pdf/Hommage_a_Christian__Duquoc.pdf (acesso em 22/09/2011)

[373] C.DUQUOC. *O único Cristo*, p. 15.

[374] Ibidem, p. 168; Id. *Un dio diverso*, p. 133.

cristã eventos bem precisos onde tal vinculação ocorreu de forma trágica, como no caso da inquisição. Trata-se da violência que acompanha a "pretensão eclesiástica de testemunhar a verdade na história e de ser responsável por sua inscrição social"[375]. A violência estaria, a seu ver, enraizada na pretensão institucional arrogante de encarnação da Verdade transcendente. Uma pretensão que vem reforçada pela grandeza do discurso doutrinal que serve, na prática, para amortecer a precariedade da instituição eclesial.

Um tal posicionamento revela-se para Duquoc como equivocado e injusto. Equivocado por enfatizar exclusivamente a "lógica da identidade", com exclusão de toda diferença religiosa, entendida como "indigna de Deus". E injusto por identificar a diferença como inválida ou inautêntica[376]. Na argumentação desse autor, o caminho não estaria na inserção das outras religiões na "órbita cristã", mas na pontualização do valor das diferenças. O determinante para ele não é a identidade, mas a diferença.

A questão fundamental levantada pelo autor não está na simples defesa da identidade, mas no modo preciso com que ela se relaciona com a positividade das diferenças: "O problema é, então, o seguinte: como compreender que o cristianismo possa deixar subsistir uma exterioridade positiva em sua relação com Deus em Jesus? Ou em outras palavras: como o cristianismo pode pensar a própria identidade admitindo por sua vez a positividade das diferenças religiosas?"[377]

Em linha de proximidade à reflexão de teólogos como Geffré e Schillebeeckx, Duquoc sinaliza que a partir mesmo da perspectiva cristã revela-se possível defender o valor da diversidade religiosa. E por duas razões. Em primeiro lugar, pelo fato do cristianismo estar essencialmente "ligado a uma particularidade histórica ineliminável". É dentro desta circunscrição que ele busca alcançar a sintonia com o mistério e a vida de Deus. No centro da busca cristã está a convicção da revelação de Deus em Jesus. Ao se revelar, porém, em Jesus, tendo em vista tal inscrição histórica, "Deus não absolutizou uma particularidade", mas deixou aberta a dinâmica revelatória na história real, em virtude mesmo desta relatividade. É justamente a particularidade originária do cristianismo que exige a manutenção das diferenças. Não se

---

[375] Id. "*Credo la Chiesa*". Precarietà istituzionale e Regno di Dio. Brescia: Queriniana, 2001, pp. 26 e 146. Duquoc sinaliza que durante séculos Jesus Cristo mesmo veio invocado para justificar a violência interreligiosa, o que significa, na verdade, a afirmação de uma conduta que desonra o sentido da vida e ação de Jesus: C.DUQUOC. Du dialogue inter-religieux. *Lumiere & Vie*, n. 222, 1995, p. 72.

[376] C.DUQUOC. *Un dio diverso*, p. 134.

[377] Ibidem, p. 135.

dá com Jesus nenhuma clausura da história religiosa, que permanece aberta para as surpresas de Deus[378]. A diversidade religiosa vem defendida pelo autor com outro potente argumento. Trata-se da "simbólica trinitária", derivada da prática de Jesus. O Deus de Jesus não traduz uma ideologia unitária, mas revela antes um Mistério que "integra as diferenças". Trata-se de um Deus de unidade singular, marcada por atividade permanentemente criadora, que não abole as diferenças, mas que em verdade as suscita e acolhe[379]. Esses dois argumentos defendidos por Duquoc, a particularidade histórica de Jesus e a simbólica trinitária, são de fundamental importância para pensar diversamente a relação do cristianismo com as outras religiões.

Seguindo a pista aberta por Duquoc, o que Jesus anuncia é um Deus de abertura, sempre disposto a acolher a riqueza das diferenças. Há sempre uma reserva escatológica de Deus sobre as religiões, que mantém acesa a dinâmica dos dons da alteridade. Existem, portanto, "diferenças na relação do homem com Deus que o cristianismo, dada a sua particularidade, não tematizou ou praticou e que não pode nem praticar nem tematizar. A sua particularidade não absolutizada, e a sua convicção de que Deus é ´Abertura`, obrigam-no a viver aquilo que não pode ser praticado ou tematizado, como riqueza exterior possível e não como negação"[380].

A figura particular e concreta de Jesus também favorece o exercício de uma saudável relativização. É essa figura que "dá peso e limite à figura substitutiva de Deus, Cristo. Com efeito, ela se previne de substituir Cristo a Deus, mantendo sempre o afastamento necessário entre Cristo e Deus, entre Cristo e sua testemunha histórica, a Igreja: afastamento ou distância que dá crédito a uma forma e a um regime particulares do universal"[381]. Duquoc enfatiza a necessidade de um permanente retorno à figura do Nazareno, à memória ativa de suas palavras e gestos proféticos. Assinala o problemático risco de uma concentração exclusiva na pessoa quando desacompanhada da atenção à sua mensagem. Não se dá o devido testemunho de Jesus quando a atenção à sua mensagem fica deslocada para um segundo plano, em favor da proclamação verbal de seu senhorio. É a mensagem que "afasta qualquer

---

[378] Ibidem, pp. 136-137.

[379] Ibidem, p. 137. Em mesma linha de reflexão, o teólogo Adolphe Gesché sublinha: "O Deus cristão não é indiferenciado, como Absoluto da percepção comum. Rico de uma unidade de relações, ele não é nem o Uno do monoteísmo estrito, de tipo plotiniano, nem o Muitos do politeísmo. Trata-se de um monoteísmo que integra o plural, a diferença. Um monoteísmo que integra, ousaríamos dizer, a inquietação, o rumor e a riqueza do plural": A.GESCHÉ. *A destinação*. São Paulo: Paulinas, 2004, pp. 171-172.

[380] C.DUQUOC. *Un dio diverso*, p. 138.

[381] Id. O cristianismo e a pretensão à universalidade. *Concilium*, v. 155, n. 5, 1980, p. 69.

possibilidade de identificação entre a Igreja e o Reino, Igreja e Cristo. A Escritura, na medida em que nos transmite a pregação de Jesus, diz, uma vez por todas, que a Igreja é particular e que ela não é o Reino"[382].

O evento da ressurreição vem também resgatado por Duquoc para reforçar a tônica da universalidade da mensagem e da abertura da Boa-Nova. A ressurreição indica a presença de uma "ausência" providencial, pois mantém aceso o que é inesperado, reforçando a importância do diuturno trabalho em favor do testemunho evangélico. O ressuscitado previne também contra uma "integração prematura à instituição que o confessa". Trata-se de um retraimento que suscita a providencial ação do Espírito. Como indica Duquoc, "a ausência do líder confirma a ausência de imposição ou de prescrição. Jesus, como o Cristo, não ordena aos chefes das comunidades que organizem o Reino de Deus em seu lugar, mas que sejam testemunhas da Boa-Nova. Eles não são substitutos de um líder. A ausência deste líder marca a preeminência da mensagem sobre a personalização"[383].

Em defesa do pluralismo das escolhas existenciais e religiosas, Duquoc faz recurso a uma singular imagem tomada de Paul Ricoeur, que fala das religiões como "fragmentos". Trata-se de uma imagem fecunda para trabalhar a delicada questão de uma convergência ou não entre as diversas tradições religiosas. A proposta aventada por Duquoc vai na linha da defesa de uma ausência de horizonte comum para as religiões, em razão da sinfonia inter-religiosa estar sempre adiada, pois a verdade última está resguardada por um mistério indisponível. Como indica o autor, "cada fragmento, é verdade, sugere unidade potencial, mas seu conjunto, não tendo nenhum horizonte comum, não se impõe como unidade: talvez fique à espera de uma unidade para o momento indiscernível"[384]. Duquoc afasta-se das propostas teológicas que buscam resolver a questão da unidade das religiões, oculta ou futura, recorrendo às figuras do Cristo, do Reino, de um horizonte de sabedoria ou de um humano autêntico[385]. Não descarta *a priori* a legitimidade de tais

---

[382] Ibidem, p. 69. É o mesmo Duquoc que diz, em outra obra, que o Reino de Deus é também o "tormento" da Igreja, na medida em que ele relativiza o instituído e o dinamiza, sem, porém, desconsiderar sua importância: Id. "*Credo la Chiesa*", pp. 24-25. O teólogo salvadorenho, Jon Sobrino, em linha semelhante de reflexão, assinala que o medo do terceiro mundo é um "Cristo sem Reino". Chama a atenção para o risco que representa a concentração no mediador (Jesus Cristo ressuscitado), quando desacompanhada da atenção e exercício da mediação (a realização da vontade, o Reino de Deus nas palavras de Jesus, as esperanças messiânicas): J.SOBRINO. Messias e messianismos. Reflexões a partir de El Salvador. *Concilium*, V. 245, n. 1, 1993, p. 134.

[383] C.DUQUOC. O cristianismo e a pretensão à universalidade, p. 71. Ver também: Id. *O único Cristo*, p. 168.

[384] C.DUQUOC. *O único Cristo*, p. 88.

[385] Duquoc distancia-se, em parte, com sua hipótese, das propostas defendidas por K.Rahner, J.Dupuis, C.Geffré e H.Küng. Com respeito à metáfora do Reino, para dar um exemplo, sinaliza que ela "suscita reservas", sobretudo

propostas, mas indica que elas estão "afetadas por uma falha", pois pressupõem que as religiões estejam convergindo para um único ponto. O que ocorre, na verdade, é que nenhuma religião ocupa todo o espaço. Enquanto "fragmentos", não remetem a uma totalidade. Todas estão envolvidas num concerto plural, sem que nenhuma ocupe o lugar de maestro.

Segundo Duquoc, essa desafiadora questão vem suavizada por determinados teólogos, entre os quais Rahner, ao imaginar que cada fragmento tende estruturalmente para uma unidade, numa afinação misteriosa com a sinfonia que irromperá no último dia. Teses como a do cristianismo anônimo de Rahner apontariam nessa direção. Ocorre que uma tal interpretação, na visão de Duquoc, "não é satisfatória porque não respeita a singularidade ou originalidade das diferentes tradições, desapropria o fragmento da separação que ele mantém para assegurar sua identidade"[386]. Em vez do respeito à particularidade dos fragmentos, leva-se ao extremo uma assimetria que acaba reforçando a qualidade única e universal do cristianismo. Trata-se de um procedimento que não explica "a extraordinária diversidade das tradições, conserva delas apenas sua capacidade de abrir-se positivamente àquilo que ignoram ou, talvez, até mesmo combatam. Os fragmentos não são suficientemente respeitados em sua identidade, já que não têm significação positiva a não ser mediante seu elo ainda obscuro com Cristo"[387].

A questão vem resolvida por Duquoc em chave pneumatológica, ou seja, mediante o recurso da ação misteriosa do Espírito. Para ele, é o Espírito que atua na "maturação de cada fragmento, respeitando sua identidade própria". Ele sopra onde quer, valorizando a dinamicidade das diferenças. Ele "permite livre curso aos movimentos diversos, já que se recusa a unificar as línguas, indícios primeiros da divisão necessária. Ele atua para que essa riqueza disseminada não acabe em violência unitária em consequência da pretensão, de uma das formas, de ser a única verdadeira humanidade"[388]. Trata-se do mesmo Espírito que atua na ausência do Ressuscitado, evitando a "integração prematura à instituição que o confessa". O autor resiste a uma certa "obsesssão pela unidade" vigente em âmbito cristão, que acaba apagando ou restringindo o traço enigmático da assimetria[389].

---

por gozar de menor poder de universalidade, ao mover-se num "espaço bem definido": C.DUQUOC. *O único Cristo*, p. 89. Ver tb p. 88.

[386] C.DUQUOC. *O único Cristo*, p. 167.
[387] Ibidem, p. 168.
[388] Ibidem, p. 176 e tb p. 168.
[389] Ibidem, p. 166.

Em sua reflexão, Duquoc busca preservar a todo custo o estado de inacabamento que envolve a sinfonia interreligiosa. Não há como controlar conceitualmente o mistério dessa multiplicidade religiosa. Recorrendo a P.Tillich e a P.Ricoeur, sugere como pista a metáfora da profundidade. Ali estaria o segredo da verdade do pluralismo religioso. A seu ver, "as experiências espirituais das quais as religiões formam os suportes institucionais nomeiam sem definir esse dom recebido no acolhimento. A multiplicidade religiosa das designações ou das nominações do que surge na profundidade do presente sugere que os humanos não podem controlá-la conceitualmente; podem, entretanto, aproxima-la, praticamente, desde que renunciem a cegar-se"[390]. Nada mais problemático do que o "encarceramento na aparência". As representações são sempre "movediças" diante do Inominado. Há que resguardar essa salutar distância, respeitando e honrando o seu mistério. O exemplo da tradição budista é aqui fundamental. Ela renunciou às figuras e formas para aceder à serenidade luminosa ou ao despertar.

A vinculação a Jesus não apaga esse estado de inacabamento. Na verdade, Jesus mesmo, em sua pregação, convoca permanentemente ao mistério da alteridade. A figura do Cristo "orienta, efetivamente, para Outrem, cujo nome é indizível mesmo que a metáfora Pai como significante da origem seja amplamente explorada pelos evangelhos". Resguarda-se uma distância entre a ação de Jesus e o horizonte assinalado. Uma distancia que preserva o traço fragmentário das distintas experiências espirituais. Assim sendo, "a singularidade de Jesus, o Cristo, não abole as outras singularidades, ela as aponta como fragmentos potenciais de um todo inacabado, e inacabável para nós"[391].

Em defesa de um sadio "agnosticismo" com respeito a um possível horizonte comum para os movimentos espirituais e religiosos da história, Duquoc sugere manter acesa essa "errância inacabada", animada pela presença vitalizadora do Espírito[392]. Sem deixar-se tomar pela pressa da unidade, prefere optar pelo "tempo da paciência de Deus". No lugar de uma base mínima de acordo, fundada num horizonte comum, indica ser "mais desejável que cada fragmento aprofunde sua lógica sem obstruir seu intuito universal, vazio, por enquanto, de todo conteúdo capaz de unificar o diverso religioso"[393].

---

[390] Ibidem, p. 91.
[391] Ibidem, p. 93. E tb p. 92.
[392] Reagindo a Duquoc, Geffré pondera que sua posição teológica é menos cética em relação ao dominicano de Nantes. Sintoniza-se com a ideia da presença de um pluralismo religioso insuperável, mas indique que através do diálogo interreligioso começa a acontecer um aprendizado novo, de aproximação distinta à verdade que se almeja: C.GEFFRÉ. Le symphonie différée. In: *Hommage au frère Christian Duquoc*, p. 80.
[393] Ibidem, p. 170.

3

O PARADIGMA PLURALISTA

Na teologia católica é comum trabalhar com a noção de cristianismo como religião absoluta, e, via de regra, este caráter absoluto é entendido no seguinte sentido: "O cristianismo não é somente de fato a religião superior a todas as outras existentes, mas representa a auto-revelação de Deus definitiva, essencialmente insuperável, de validade exclusiva e universal para todos os homens de todos os tempos"[394]. A posição inclusivista mais tradicional, mesmo rompendo com a dinâmica mais fechada do exclusivismo, tende a confirmar o caráter absoluto do cristianismo[395]. Ela reconhece as outras religiões como caminhos autênticos de salvação, mas pondera que "a salvação mediada por essas religiões é, sob diversos aspectos, deficiente e incompleta"[396]. As diversas religiões são normalmente apresentadas como "formas de advento", "pré-estréias", "guias"; elas refletem "lampejos" da Verdade (NE 2) ou, na forma consagrada pelo Vaticano II, constituem uma "preparação evangélica" (LG 16). A "secreta presença de Deus" (AG 9) que nelas se manifesta encontra no cristianismo e na Igreja sua verdadeira revelação[397].

A posição pluralista surge exatamente como uma reação contra esta reivindicação do cristianismo como "religião de superioridade última". Na busca de um "novo ângulo" de compreensão do cristianismo, os teólogos pluralistas propõem uma mudança de paradigma, para além do exclusivismo

---

[394] W.KASPERS. Cristianesimo, carattere assoluto del. In: *Sacramentum Mundi II*. Brescia, Morcelliana, 1974, p. 735. Reagindo contra tal posicionamento, o misssiólogo H.MAURIER sublinha: "Se o cristianismo é a verdade definitiva, a revelação absoluta de Deus à humanidade, só resta um caminho para as outras religiões: converter-se ao cristianismo... De fato, estamos diante de um diálogo entre o elefante e o camundongo". Théologie chrétienne des religions non chrétiennes. *Lumen Vitae*, v. 31, n. 1, p. 89, 1976.

[395] K.RAHNER. Sulla pretesa del cristiianesimo di possedere un valore assoluto. *In: Scienza e fede cristiana*. Roma: Paoline, 1984, pp. 237-256 (Nuovi Saggi IX); Id. La chiesa, le chiese e le religione, p. 428.

[396] P.KNITTER. O Cristianismo como religião verdadeira e absoluta? p. 26.

[397] Como assinala John Hick, comentando a posição inclusivista: "Os não-cristãos podem ser salvos porque, ainda que desconhecido para eles, Cristo está, de 'certa maneira', secretamente 'unido' com eles. Mas a verdade salvífica que lhes é desconhecida é conhecida da Igreja, que é o instrumento de Deus para tornar a redenção conhecida": O caráter não-absoluto do cristianismo. *Numen*, v.1, n.1, p. 23, 1998. Ver também P.KNITTER. O cristianismo, p. 26. Para Hick, permanece em vigor, também neste "inclusivismo benevolente", a consciência da superioridade final da religião cristã, já que "a salvação, onde quer que ela aconteça, é salvação cristã.": J.HICK. *A metáfora do Deus encarnado*. Petrópolis: Vozes, 2000, p. 198.

e do inclusivismo, e isto implica "renunciar à visão ptolomaica tradicional, segundo a qual todas as religiões giram em torno do Cristo e do cristianismo como seu centro, para adotar uma visão segundo a qual todas as religiões, inclusive o cristianismo, giram em tomo do sol, que é o mistério de Deus como Realidade suprema"[398]. Neste teocentrismo propugnado pelos teólogos pluralistas, o cristianismo deixa de ser o "único e exclusivo meio de salvação" e as outras tradições religiosas aparecem como instâncias legítimas e autônomas de salvação, como religiões verdadeiras e não como um cristianismo diminuído.

Nesta nova posição teológica coloca-se em questão o cristocentrismo tradicional, já que no teocentrismo Deus, e não Jesus Cristo, torna-se o centro do desígnio salvífico da humanidade. Neste deslocamento de perspectiva coloca-se em questão a unicidade de Jesus Cristo como único mediador entre Deus e a humanidade, daí toda a polêmica que esta reflexão tem suscitado nos dias atuais, particularmente entre os teólogos inclusivistas: "Para salvar um pluralismo salvífico era necessário romper o vínculo salvífico de Jesus Cristo com Deus como único e exclusivo, era preciso separar Cristo-logia de Teo-logia. Contudo a fé cristã afirma ser Jesus Cristo não apenas mediação manifestativa ou normativa, mas sobretudo constitutiva da salvação"[399]. Mesmo a perspectiva inclusivista é apreciada pelos teólogos pluralistas como insuficiente, ao não avaliar as outras tradições religiosas por si mesmas, mas

---

[398] C.GEFFRÉ. A fé na era do pluralismo religioso. In: F.TEIXEIRA (Org.). *Diálogo de pássaros;* nos caminhos do diálogo inter-religioso. São Paulo: Paulinas, 1993, p. 66. Este autor retoma aqui a tese da "revolução copernicana em teologia" proposta por Jonh Hick em seu livro *God and lhe Universe of Faiths* (1977). Jonh HICK relaciona esta mudança de paradigma à travessia de um "Rubicão teológico", em que se entra num "novo território a partir do qual o campo inteiro da verdade cristã está fadado a ter feições diferentes". A tradição cristã, nesta nova perspectiva, é agora vista "como uma dentre uma pluralidade de contextos de salvação – contextos, é mister notar, dentro dos quais está ocorrendo a transformação da existência humana de um autocentramento para um centramento em Deus (ou naquilo que é Real de modo último)." O cristianismo perde aqui o seu caráter de exclusividade salvífica, e passa a ser *"uma* das correntes de vida religiosa através das quais os seres humanos podem ser salvificamente relacionados com aquela Realidade última conhecida pelos cristãos como o Pai Celestial." J.HICK. O caráter não-absoluto do cristianismo, pp. 23-24. Em reflexão sobre o tema, Hans Küng indica que esta nova posição teológica não é assim novíssima", mas a retomada da "antiga doutrina do espírito do protestantismo liberal". *Projeto de ética mundial,* p. 137.

[399] M.F.MIRANDA. O encontro das religiões. *Perspectiva teológica,* v. 26, n. 68, pp. 9-26, 1994. Este mesmo autor, que se inscreve na perspectiva inclusivista, resume um dos aspectos chave do questionamento a tal perspectiva: "A dificuldade maior desta posição está em conciliar estas afirmações com os textos do Novo Testamento, que exprimem ser Cristo o único mediador salvífico entre Deus e os homens (lTm 2,5; At 4,12) e a revelação plena e definitiva de Deus. Querer relativizar as mesmas enquanto decorrentes de um contexto cultural semita é no fundo questionar a veracidade de todo o Novo Testamento e tirar as bases da própria fé cristã": Id. A salvação cristã na modernidade. *Perspectiva teológica,* v. 23, n. 59, p. 30, 1991. Ver também: J.WONG. Il Dio di Gesù Cristo in prospettiva pneumatologica. In: C.CANTONE (Ed) *La svolta planetaria di Dio.* Roma: Borla, 1992, p. 247. Basicamente todos os teólogos inclusivistas, de forma mais ou menos matizada, problematizarão nesta mesma direção.

sempre com a "unidade de medida do cristianismo"[400], bloqueando, assim, qualquer possibilidade de verdadeiro dialogo inter-religioso.

Seria, entretanto, um simplismo considerar o modelo pluralista como algo monolítico e sem nuances diferenciadas. Na verdade, este modelo abrange posições teológicas diferentes, desde uma forma mais extrema, segundo a qual Jesus Cristo não é nem constitutivo nem normativo da salvação até uma forma mais moderada, que resguarda o caráter normativo de Jesus Cristo, mesmo abandonando o seu traço soteriológico constitutivo e universal[401].

3.1 Jonh Hick e a centralidade do Real

O filósofo e teólogo inglês John Hick (1922-2012) foi um dos grandes pioneiros da atual reflexão sobre a teologia e o pluralismo religioso. Autor com significativa produção na área da filosofia da religião, também atuou no âmbito da reflexão teológica, sendo um dos principais responsáveis pela hipótese da teologia pluralista das religiões. Com renome internacional, Jonh Hick lecionou em diversas universidades, tanto nos Estados Unidos (Cornell, Princeton e Claremont), como na Grã-Bretanha (Cambridge e Birmingham). É um teólogo que pertence à tradição presbiteriana, tendo sido ordenado na Igreja Presbiteriana da Inglaterra, hoje incorporada na Igreja Unida Reformada[402].

De sua vasta produção bibliográfica, podem ser destacada algumas obras de relevo como: *God and the Universe of Faiths* (1973); *Christianity and Other Religious* (1980); *God Has Many Names* (1982); *An Interpretation of Religion* (1989); *The Metaphor of God Incarnate* (1993); A *Christian Theology of Religions: the rainbow of faiths* (1995) *Dialogues in the Philosophy of Religion* (2001); *The Fifth Dimension* (2004); No Brasil foram traduzidas três de suas

---

[400] J.DUPUIS. O debate cristológico no contexto do pluralismo religioso. In: F.TEIXEIRA. *Diálogo de pássaros*, p. 81. Para Hick, a posição inclusivista expressa hoje a abordagem mais consensual entre os teólogos cristãos, mas permanece ainda devedora do "antigo imperialismo teológico", ao considerar a salvação como realidade exclusivamente cristã. Cf. *A metáfora do Deus encarnado*, p. 121.

[401] J.DUPUIS. *Gesù Cristo incontro alle religioni*, pp. 143 e 274; Id. *Rumo a uma teologia cristã do pluralismo religioso*, p. 261. Id. O debate cristológico, pp. 82-83. O teólogo Paul Knitter questiona a imagem estereotipada que acabou sendo cunhada no decênio passado a propósito da teologia pluralista das religiões, que na verdade envolve uma "pluralidade de pluralistas". Indica como determinadas declarações de teólogos foram destacadas pelos críticos e universalizadas como representativas de todos os teólogos pluralistas. Na base de tais generalizações está o desconhecimento da realidade plural dos pluralistas. Cf. P.KNITTER. *Una terra molte religioni*. Assisi: Cittadella Editrice, 1998, p. 51.

[402] Mais recentemente foi publicada sua auto-biografia: Jonh Hick, an autobiography. Oxford: Oneworld Publications, 2003.

obras: *Filosofia da religião* (1970, publicada originalmente em 1963), *A Metáfora do Deus encarnado* (2000, publicada originalmente em 1993) e Teologia cristã e pluralismo religioso (2005, publicada originalmente em 1995)[403].

Já em 1973 propôs uma "revolução copernicana em teologia", de superação do cristocentrismo pelo teocentrismo. Esta mudança de paradigma, como o mesmo teólogo salientou, implica a "abertura da questão cristológica", e indica uma proposta de superação das reflexões sobre o tema desenvolvidas no âmbito de um cristocentrismo inclusivo e aberto. É em função de uma revisão ou reinterpretação da cristologia, no contexto do pluralismo religioso, que os teólogos defensores do teocentrismo traçam sua proposta de mudança de paradígma. Neste campo particular, John Hick irá questionar a doutrina cristã da encarnação divina de Jesus, que para ele deve ser compreendida em sentido metafórico e não literal[404]. Nesta linha de reflexão, Jesus aparece como "um ser humano extraordinariamente aberto à influência de Deus e que, portanto, viveu em uma medida extraordinária como agente de Deus na terra, 'encarnando' o propósito divino para a vida humana. Assim, ele corporificou, nas circunstâncias de sua época e lugar, o ideal da humanidade que vive em abertura e em atitude de resposta a Deus, e ao fazê-lo ele 'encarnou' um amor que reflete o amor divino"[405]. De acordo com Hick, não há por parte do Jesus histórico nenhuma reivindicação de atributo de divindade, nem intenção de fundar uma igreja determinada. Esta atribuição só ocorrerá com o pensamento cristão posterior. Mas, de fato, a transparência de sua vida de abertura à presença de Deus, possibilitou ao evento Jesus um significado universal.

Para John Hick, o título "Filho de Deus", que depois se transformou em modelo na teologia da Igreja, era, no Oriente Próximo, utilizado mais com o significado de um "servo especial de Deus". O que ocorreu é que o sentido metafórico de "Filho de Deus" acabou se transformando no conceito

---

[403] A *Filosofia da Religião*, uma de suas obras mais antigas, foi traduzida no Brasil pela editora Zahar, e os outros dois *Metáfora do Deus encarnado* e *Teologia cristã e pluralismo religioso* pelas editoras Vozes e Attar, respectivamente, sendo as traduções realizadas pelo professor Luis Henrique Dreher, do programa de pós-graduação em ciência da religião da UFJF. Há a registrar que um outro artigo de Jonh Hick, sobre o caráter não absoluto do cristianismo, havia sido publicado na revista do mesmo programa no ano de 1998 (Numen, v. 1, n. 1, jul-dez 1998).

[404] Para Hick, o sentido metafórico distingue-se do sentido literal. O discurso metafórico implica uma "transferência" de sentido. Com respeito ao tema da metáfora da encarnação divina, este autor quer indicar a singularidade especial de Jesus, enquanto abertura e sensibilidade à presença de Deus. O sentido de "encarnação" aqui é, para ele, metafórico: em Jesus cumpre-se a vontade de Deus; nele se realiza a "encarnação" de um ideal de vida de abertura e resposta a Deus; sua vida é expressão definida de um amor agápico, que traduz no finito o amor divino infinito. Cf. *A metáfora do Deus encarnado*, pp. 136-144.

[405] J.HICK. *A metáfora do Deus encarnado*, pp. 25-26.

metafísico de "Deus Filho", ou melhor: "essa poesia foi transformada em prosa e a metáfora viva foi congelada em um dogma rígido e literal"[406]. A crença cristã na "encarnação" do Filho de Deus é, segundo Hick, fruto de uma "transposição da mensagem de Jesus numa linguagem 'mítica', operada pela tradição joanina e pós-bíblica sob a influência do helenismo. Não que esta linguagem seja necessariamente falsa; mas o erro da tradição cristã consistiu em tomar em sentido literal aquilo que deveria ser compreendido em sentido 'metafórico'; a cristologia 'ontológica' do Filho de Deus feito homem veio como consequência"[407].

Uma vez desvendado o "mito da encarnação", abre-se para Hick o caminho teocêntrico. Jesus Cristo deixa de ser constitutivo e normativo da salvação, que ocorre de fato dentro de outras tradições religiosas, para além do cristianismo. Para Hick é algo "arbitrário e irrealista permanecer insistindo em que o evento Cristo é a fonte única e exclusiva de salvação humana"[408]. Se, por um lado, Deus pode ser encontrado verdadeiramente em Jesus (*"totus Deus"*), que para os cristãos constitui o centro e a norma de suas vidas, por outro, Deus também pode ser encontrado fora de Jesus (que não era *"il totum Dei"*), no contexto amplo da ágape de Deus. Esta ágape divina, que se manifesta nas ações de Jesus, nelas não se exaure. O amor de Deus não se esgota em Jesus.

Nas suas obras posteriores, John Hick busca matizar e aperfeiçoar sua reflexão, de forma a melhor corresponder à compreensão da realidade "religiosa" presentes nas tradições teístas e não teístas. Este teólogo adota o conceito de "centralidade do real" para referir-se à realidade transcendente. Segundo esta nova compreensão, a "realidade central", para a qual todas as

---

[406] J.HICK. O caráter não-absoluto do cristianismo, p. 38. Foi com o Concílio de Nicéia (325) que a Igreja católica adota pela primeira vez o conceito não-bíblico de *ousia*, declarando Jesus como o Deus Filho encarnado, consubstancial ao Pai. A metáfora bíblica cede lugar agora à definição filosófica: "Um filho de Deus metafórico se transformara no Deus Filho metafísico, segunda pessoa da Trindade." Id. *A metáfora do Deus encarnado*, pp. 66 e 55. Também P.KNITER. *Nessun altro nome?* p. 87.

[407] J.DUPUIS. *Gesù Cristo incontro alle religioni*, p. 286. J.HICK. Gesù e le religioni del mondo. In: J.HICK (Ed.). *Il mito del Dio incarnato*. Foggia: Edizioni Bastogi, 1982, p. 203-204 e 208. Para Hick, "uma metáfora pode facilmente desenvolver-se até adquirir a forma de um mito – entendido como um complexo poderoso de ideias, normalmente em forma de narrativa, que não é literalmente verdadeiro, mas que pode assim mesmo ser verdadeiro no sentido no sentido prático de que tende a evocar uma atitude disposicional apropriada diante do objeto a que se dirige. Definido desta maneira, um mito é uma metáfora bastante extensiva." Ibidem, p. 144.

[408] J.HICK. O caráter não absoluto do cristianismo, p. 23. Em seu livro *God and the Universe of Faiths* (p. 159), Hick afirma: *"Noi vogliamo dire che Gesù era* totus Deus, *'completamente Dio' nel senso che la sua ágape era autenticamente l'ágape di Dio all'opera sulla terra, ma non che egli era il* totum Dei, *'il tutto di Dio' nel senso che l'ágape divina era completamente espressa in ognuna o anche solo in alcune delle sua azioni"*. Apud P.KNITTER. *Nessum altro nome?*, pp. 90-91.

tradições religiosas estariam orientadas, não se enquadra nas tradicionais categorias "pessoal" e "impessoal". Com base em concepção epistemológica kantina, J.Hick estabelece uma distinção entre o "Real em si", inacessível aos seres humanos, e o "Real manifesto", que é experimentado como fenômeno nas diferentes comunidades humanas. Às diversas tradições religiosas corresponderiam, assim, diferentes respostas ao Real. O "Real em si" não se enquadra, como indica Hick, em nenhuma das categorias teístas presentes nas tradições hebraico, cristã, muçulmana ou hindu; nem mesmo em qualquer outra manifestação impessoal. Ele está "para além" de qualquer de suas manifestações na consciência humana. Neste sentido, "as 'afirmações primárias' das diversas tradições religiosas – o *tat tvan asi* hindu, as quatro nobres verdades do Buda, o *shemá* judaico, o reconhecimento cristão de Jesus como Cristo, a declaração islâmica que não há outro deus fora de Deus e que Maomé é o seu profeta – refletem experiências que constituem modos diferentes nos quais a Realidade última agiu na vida humana"[409].

De acordo com a hipótese pluralista proposta por Hick, o cristianismo deixa de ser o único e exclusivo meio de salvação e as outras tradições religiosas aparecem como instâncias legítimas e autônomas de salvação, como religiões verdadeiras e não como um cristianismo diminuído. Trata-se para ele de uma posição mais sintonizada com a nova consciência global e desperta para o valor do pluralismo de princípio. Para Hick, esta posição revela-se mais realista que as anteriores, admitindo que "dentro de cada uma das grandes tradições, naquilo que elas têm de melhor e mais ou menos na mesma proporção, se realiza a transformação salvífica da vida humana – transformação individual e coletiva que vai de um autocentramento destrutivo a uma nova orientação centrada na Realidade divina"[410]. O arco-íris vem escolhido como metáfora que consegue expressar a positiva refração da Luz divina, ou do Real, nas diversas culturas religiosas da humanidade. As grandes religiões são reconhecidas por Hick como meios bem diferentes, mas igualmente válidos de experimentar e responder à Realidade última que no cristianismo vem reconhecida como Deus.

A ideia de centralidade do real vai ser decisiva na hipótese pluralista aventada por John Hick. Ela foi ganhando lugar cada vez mais importante na reflexão deste autor, o que traduz um pensamento em contínuo processo de amadurecimento e abertura. É a Realidade última que constitui para Hick a

---

[409] J.DUPUIS. *Rumo a uma teologia*, p. 359.
[410] J.HICK. *A metáfora do Deus encarnado*. Petrópolis: Vozes, 2004, p. 122.

fonte e o fundamento de tudo, e esta Realidade é inefável, não podendo ser apreendida ou esgotada por nenhum sistema de crença em particular. As distintas expressões religiosas tornam-se contextos de salvação/libertação na medida em que se sintonizam com este Real. Não há como acessar o Real em si, nem mesmo atribuir-lhe qualidades intrínsecas. Dele não se pode dizer que é pessoal ou impessoal, um ou muitos, consciente ou não-consciente, pleno ou vazio. Ele é em si inacessível, fora de qualquer alcance cognitivo. Mas como a luz do sol, ele vem parcialmente apreendido pelas diversas tradições de forma diversificada. Para algumas tradições será percebido como pessoal, para outras não pessoal. John Hick serve-se da distinção kantiana entre o Real numênico (*an sich*) e o Real enquanto humanamente percebido. O que importa é que, do ponto de vista humano, este Real é percebido como bom, gracioso e benfazejo, sendo o ponto de arranque essencial da transformação humana que rompe com a perspectiva egoica e auto-centrada para o descentramento, que é afinidade com o Real e razão da bem-aventurança. Para Hick, as diversas tradições religiosas buscam realizar, ainda que por caminhos diversos, este processo de descentramento de si em favor de um novo centramento no Real. Isto não significa, porém, a ausência de movimentos em sentido contrário que agem nas religiões, atuando contra o seu caráter predominantemente benigno.

 Com John Hick inaugura-se uma "verdadeira escola de pensamento"[411], com acentos diversificados. Dentre os mais ardorosos defensores das teses de Hick encontra-se o teólogo Perry Schimidt-Leukel, para o qual grande parte das objeções levantadas contra o autor refletem uma incorreta interpretação de seu pensamento[412]. Há, porém, que sublinhar igualmente as inúmeras críticas tecidas por outros autores, que discordam do encaminhamento da reflexão de Hick. Alguns teólogos contestam o paradigma teocêntrico como sendo "ingenuamente relativista e a-historicamente idealista"[413]. Outros manifestam sua dificuldade em aceitar a redução das várias formas de crença pessoal em Deus a meras manifestações de um "Real em si", totalmente inacessível[414]. Outros ainda, sustentam o caráter "auto-contraditório" do modelo proposto, que definindo-se como "pluralista" acaba postulando "homogeneidade de meios e uniformidade de fins nas várias

---

[411] J.DUPUIS. Ru*mo a uma teologia*, p. 263.
[412] Para uma descrição da posição de Schimidt-Leukel cf. M.AEBISCHER-CRETTOL. *Vers un oecuménisme interreligieux*. Paris: Cerf, 2001, pp. 433-435 e 470-471.
[413] É o caso dos autores J.J.LIPNER e R.W.ROUSSEAU, citados por J.DUPUIS: *Rumo a uma teologia*, p. 268.
[414] Trata-se de uma dificuldade expressa por J.DUPUIS. *Rumo a uma teologia*, p. 359.

tradições religiosas"⁴¹⁵. Mesmo com a reformulação de seu teocentrismo, John Hick não se livra das interrogações críticas de autores que acreditam que sua visão permanece devedora de um modelo de divindade relacionado às religiões monoteístas, e que acaba "desnaturando" as religiões em sua singularidade e atenuando o sentido das diferenças religiosas⁴¹⁶.

Ainda dentro de uma perspectiva pluralista, existe um grupo de teólogos que mantêm uma cristologia normativa, mesmo não considerando Jesus Cristo como constitutivo da salvação. Para estes autores, "sem ser exclusiva (eclesiocentrismo) ou constitutiva (cristocentrismo) da salvação, revela, entretanto, a pessoa e a vida de Jesus Cristo, de modo mais claro e decisivo, o amor de Deus pelos homens. Sem Jesus não faltaria a graça de Deus e sim a manifestação decisiva da mesma"⁴¹⁷.

3.2 Paul Knitter: as religiões e a responsabilidade global

Dentre os autores relacionados nesta versão mais moderada do pluralismo, pode-se citar o teólogo Paul Knitter (1939-)⁴¹⁸. Assim como J. Hick, este autor considera o modelo teocêntrico como "o mais prometedor para uma válida reinterpretação da doutrina cristã e para um diálogo inter-religioso mais autêntico"⁴¹⁹. Toda a reflexão teológica de Knitter está animada pela exigência do diálogo inter-religioso, e é neste horizonte que deve ser compreendido o seu procedimento teórico. Ele constata que tanto uma

---

[415] É a posição defendida por S.M.HEIM. *Salvations. Truth and Difference in Religion.* Maryknoll/New York: Orbis Books, 1995.

[416] Cf. G.D'COSTA. *Theology of Religious Pluralism: The Challenge of Other Religions.* Oxford: Basil Blackwell, 1986; J.O'LEARY. *La verité chrétienne à l'âge du pluralisme religieux.* Paris: Cerf, 1994, p. 36-39; J.A.DINOIA. Teologia pluralista delle religioni: pluralista o non pluralista? In: G.D'COSTA (Ed.) *La teologia pluralista delle religioni: un mito?* Assisi: Cittadella Editrice, 1994, pp. 246-250; K.SURIN. Una "politica della parola". Pluralismo religioso nell'era dell'hamburger. In: G.D'COSTA (Ed.) *La teologia pluralista delle religioni: un mito?*, pp. 337-365; M.AEBISCHER-CRETTOL. *Vers un oecuménisme interreligieux*, pp. 474-480

[417] M.F.MIRANDA. O encontro das religiões, p. 19. E também: COMISSÃO Teológica Internacional. *O cristianismo e as religiões*, p. 18 (n. 19). Com as devidas nuances, dentre os teólogos relacionados a tal perspectiva encontram-se P. Knitter, R. Panikkar (em seus trabalhos mais recentes) e Roger Haight. Cf. J.DUPUIS. *Gesù Cristo incontro alle religioni*, pp. 282-283; 255. 257-263, 270-276. É importante salientar aqui a complexidade implícita em qualquer tentativa de classificação.

[418] Foi missionário do Verbo Divino (SVD), tendo deixado o ministério em 1975. Doutorou-se em teologia na Universidade de Marburg (Alemanha - 1972), sob a orientação de Carl Heinz Ratschow. Lecionou teologia na Catholic Theological Union (Chicago-EUA) e na Xavier University (Ohio-EUA). Hoje atua na cátedra Paul Tillich da Union Theological Seminary (New York). Duas de suas obras foram traduzidas ao português: *Introdução às teologias das religiões.* São Paulo: Paulinas, 2008 e *Jesus e os outros nomes. Missão cristã e responsabilidade global.* São Bernardo do Campo: Nhanduti, 2010.

[419] P.KNITTER. *Nessun altro nome? Un esame critico degli attegiamenti cristiani verso le religioni mondiali.* Brescia: Queriniana, 1991, p. 126.

visão eclesiocentrada como cristocentrada têm obstaculizado o caminho do diálogo. Com a abertura ecumênica no campo católico, foram dados os primeiros passos de superação do eclesiocentrismo, sobretudo com a clarificação da distinção entre Reino e Igreja. Ao lado deste primeiro movimento eclesiológico, Knitter sublinha a importância de um novo passo, agora na cristologia. Para ele, o modo de compreender a Cristo, mesmo com a novidade introduzida pelo inclusivismo, "está impedindo este diálogo"[420].

A proposta de Knitter vai na linha de uma reinterpretação da unicidade de Jesus, tendo em vista a diversidade das cristologias do Novo Testamento. Partindo da constatação de que a cristologia desde o seu início foi "diversa, evolutiva e fruto de um diálogo", Knitter indaga se a "exclusividade" e a "normatividade" presentes em alguns textos do Novo Testamento (1Tm 2,5; Jo 1,14; 14,16) constituem, de fato, "parte do conteúdo principal daquilo que a Igreja primitiva experimentou e acreditou"[421]. É a natureza dessa linguagem exclusivista que incomoda este autor. Para ele, "todos os qualificativos 'único e só' acrescentados aos vários títulos cristológicos fazem mais parte do meio usado pelo Novo Testamento que de sua mensagem central"[422]. Um dos pontos de concordância entre os especialistas do Novo Testamento refere-se à compreensão do Reino de Deus como conteúdo central da mensagem originária de Jesus. Partindo desta premissa, Knitter sublinha que a mensagem central de Jesus foi teocêntrica. Jesus, como profeta escatológico, "não toma jamais o lugar de Deus. Também nos três textos em que vem proclamado Deus ou divino (Jo 1,1; 20,28: Hb 1,8-9) fica salvaguardada uma evidente subordinação"[423]. Depois da morte de Jesus, como indica Knitter, é que o proclamador se transforma em proclamado, ocorrendo assim um deslocamento da ideia de Reino de Deus para a de Filho de Deus[424]. A mensagem teocêntrica de Jesus torna-se, com o Novo Testamento, cristocêntrica.

---

[420] P.KNITTER. O cristianismo como religião verdadeira e absoluta? *Concilium*, v. 156, n.6, p. 29, 1980; Id. *Nessun altro nome?*, p. 123.

[421] P.KNITTER. *Nessun altro nome?*, p. 150. As declarações sobre Jesus no Novo Testamento, sobretudo com respeito à sua unicidade, como lembra Knitter em obra posterior, é claramente uma "linguagem performativa", ou seja, uma "linguagem de agir". Não se trata de uma definição filosófica ou dogmática. Os antigos cristãos estavam, na verdade, "se declarando e convidando outros a serem discípulos de Jesus, a segui-lo no amor a Deus e ao próximo e no trabalho em prol do que Jesus chamou de Reino de Deus. O propósito de confessar afé erar seguir, e não o inverso": P.KNITTER. *Jesus e os outros nomes*, p. 91.

[422] P.KNITTER. *Nessun altro nome?*, p. 150.

[423] Ibidem, p. 132.

[424] Ibidem, pp. 131-132; 135; 145-146.

Apesar da questão polêmica apontada na discussão cristológica, o modelo proposto por Knitter não avança no sentido de uma ruptura na compreensão da unicidade e da normatividade de Jesus. Ele discorda, sim, de uma unicidade exclusiva ou inclusiva, mas acredita numa "unicidade relacional de Jesus"[425]. Nesta nova compreensão, Jesus vem afirmado como único, "mas de uma unicidade caracterizada por sua capacidade de pôr-se em relação - isto é, de incluir e ser incluído - com outros personagens religiosos únicos"[426]. Para Knitter, a questão da normatividade de Jesus deve ser percebida como uma "questão aberta"[427], sem implicar um juízo pejorativo sobre a superioridade da revelação cristã sobre as outras. Segundo Knitter, esta questão teórica aberta da unicidade de Jesus só poderá ser de fato esclarecida na prática do diálogo[428]. Em sua posição, este autor propõe que toda pretensão do cristianismo acerca da unicidade de Cristo seja provisoriamente suspensa no processo dialogal e, como fruto do diálogo, "talvez Jesus de Nazaré continuará a existir (sem ser imposto) como o símbolo unificante, como expressão universalmente plena e normativa de tudo aquilo que Deus tem em mente para toda a história"[429].

Nos seus últimos trabalhos, a reflexão de Paul Knitter vem ganhando um novo amadurecimento. A partir dos diversos problemas e dificuldades levantados a propósito da teologia pluralista das religiões, este autor tem apresentado não apenas novas clarificações de seu pensamento, mas igualmente correções de argumentos defendidos em obras anteriores. Sua reflexão vem hoje animada por um novo impulso ético a partir de sua convicção da importância de uma teologia das religiões fundada no desafio da libertação e do bem-estar eco-humano[430]. No âmbito de sua nova reflexão, Paul Knitter introduz um novo modelo no seu projeto teológico pluralista, por ele definido como "globalmente responsável e correlacional". Enquanto globalmente responsável, busca incluir a noção fundamental de libertação em favor da justiça social, mas que envolve igualmente o bem-estar eco-hu-

---

[425] Ibidem, p. 127. Ver tb Id. *Jesus e os outros nomes*, pp. 106-109.

[426] P.KNITTER. *Nessun altro nome?*, p. 127. E o autor continua, na mesma página: "Semelhante interpretação não vê Jesus como exclusivo ou normativo, mas teocêntrico, enquanto uma manifestação (sacramento, encarnação) universalmente relevantes da revelação e da salvação divinas".

[427] Ibidem, p. 196.

[428] Ibidem, p. 199. Id. A teologia católica das religiões numa encruzilhada. *Concilium*, v. 203, n.1, p. 112, 1986.

[429] P.KNITTER. *Nessun altro nome?*, p. 253.

[430] Como expressão deste novo momento podem ser citadas as seguintes obras: P.KNITTER. *One earth many religions*. New York: Orbis Books, 1995 (tradução italiana: *Una terra molte religioni*. Assisi: Cittadella Editrice, 1998); Id. *Jesus and the Other Names. Christian Mission and Global Rsponsability*. New York: Orbis Books, 1996 (com tradução brasileira).

mano. Enquanto correlacional, busca afirmar a pluralidade das religiões e a relação entre as mesmas, garantindo, porém sua genuína diversidade[431]. Através deste novo modelo, Knitter marca uma mudança de perspectiva com respeito às suas obras anteriores: de uma perspectiva "não normativa, teocêntrica" para outra "multinormativa, soteriocêntrica"[432].

Com base nesta nova perspectiva, Knitter busca situar sob novo horizonte o tema da unicidade de Cristo e do cristianismo. Para ele, a perspectiva correlacional mantém acesa a consciência da divindade de Jesus, de sua ressurreição, de sua presença entre os seres humanos e a consciência de seu caráter salvífico universal. Ao contrário do que advogam certos críticos, garante-se e salvaguarda-se a singular diferença entre Jesus e outras figuras religiosas da história. Conforme Knitter, há sentido para os cristãos permanecer afirmando e anunciando Jesus como "verdadeiramente divino e salvador", sem, porém, advogar que só ele é divino e salvador[433].

O argumento vem retomado em obra de 2009, num testemunho pessoal do teólogo:

> "A razão pela qual se permanece cristão é, ou deveria ser, a experiência que nenhum outro nos há tocado, falado, nos colocado em condições de descobrir quem somos como o fez Jesus. Por certo, nós cristãos reconheceremos que existem outros, em outras tradições religiosas, que transformaram e preencheram a vida das pessoas segundo modalidades semelhantes (...). O que torna Jesus único para mim não é simplesmente algo que tenho só 'para mim', algo que somente eu e os cristãos como eu podem acolher. Reconhecendo nele uma natureza de certo modo universal, quero que outros vejam nele aquilo que eu vejo, quero que Jesus faça em suas vidas a diferença que provocou na minha"[434].

---

[431] Uma gama significativa das críticas tecidas contra a teologia pluralista por parte de teólogos e filósofos da religião relaciona-se com a questão da diversidade. Para estes críticos, o modelo pluralista, ao defender uma proposta dialogal, acaba por desconhecer ou relegar o que há de único e irrevogável em cada religião, apagando-se, transcurando-se ou violando-se o dado da diversidade das religiões. Esta problemática foi trabalhada e desenvolvida por Knitter em seu livro *Una terra molte religioni*, onde busca encontrar um equilíbrio entre os dois elementos essenciais implicados no diálogo inter-religioso: a consciência da diversidade e o imperativo da responsabilidade. Cf. op. cit., p. 75-102 e 136-171.

[432] P.KNITTER. *Una terra molte religioni*, p. 41; Id. *Jesus e os outros nomes*, p. 191, n. 39.

[433] P.KNITTER. *Una terra molte religioni*, p. 71.

[434] P.KNITTER. *Senza Buddha non potrei essere cristiano*. Roma: Fazi Editore, 2011, pp. 162-163.

A unicidade de Jesus vem, assim, interpretada como complementar e relacional, capaz de favorecer a relação, a abertura e o aprendizado com os outros. A novidade que apresentada por tal perspectiva está no modo de interpretar a unicidade, de forma a facultar e promover um diálogo verdadeiramente correlacional com outros percursos religiosos. A cristologia pluralista, sublinha Knitter, não coloca em questão o fato da unicidade de Jesus, mas sublinha o seu caráter relacional. Não há obstáculos que impeçam considerar Jesus como verdadeiramente divino e salvador, mas há dificuldade em reconhecer apenas nele a salvação. O que se pretende é abrir espaço para perceber a presença salvífica de Deus também alhures. Jesus é verdadeiramente salvador, mas "não somente ele", na medida em que o Mistério Divino transborda sua pessoa e mensagem. Nesse sentido, outras tradições religiosas podem, com dignidade, partilhar de concepções válidas e situar-se positivamente com respeito a este Mistério, não necessitando serem unilateralmente "incluídas" ou preenchidas pelo cristianismo[435].

3.3 Raimon Panikkar: as religiões no mistério cosmoteândrico

Ainda na segunda versão do pluralismo, pode-se incluir o teólogo católico e grande conhecedor do hinduísmo Raimundo Panikkar (1918-2010)[436]. Este autor, desde o inicio dos anos 60, defendia a ideia de um "ecumenismo ecumênico", que pudesse superar o caráter restrito da visão ecumênica tradicional sem se confundir com um universalismo abstrato ou um "indiscriminado sincretismo"[437]. Este ecumenismo amplo implicaria uma busca comum da Verdade maior, que a todos ultrapassa, vivenciada em atitude dialogal; uma possibilidade real para as religiões do mundo entrarem num "diálogo de várias vozes". Esta mesma intuição permanece viva em seu pensamento atual, aprofundando-se no sentido da percepção

---

[435] P.KNITTER. *Una terra molte religioni*, pp. 69-70 e 28.

[436] Panikkar talvez seja um dos primeiros teólogos católicos a enfatizar, nos últimos anos, a fundamental importância do diálogo inter-religioso. Nasceu em Barcelona, filho de mãe católica e pai hindu. De formação interdisciplinar (doutor em Química, Filosofia e Teologia), ensinou historia das religiões e filosofia da religião em diversas universidades européias, asiáticas e americanas tendo igualmente publicado mais de trinta livros, muitos dos quais sobre o tema em questão. Sua peregrinação humana" é marcada por um traço *"sui generis"* sobretudo em razão de sua experiência intercultural e inter-religiosa. Respondendo a indagações sobre sua "aventura existencial", normalmente respondia: "Parti cristão, me descobri hindu e retornei budista, sem jamais ter deixado de ser cristão". R.PANIKKAR. Raimundo. *Il dialogo intrareligioso*. Assisi: Cittadella Editrice, 1988, p. 60. Sobre esta mesma aventura existencial, afirmou que hoje complementaria sua frase: "Em meu retorno, me descobri melhor cristão": Id. *Entre Dieu et le cosmos*. Paris: Albin Michel, 1998, p. 84.

[437] Sobre o conceito de "ecumenismo ecumênico", cf. R.PANIKKAR. *Il dialogo intrareligioso*, pp. 61 e 63-64; Id. *La nueva inocencia*. Navarra: Editorial Verbo Divino, 1993, pp. 324-332.

de uma "interpenetração recíproca" entre as religiões, sem colocar em questão a singular particularidade própria a cada uma delas[438]. Esta "interpenetração" (*"pericórese sui generis* ou circumincessão") significa um passo além do exclusivismo, do inclusivismo ou do paralelismo das religiões[439]. A dinâmica dialogal, como demonstra Panikkar, possibilita perceber quanto o outro está "implicado" em cada um dos seres humanos; e este autor vai ainda mais longe ao afirmar que "a minha religião seria para mim mesmo incompreensível, até mesmo impossível, sem a relação com as outras"[440].

Para Panikkar, uma das razões fundamentais que convocam o diálogo inter-religioso é a consciência da dimensão inexaurível do humano, bem como a percepção de saber-se peregrino em direção ao mistério sempre maior. Nenhuma cultura ou tradição religiosa consegue esgotar o campo da experiência humana e da realidade do sagrado. Daí o seu reconhecimento do valor do pluralismo, entendido como uma das mais enriquecedoras experiências da consciência humana[441]; do imperativo da alteridade, como enriquecimento do singular. Para este pensador catalão, o diálogo constitui hoje um fato inevitável, importante, urgente, desconcertante, perigoso e purificador[442].

O encontro das religiões como diálogo encontra em Panikkar sua morada no enraizamento da fé. Mas como abraçar a fé do vizinho sem se desviar da própria fé ou simplesmente absorvê-la? É a indagação levantada por Panikkar. Para responder essa questão é que o autor utiliza uma distinção, fundamental em seu trabalho, entre fé e crença. A fé é sempre transcendente, e reside além das formulações dogmáticas das diversas confissões, não podendo ser plenamente expressa em fórmulas universais. As crenças, por sua vez, constituem a "concretização intelectual, emocional e cultural da fé no interior de estruturas relativas a uma tradição particular"[443]. A correspondência à fé é, portanto, "sempre particular, histórica e

---

[438] Id. *Il dialogo intrareligioso*. p 36. Para Panikkar, o encontro das religiões deve ser um "verdadeiro encontro religioso", mas para que este ocorra não é necessário "deixar fora do diálogo uma parte essencial do sujeito do diálogo" ou seja, colocar entre parênteses as "convicções fundamentais da pessoa, a nível existencial", mas sim "transcender" as próprias crenças. Ibidem, pp. 119 e 125.

[439] Ibidem, p 36.

[440] Ibidem, p 35. Para Panikkar, "aquele que não conhece senão sua própria religião, não a conhece verdadeiramente". Id. *Entre Dieu et le cosmos*, p. 74 e também pp. 163 e 174.

[441] Id. *La nueva inocencia*, p. 328; Id. *Entre Dieu et le cosmos*, pp. 166-167; Id. *Sobre el dialogo intercultural*. Salamanca: Editorial San Esteban, 1990, pp. 53-63.

[442] Id. *La nueva inocencia*, pp. 353-356.

[443] Id. *Il dialogo intrareligioso*, p. 76 e tb 85-86 e 110.

encarnada em formulações de nossa humanidade: as crenças"[444]. E, neste campo das particularidades, as crenças (religiões) não são iguais, mas a fé pode abrandar as diferenças, abrindo o campo para o diálogo. O diálogo aponta, assim, para a possibilidade do encontro das crenças, em profundidade, numa mesma fé na verdade e na salvação. Neste sentido, pode-se falar numa "unidade transcendente das religiões"[445], contra qualquer pretensão universalista da verdade imanente de outra religião particular.

Para que seja real, o diálogo inter-religioso deve ser acompanhado por um diálogo intra-religioso, ou seja, deve começar "com uma colocação em questão de mim mesmo e da relatividade de minhas crenças, aceitando o risco de uma mudança, de uma conversão, de um revolvimento dos meus modelos tradicionais"[446]. Neste processo dialógico, os interlocutores transformam-se mutuamente, transcendendo suas crenças, sem precisar, porém, romper com suas próprias convicções religiosas.

No desenvolvimento de sua reflexão sobre o diálogo inter-religioso é que Panikkar introduziu o conceito, para ele fundamental, de "cristofania ecumênica". Esta nova impostação servia igualmente para dirimir certas interpretações sobre o seu livro *O Cristo desconhecido do hinduísmo* (1964), que favoreciam sua identificação com as teses inclusivistas[447]. Com a introdução da categoria "cristofania", Panikkar busca encontrar um novo caminho para a cristologia, pois para este autor a cristologia em curso é um "produto ocidental", não sendo nem católica e nem universal[448]. Para

---

[444] R.BARTHOLO. Da linguagem dos pássaros. Sobre o encontro das religiões feito diálogo. In: F. TEIXEIRA. *Diálogo de pássaros*, p. 127.

[445] E aqui Panikkar retoma o tema trabalhado por Frithjof SCHUON. *A unidade transcendente das religiões.* Lisboa: Dom Quixote, 1991, p. 15 (a edição francesa é de 1948). Cf. tb. R.PANIKKAR. *Il dialogo intrareligioso*, p. 90.

[446] R.PANIKKAR. *Il dialogo intrareligioso*, p. 115.

[447] J. Dupuis, entre outros, acredita que o pensamento de Panikkar sofreu realmente uma transformação na segunda edição de seu livro O *Cristo desconhecido do hinduísmo* (1981). Para Dupuis, o pensamento do primeiro Panikkar insere-se na teoria inclusivista da "presença de Cristo nas religiões", e somente nas suas obras mais recentes é que se opera a sua transformação teocêntrica. Cf. J.DUPUIS. *Gesù Cristo incontro alle religioni*, pp. 257-258. Em publicação de 1994, Panikkar rebate, porém, esta tese, assinalando que o seu pensamento foi "mal-entendido", como ele mesmo esclareceu no prefácio da segunda edição da obra mencionada (1981). Este autor sublinha que, já naquela ocasião, o seu pensamento não indicava que o Cristo desconhecido dos hindus era o Cristo conhecido pelos cristãos. E conclui: *"Il 'Cristo sconosciuto dell'induismo' è sconosciuto a fortiort ai cristiani, e gli induisti non hanno bisogno di chiamarlo con quel nome".* Cf. R.PANIKKAR. *Cristofania.* Bologna: EDB, 1994, p. 26. Ver ainda: Id. *Il Cristo sconosciuto dell'induismo.* Milano: Jaca Book, 2008, pp. 49-50. Segundo Panikkar, o símbolo Cristo inclui outros aspectos desconhecidos pelos cristãos. Daí ser um "Cristo desconhecido", do qual os cristãos conhecem "somente uma imagem, que pertence ao todo, mas não é o todo". Id. *Ecosofia: la nuova saggezza. Per una spiritualità della terra.* Assisi: Cittadella Editrice, 1993, p. 67.

[448] R.PANIKKAR. *Cristofania*, p. 6. Em outra obra, Panikkar sublinha que a cristologia que prevaleceu nos últimos dois mil anos da história cristã foi uma "cristologia tribal", ou seja, uma cristologia "centrada quase exclusivamente em seus próprios interesses, marcada por uma triste indiferença com respeito às outras experiências

Panikkar, existe um "fato teândrico primordial" que ele identifica com o Mistério. Este manifesta-se "com uma certa plenitude em Jesus, estando igualmente presente e operante em outras partes", mas só no final dos tempos é que se revelará em sua total plenitude[449]. Panikkar considera problemático "monopolizar este mistério" fazendo-o propriedade privada dos cristãos. Acrescenta que uma das causas de grande resistência das outras tradições religiosas contra a interpretação cristã consiste em considerar o Cristo como "monopólio dos cristãos"[450].

Para Panikkar, o Cristo é o "símbolo cristão de toda a realidade", e os cristãos têm em Jesus o caminho de acesso ao conhecimento de Cristo. "Jesus Cristo é o único mediador, mas ele não é monopólio dos cristãos; ele está, de fato, presente e operante em toda religião autêntica, qualquer que seja o seu nome ou forma. O Cristo é o símbolo - que os cristãos designam com este nome - do Mistério sempre transcendente, mas igualmente sempre humanamente imanente"[451]. Mas este conhecimento permanece misterioso também para eles, pois "Cristo ultrapassa toda compreensão". Mediante a revelação cristã e a experiência que a acompanha, os cristãos "descobrem o Cristo" e podem confessar que "Jesus é o Cristo". E esta confissão essencial - lembra Panikkar - como indicada nas Sagradas Escrituras, "é o que salva". Mas trata-se de "uma confissão, uma afirmação existencial, e não uma frase objetiva e objetivável".[452] É através desta experiência pessoal, que ocorre na comunidade dos crentes (Igreja), que se pode reconhecer e admitir e crer que "Jesus seja Jesus Cristo"[453].

---

humanas: uma cristologia *ad usum nostrorum*, endereçada internamente aos cristãos, e voltada para a conquista do mundo." Id. Jesús en el diálogo interreligioso. In: J.J.TAMAYO ACOSTA (Ed.) *10 palabras clave sobre Jesus de Nazaret*. Navarra: Editorial Verbo Divino, 1999, p. 464.

[449] R.PANIKKAR. *Il dialogo intrareligioso*, p. 140.

[450] Ibidem, pp. 150 e 140; Id. *La nueva inocencia*, p. 382; Id. *Trinità ed esperienza religiosa dell'uomo*. Assisi: Cittadella Editrice, 1989, p. 87-88.

[451] R.PANIKKAR. *Il dialogo intrareligioso*, p. 112

[452] R.PANIKKAR. *Cristofania*, p. 17. De forma semelhante dirá SCHILLEBEECKX: "A assertiva de que em Jesus se encontra a revelação definitiva de Deus é afirmação de fé, afirmação que absolutamente não é constatante e, em consequência, não verificável absolutamente fora da própria fé": *Umanità la storia di Dio*, p. 193. Ver ainda: P.KNITTER, Paul. *Nessun altro nome?*, pp. 154-157. Em linha de sintonia com esta reflexão, o teólogo espanhol Andrés Torres Queiruga aponta a importância de uma revisão séria do cristocentrismo, em função do diálogo das religiões. Para ele, "frases como 'não existe conhecimento de Deus a não ser em Jesus Cristo' podem ter sentido em uma linguagem interna, de natureza imediatamente 'confessante', todavia, em rigor, devem ser eliminadas, não só por serem psicologicamente ofensivas para os demais, mas por serem objetivamente falsas, pois implicam a negação de toda a verdade nas demais religiões, incluído o Antigo Testamento.": A.T.QUEIRUGA. *Do terror de Isaac ao Abbá de Jesus*. São Paulo: Paulinas, 2001, pp. 347-348.

[453] R.PANIKKAR, R. *Cristofania*, p. 17. E este autor reitera esta questão para "eliminar possíveis mal-entendidos da afirmação: Jesus é o Cristo, mas o Cristo não pode ser completamente identificado com Jesus". Ibidem, p. 17.

3.4 Roger Haight: a constitutividade crística em questão

O teólogo Jacques Dupuis, em importante obra publicada em 1989 buscou desenvolver a delicada questão de uma cristologia voltada para o encontro das religiões[454]. Na introdução do livro, Dupuis mencionava a abundante produção cristológica nos anos pós conciliares, mas lamentava a quase total ausência de uma reflexão explicitamente mais elaborada do mistério de Cristo no contexto amplo das tradições religiosas da humanidade[455]. Captava, assim, de forma singular, a dimensão decisiva da questão cristológica, e de sua elaboração crítica, para uma teologia aberta das religiões ou do pluralismo religioso. A partir dos anos 90 este desafio intensificou-se com a publicação de inúmeras obras teológicas voltadas direta ou indiretamente para o desenvolvimento desta questão. É neste contexto que aparece o importante livro do teólogo jesuíta, Roger Haight, "*Jesus, Symbol of God*"[456], que busca apresentar uma cristologia "a partir de baixo" e articulada com a dinâmica de abertura e sensibilidade ao pluralismo religioso. Este livro foi premiado nos Estados Unidos pela *Catholic Book Award* e vem alcançando um grande sucesso em várias partes do mundo.

Toda esta pletora na produção teológica em torno ao pluralismo religioso vai encontrar no campo católico-romano uma dura resistência na ação intensiva da Congregação para a Doutrina da Fé (CDF), então dirigida pelo cardeal Joseph Ratzinger. Uma expressão viva deste cerceamento ganhará feição na Declaração *Dominus Iesus*, publicada pela CDF em agosto de 2000[457]. Este documento da cúria romana terá como objetivo expor a doutrina da fé católica a propósito da unicidade e universalidade salvífica de Jesus Cristo e da igreja, bem como confutar certas posições teológicas avaliadas como ambíguas ou errôneas, em razão de sua "índole relativista". O documento se posiciona fortemente contra a defesa de um "pluralismo religioso de princípio" (n. 4), e também contra a tendência presente na reflexão teológica contemporânea de tratar de modo não exclusivo a revelação de Jesus, de modo a articulá-la com outras presenças salvíficas e reveladoras (ns. 6 e 9).

---

[454] J.DUPUIS. *Jésus-Christ à la rencontre des religions*. Paris: Desclée, 1989. E a tradução italiana: *Gesù Cristo incontro alle religioni*. 2 ed. Assisi: Cittadella Editrice, 1991.

[455] Id. Gesù Cristo, pp. 13-14.

[456] R.HAIGHT. *Jesus, Simbol of God*. Maryknoll New York: Orbis Books, 1999. Utilizaremos aqui a tradução brasileira: Id. Jesus, símbolo de Deus. São Paulo: Paulinas, 2003.

[457] Congregação para a Doutrina da Fé. *Declaração Dominus Iesus*. São Paulo: Paulinas, 2000.

Alguns livros e trabalhos de teólogos católicos ou religiosos que trabalham esta questão foram notificados pela CDF a partir do final dos anos 90: Tissa Balasuriya (1997), Anthony de Mello (1998) e Jacques Dupuis (2001)[458]. A crítica da CDF voltou-se igualmente para o livro de Roger Haight, que aborda o tema de Jesus como símbolo de Deus. Este ciclo de notificações, que não parece dar tréguas ao processo criativo da reflexão teológica contemporânea no âmbito do cristianismo, levanta uma série de interrogações para o estudioso da teologia do pluralismo religioso. O que se percebe, e merece um maior esclarecimento analítico, é a grande dificuldade por parte de setores importantes da cúria romana de reconhecer o valor e a dignidade das outras tradições religiosas. Apesar de todo o incentivo de abertura dado pelo Concílio Vaticano II (1962-1965), verifica-se hoje em dia um processo de "restauração" ou retrocesso altamente prejudicial ao diálogo inter-religioso, apesar dos importantes gestos de abertura sinalizados pelo papa João Paulo II, sobretudo após a jornada mundial de oração em favor da paz, realizada na cidade de Assis (Itália), em 1986. Não há como negar a presença de um cristomonismo e de um eclesiocentrismo destacados em certos documentos recentes do magistério romano central, que concentram em Jesus "a revelação plena e completa do mistério salvífico de Deus", excluem qualquer dinâmica reveladora presente em outras tradições religiosas, e reforçam a ideia da igreja católica como espaço exclusivo de realização da plenitude dos meios de salvação.

A intenção deste capítulo é apresentar alguns traços fundamentais do livro de Roger Haight, "Jesus, símbolo de Deus" e as questões que ele vai levantando ao longo de sua reflexão. Não serão desenvolvidos todos os passos apresentados na obra, mas em particular aqueles que estão mais diretamente vinculados ao tema da teologia cristã do pluralismo religioso.

A reflexão cristológica de Roger Haight

O teólogo jesuíta americano, Roger Haight (1936-), vem apresentando ao longo destes últimos anos uma rica e provocadora reflexão teológica, divulgada em importantes obras como: *The experience and Language of Grace* (1979), *An Alternative Vision*: An Interpretation of Liberation Theo-

---

[458] A propósito da notificação do livro de Jacques Dupuis "Rumo a uma teologia cristão do pluralismo religioso" cf. F.TEIXEIRA. *Dominus Iesus* em ação. A notificação sobre o livro de Jacques Dupuis. *REB*, v. 61, n. 242, junho de 2001, pp. 425-429.

logy (1985), *Dynamics of Theology* (1999)[459], *Jesus, symbol of God* (1999)[460], *Christian Community in History*: Historical Ecclesiology (1994) e *Christian Community* in History: Comparative Ecclesiology (2005). Para o presente capítulo, a reflexão concentrou-se particularmente sobre a obra que foi objeto da notificação da CDF, *"Jesus, símbolo de Deus"*.

Esta obra cristológica de Roger Haight impressiona não só pelo volume, mas sobretudo pela riqueza armazenada da reflexão, extremamente séria, argumentativa, documentada e provocadora. Não é um trabalho para iniciantes, mas uma obra densa e complexa. Ela revela a maturidade de um teólogo que não se contenta em repetir fórmulas tradicionais, mas ousa responder ao desafio contemporâneo do pluralismo religioso. Já no prefácio de sua obra, Haight expressa sua intenção de dialogar com a cultura pós-moderna. O livro busca seguir "o imperativo da *Gaudim et Spes* do Vaticano II de dirigir-se ao mundo contemporâneo, procurando tornar a fé inteligível em seus próprios termos"[461].

Questão de Método

O método cristológico adotado por Haight é o que vem sendo frequentemente caracterizado como "a partir de baixo", distinto de outra perspectiva cristológica definida como "cristologia alta". Ao lançar um olhar sobre a cristologia atual, Haight mostra a presença de um caráter rico e plural, onde convivem correntes distintas e diferenciadas como a cristologia transcendental, narrativa, existencial, feminista, inculturada, da libertação, do processo etc[462]. A presença de métodos diferenciados na abordagem cristológica revela a riqueza de um espaço plural para a reflexão teológica. A defesa de um pluralismo metodológico tem sido um traço frequente entre os teólogos que trabalham o tema do pluralismo religioso. Não há como aceitar a tese daqueles que defendem uma uniformidade de posições. Em sua última obra publicada, o teólogo belga Jacques Dupuis defendeu com veemência a plausibilidade de uma "distinta percepção da mesma fé num contexto diverso"[463]. No *post scriptum* de sua obra, Dupuis critica dois documentos da CDF, a Declaração *Dominus Iesus* e a notificação feita a seu livro *"Rumo a uma teologia cristã do*

---

[459] Com tradução brasileira: *Dinâmica da teologia*. São Paulo: Paulinas, 2004 (acrescida de um posfácio, publicado doze anos após a publicação da primeira edição, de 1999).
[460] Com tradução brasileira: *Jesus, símbolo de Deus*. São Paulo: Paulinas, 2003.
[461] Roger HAIGHT. *Jesus, símbolo de Deus*, p. 12.
[462] Ibidem, p. 32ss.
[463] J.DUIPUIS. *Il cristianesimo e le religioni*: dallo scontro all'incontro. Brescia: Queriniana, 2001, p. 484.

pluralismo religioso" (publicada em fevereiro de 2001). Para Dupuis, estes documentos da CDF "falam da fé numa perspectiva dogmática, baseada em citações escolhidas e inferidas da sagrada escritura, dos documentos conciliares e dos pronunciamentos do magistério da igreja"[464]. Trata-se para ele de uma perspectiva legítima, mas que não pode pretender-se exclusiva. O teólogo, como indica Dupuis, tem o direito e a liberdade para justificar as razões que o levam a expressar a doutrina de forma diversa.

Ao precisar mais claramente o método teológico adotado em sua obra de cristologia, Roger Haight definiu-o como método hermenêutico de correlação crítica. Em linha de continuidade com a tradição do pensamento hermenêutico, e que fez escola na teologia, Haight define um caminho preciso para sua reflexão, que busca "ser fiel ao testemunho do passado e interpretá-lo de maneira tal que seja significativo para a consciência contemporânea"[465]. O processo de interpretação, como já mostrou Geffré, é contínuo e indefinido: "a mensagem cristã é susceptível de múltiplas recepções no curso dos tempos, e essas recepções jamais são uma interpretação definitiva; elas podem ser sempre o objeto de retomadas"[466]. Este método de correlação crítica será aplicado por Haight à sua reflexão cristológica, o que supõe a adoção de um caráter crítico, que revela a relação dialética entre o passado, o presente e o futuro e a consideração das diferentes interpretações culturais de Jesus. Um dos importantes critérios teológicos de aplicação na cristologia adotados por Haight refere-se à inteligibilidade para o tempo atual e a coerência interna da fé cristológica. Num tempo marcado pelo pluralismo religioso e pela vitalidade das religiões mundiais, a inteligibilidade da cristologia vem provocada de forma singular: "as normas de inteligibilidade e de coerência requerem a conciliação entre a relevância universal de Jesus Cristo e a convicção de que outras religiões têm um papel na história do mundo sob a providência de Deus"[467]. Haight chega a afirmar que a relação de Jesus Cristo com as outras religiões talvez seja "a mais catalítica das questões cristológicas hoje formuladas"[468].

---

[464] Ibidem, p. 483 (com tradução brasileira: *O cristianismo e as religiões*. São Paulo: Loyola, 2004).
[465] R.HAIGHT. *Jesus, símbolo de Deus*, p. 151 e tb. 60ss; Id. *Dinâmica da teologia*, p. 213ss.
[466] C.GEFFRÉ. *Croire et interpréter*, p. 19 (na tradução brasileira: Id. *Crer e interpretar*. Petrópolis: Vozes, p. 39).
[467] R.HAIGHT. *Jesus, símbolo de Deus*, p. 70. O método de correlação crítica adotado por Haight foi questionado na notificação da CDF, que para ela se traduziria exclusivamente numa "subordinação dos conteúdos da fé à sua plausibilidade e inteligibilidade na cultura pós-moderna". Revela-se aqui novamente o acanhamento em reconhecer o valor da reflexão hermenêutica. Para a notificação da CDF em torno da obra de R.Haight cf. *CONGREGATIO Pro Doctrina Fidei. Documenta Inde a Concilio Vaticano Secundo Expleto Edita* (1966-2005). Città del Vaticano: Libreria Editrice Vaticana, 2006, pp. 620-628.
[468] R.HAIGHT. *Jesus, símbolo de Deus*, p. 43. Para Haight, "a situação histórica da cristologia na atualidade, que envolve intrinsecamente a própria forma de pensar a respeito de Jesus Cristo, já se define por uma atitude

Um traço peculiar na reflexão teológica de Haight é o espaço que ele concede ao caráter simbólico da linguagem teológica, para ele identificado com um dos lugares fundamentais da teologia, ao lado da fé, da revelação e da escritura. Para este autor, um símbolo "é aquilo por meio do qual se conhece alguma coisa que dele próprio difere. Um símbolo medeia a percepção de alguma outra coisa"[469]. O símbolo remete a uma realidade ou verdade mais profunda e elevada que as formas ou os concretos meios históricos. Nesse sentido, eles provocam a ação, levam ao movimento intermitente de busca do sentido ulterior. O símbolo diferencia-se do signo por ser mediacional: ele presentifica e revela a alteridade.

Na visão de Haight, os símbolos podem ser concretos e conceituais. Os símbolos conceituais (ou conscientes) são aqueles em que a consciência mais profunda da realidade vem mediada pelas palavras, noções, conceitos, ideias, textos etc. A metáfora e a parábola são bons exemplos. No símbolo concreto, a mediação se dá por um objeto: seja pessoas, coisas, lugares ou eventos[470]. Há símbolos que são seculares e há símbolos que são religiosos. Estes últimos são símbolos porque apontam para realidades transcendentes: "os símbolos religiosos participam da transcendência e para ela apontam. É muito importante reconhecer que, embora cognitivo, o conhecimento simbólico não abarca nem domina adequadamene a realidade transcendente, mas está profundamente imerso no desconhecido, no não-saber e no agnosticismo"[471]. É no desdobramento desta reflexão, e levando-se em conta a impossibilidade de uma revelação não historicamente mediada, que Roger Haight vai afirmar que na religião cristã Jesus vem percebido como "o símbolo concreto de Deus"[472]. Esta percepção de Jesus como símbolo ou parábola de Deus indica uma "real presença de Deus a ele e, através dele, ao mundo, da qual é mediador"[473].

---

de aceitação de outras religiões, em princípio, e de valorização do diálogo inter-religioso, e esse aspecto deve encontrar manifestação na cristologia": ibidem, p. 43.

[469] R.HAIGHT. *Jesus, símbolo de Deus*, p. 23.

[470] Ibidem, p. 29. Para Haight, "um símbolo religioso concreto é uma entidade que revela e presentifica alguma outra coisa. (...) O símbolo conceitual é um conceito, uma palavra, uma metáfora, uma parábola, um poema, um evangelho ou um relato que revela alguma outra coisa e torna-a presente à imaginação e à mente": ibidem, p. 234-235.

[471] Ibidem, p. 238.

[472] Ibidem, p. 29.

[473] Ibidem, p. 235.

Fontes Bíblicas

A abordagem das fontes bíblicas para a cristologia será um tópico bem importante na reflexão desenvolvida por Haight em seu livro "Jesus, símbolo de Deus". Na linha de uma abordagem histórico-hermenêutica, Haight dedicará uma atenção particular a recuperar o núcleo da pregação de Jesus, reconhecido como profeta, mestre, curador e libertador. Os mais importantes estudos exegéticos coincidem no reconhecimento de que o núcleo da pregação de Jesus foi o reino de Deus, compreendido como um símbolo religioso que remete a uma realidade transcendente, mas que tem simultaneamente um suporte na realidade existencial concreta[474]. Como indica Haight, "em parte alguma o reino de Deus é conceitualmente definido; é profusamente ilustrado por parábolas; trata-se de uma realidade transcendente que comporta muitos significados e matizes"[475].

Ao fazer do reino de Deus o centro de sua mensagem Jesus revela-se teocêntrico, como sublinha Haight, em sintonia com outros teólogos que vão na mesma direção, como E.Schillebeeckx e Paul Knitter[476]. O cristocentrismo não foi um dado na vida de Jesus, mas referência posterior. Jesus foi teocêntrico. O foco essencial de sua mensagem não está nele mesmo ou em sua obra, mas na sua profunda, íntima e familiar proximidade com o mistério de Deus. No centro de sua vida está Deus, o seu reino, a sua vontade, os seus valores e suas prioridades[477].

Como já se afirmou, Jesus era teocêntrico. Ironicamente, o que ele apresenta ao mundo é um Deus antropocêntrico. A causa de Deus é a causa da existência humana. Deus é um Deus propício à humanidade, como criador, e, portanto, intrinsecamente interessado e preocupado com o bem-estar de suas criaturas[478].

O Deus de Jesus é o mesmo Deus apresentado na tradição judaica. A maneira como Jesus se referia a Deus, a partir da análise das palavras e ditos atribuídos a ele no NT, era empregando o termo genérico *Theos*, ou

---

[474] Ibidem, pp. 103 e 123.
[475] Ibidem, p. 146. Como sublinha Haight, esta centralidade do reino de Deus na vida e ensino de Jesus faz com que este símbolo torne-se normativo para o teólogo cristão e fundamental para qualquer cristologia: ibidem, p. 104.
[476] E. Schillebeeckx, na última obra de sua trilogia cristológica, sinaliza que o Reino de Deus é o coração teocêntrico da mensagem e da vida de Jesus: cf. *Umanità la storia di Dio*. Brescia: Queriniana, 1992, p. 152. Ver também P.KNITTER. *Nessun altro nome?* Brescia: Queriniana, 1991, p. 131.
[477] R.HAIGHT. *Jesus, símbolo de Deus*, p. 104.
[478] Ibidem, p. 145.

mediante o atributo Pai[479]. Conforme a reconhecida análise do biblista americano Raymond Brown, "é bastante óbvio que no NT o termo 'Deus` seja aplicado, com notável frequência, a Aquele que Jesus chama Pai, ou seja, o Deus revelado nas Escrituras de Israel"[480]. Na busca de mostrar a relação de Jesus com Deus com base nos escritos neotestamentários, Haight sublinha que "em ponto algum do Novo Testamento Jesus é identificado com o Deus transcendente sem ambiguidade"[481]. Mesmo no prólogo do Evangelho de João, onde aparece de forma mais explícita a íntima união de Jesus com o Pai, esta compreensão deve ser lida tendo em conta o gênero literário, "como linguagem poética e figurativa"[482]. Jesus não abole a transcendência de Deus, mas viveu permanentemente sob a presença do "mistério inexorável" do Deus sempre maior. Sua consciência humana foi sempre filial. Em sua humanidade deixou-se abandonar incondicionalmente "ao Deus incompreensível, e aceitou com amor e possuiu sem removê-la esta última 'bem-aventurada ignorância`"[483].

O que Roger Haight procura mostrar é que a questão da unidade de Jesus com Deus não foi claramente estabelecida no Novo Testamento, nem mesmo na cristologia joanina. Esta é uma tese que pode ser encontrada, com as devidas nuances, em importantes exegetas católicos, como Rudolf Schnackenburg, para o qual a cristologia joanina expressa uma tensão permanenente entre a ideia da estreita união de Jesus como filho de Deus e o Pai e a subordinação de Jesus ao Pai[484]. De acordo com Haight, "é impossível imaginar que, historicamente, Jesus tenha concebido a si mesmo, nos termos de Nicéia, como consubstancial com o Pai"[485]. Isso acontecerá pos-

---

[479] Com base nos estudos de Elizabeth Johnson, Haight chama, porém, adverte que "não se pode postular o uso exclusivo do termo 'Pai` para Deus com base no ministério de Jesus". Em sua visão, Deus não pode ser caracterizado por gênero, à semelhança do que ocorre na realidade finita. Indica que "não se pode atribuir nenhum peso ontológico ao gênero de Deus. Isso é proporcionado por sua transcendência e ilustrado pelas imagens femininas de Deus que são usadas em relação a Deus nas Escrituras": R.HAIGHT. *Jesus, símbolo de Deus*, p. 127 e 142.

[480] R.E. BROWN. *Introduzione alla cristologia del Nuovo Testamento*. Brescia: Queriniana, 1995, pp. 170-171. A mesma ideia vem expressa por K.RAHNER: Theos nel Nuovo Testamento. *Saggi teologici*. Roma: Paoline, 1965, p. 567; J.DUPUIS. *Introduzione alla cristologia*. Casal Monferrato: Piemme, 1993, p. 10.

[481] R.HAIGHT. *Jesus, símbolo de Deus*, p. 300.

[482] Na visão de Hans Kung, com base em estudos exegéticos, o autor do prólogo do Evangelho de João serviu-se de um antigo hino, certamente ebraico-helenístico, que tinha por objeto "não um pré-existente ser divino "Filho", mas Deus e o seu Logos, a sua Palavra, a sua Sabedoria na criação e na revelação". O que o autor cristão se limitou a fazer foi aceitar em sentido cristão esta ideia de que o Verbo estava com Deus desde o princípio. Cf. H.KÜNG. *Cristianesimo*. Milano: Rizzoli, 1994, pp. 98-99.

[483] K.RAHNER. A proposito del nascondimento di Dio. In: *Teologia dall'esperienza dello Spirito*. Roma: Paoline, 1978, p. 370.

[484] R.SCHNACKENBURG. *La persona di Gesù Cristo nei quattro vangeli*. Brescia: Paideia, 1995, p. 411.

[485] R.HAIGHT. *Jesus, símbolo de Deus*, p. 249.

teriormente, como fruto da interpretação feita pelos seguidores cristãos. A afirmação mais clara da identificação de Jesus com Deus virá no século IV, com a ideia da hipostatização da linguagem simbólica a respeito de Deus, ou seja, a transformação de um conceito em coisa real.

Em sua análise das cristologias neotestamentárias, Haight insiste em reforçar a presença de um pluralismo que não pode ser abafado. São cristologias bem distintas. Ele apresenta as cristologias do kerygma primitivo, como a de Jesus Cristo como último Adão (Rm 5,12-21 e Cor 15,21-23.45-49), de Jesus Cristo como Filho de Deus em Marcos e de Jesus Cristo potencializado pelo Espírito em Lucas. Fala também da cristologia sapiencial, que apresenta Jesus com a sabedoria de Deus, presente em Fl 2,6-11, Cl 1,15-20 e Mt 11,25-30, considerada aquela que faz a ponte para a cristologia dos três estágios de um Jesus Cristo preexistente.[486] E finaliza com a reflexão da cristologia do prólogo de João, ou seja, de Jesus Cristo como Logos de Deus. Para Haight, as primeiras cristologias são "cristologias baixas", onde a concepção divina de Jesus não apresenta ainda as posteriores conotações de filiação física e metafísica. É com a cristologia do prólogo do evangelho de João que se começa a conceber de forma mais clara a preexistência pessoal do Logos-Filho. Trata-se da "primeira cristologia encarnacional em três estágios, na qual Jesus Cristo é identificado como aquele que preexistiu como Logos-Sofia pessoal e que, na permanente condição de sujeito, veio a tornar-se humano"[487]. Ao defender o pluralismo cristológico do Novo Testamento, Haight sustenta a manutenção das diferenças na unidade, mas problematiza o processo que levou a tradição cristã a lançar mão de uma cristologia e erigi-la como norma para as demais, como ocorreu com a cristologia joanina, assumida em seguida como normativa. Ele sublinha que "nenhum outro texto bíblico teve mais influência sobre o desenvolvimento da cristologia como o prólogo do evangelho de João"[488], tornando-se paradigmático desde os primórdios da era patrística. Mas hoje em dia esta cristologia do Logos começa a sofrer questionamentos, como mostra Haight. Ele mesmo levanta a questão:

---

[486] Para Roger Haight, a questão de uma preexistência de Jesus acaba contradizendo a sua consubstancialidade com os seres humanos, afirmada em Calcedônia. A seu ver, "a encarnação deve ser interpretada de maneira a não solapar a humanidade de Jesus": R.HAIGHT. *Jesus, símbolo de Deus*, p. 526. Para uma discussão mais atualizada sobre esta questão da preexistência, em particular no evangelho de João e em Paulo, ver: H.KÜNG. *Cristianesimo*. Milano: Rizzoli, 1997, pp. 98-103.

[487] R.HAIGHT. *Jesus, símbolo de Deus*, pp. 210-211.

[488] Ibidem, p. 208.

> "Não haverá outras cristologias neotestamentárias que possam ser apropriadas por várias culturas, do mesmo modo como a linguagem do Logos foi adotada pela cultura grega? Não terá a cristologia do Espírito maior respaldo no Novo Testamento, mais inteligibilidade para a imaginação historicista e maior impacto emocional para a vida cristã do que a cristologia do Logos"?[489]

Vários teólogos vêm hoje trabalhando nesta questão e propondo pistas alternativas ou complementares para uma compreensão cristológica mais integral. Em sua introdução à cristologia, o teólogo Jacques Dupuis questiona a afirmação da cristologia joanina, em particular do prólogo de João, como modelo absoluto e exclusivo para a cristologia. Ele propõe uma "cristologia integral" capaz de articular em tensão fecunda os aspectos complementares do mistério de Jesus Cristo sublinhados pelas cristologias funcional e ontológica[490]. Hans Kung, por sua vez, vai chamar a atenção para o processo histórico que levou ao abandono da cristologia do judeu-cristianismo, que não conhecia a ideia de uma préexistência do Filho de Deus, e consagrou a cristologia do prólogo de João com sua enunciação da préexistência e encarnação do Verbo, a ponto de instaurar uma mudança de paradigma no cristianismo (paradigma da metafísica helenística)[491]. Também Claude Geffré, interessado no diálogo com o Islã, vai propor a recuperação de uma "cristologia narrativa de Jesus servidor de Deus", testemunhada sobretudo nos Atos dos Apóstolos. Trata-se de um cristologia que recupera a ideia de "entronização", capaz de compreender a filiação divina de Jesus não na linha de sua geração física ou metafísica, mas na linha de sua exaltação pelo poder do Espírito (Rm 1,3-4 e At 13,33)[492].

A tradição clássica

O pluralismo da cristologia neotestamentária ficou atenuado com a pujane afirmação da cristologia do Logos préexistente, uma teologia de descenso-ascenso. Esta cristologia encontrará terreno fértil na cristologia alexandrina do Logos-sarx, que vem reforçar a ideia dos três estágios da ação do Logos ou Filho celestial:

---

[489] Ibidem, p. 40.
[490] J.DUPUIS. *Introduzione alla cristologia*, pp. 23 e 110
[491] H.KÜNG. *Cristianesimo*, p. 178ss.
[492] C.GEFFRÉ. *Croire et interpréter*, pp. 163-166.

> "Existe uma única pessoa nessa cristologia, a do Logos. Esse Logos-Filho é o Filho eterno de Deus que, de uma maneira que parece ter sido compreendida bem literalmente, assumiu carne humana pelo breve intervalo de sua existência humana, havendo sido posteriormente ressuscitado da morte e ascendido a seu lugar no âmbito da divindade"[493].

A mesma estrutura joanina vai marcar a teologia do concílio de Nicéia (325), que se desdobra no contexto da escola alexandrina de cristologia. O símbolo de Nicéia, que contesta a ideia ariana de geração do Filho de Deus, afirma a igualdade ontológica de Deus-Pai e de Jesus Cristo: os dois são iguais por essência ("homo-oúsios"). A unidade de Jesus Cristo com Deus defendida em Nicéia deixa na sombra toda e qualquer ideia de subordinação de Jesus Cristo ao Pai, consagrando a equiparação do Filho com o Pai em unidade rigorosa. Na visão de Haight, a teologia nicena, em razão da predominância da estrutura joanina, acaba embaçando a visão de Jesus como ser humano integral, uma imagem presente nas cristologias dos evangelhos sinóticos: "a linguagem de Nicéia raras vezes leva a referir imaginativamente a Jesus de Nazaré, mas ao Filho eterno e celestial"[494]. Em linha de continuidade com Nicéia, o concílio de Calcedônia (451) manterá a cristologia descensional típica da perspectiva joanina. Este concílio buscou equilibrar numa fórmula de compromisso as duas cristologias fortes no tempo, a alexandrina (cristologia da única pessoa divina) e a antioquena (cristologia das duas naturezas). A fórmula ou definição cristológica de Calcedônia vai acentuar que no mistério de Cristo coexistem unidade e distinção. O mesmo e único Senhor Jesus Cristo é "perfeito em sua divindade e perfeito em sua humanidade, verdadeiro Deus e verdadeiro homem, (composto) de alma racional e de corpo, consubstancial ao Pai pela divindade, e consubstancial a nós pela humanidade (...)" (DH 301). A avaliação crítica feita por Haight a Calcedônia retoma a anteriormente elaborada sobre Nicéia. Ele vê com reservas a "perspectiva exclusivamente joanina", a "hipostatização dos símbolos bíblicos" e a "cristologia descencional". O mais grave a seu ver é o fato da doutrina de Calcedônia ter se distanciado do Jesus histórico, que é mistério que dá vida, e embaçado sua imagem na teia de nuvens metafísicas. A doutrina de Calcedônia "abandonou Jesus tal como é retratado nos evangelhos sinóticos. Aborda Jesus em categorias

---

[493] R.HAIGHT. *Jesus, símbolo de Deus*, p. 307.
[494] Ibidem, pp. 326 e 325.

metafísicas abstratas ou gerais de natureza, pessoa, substância e ser. Quando essa espécie de linguagem domina o tema, compromete um enfoque imaginativo de Jesus de Nazaré"[495].

É na linha de recuperação de Jesus como ser humano integral que vai se firmar a proposta cristológica de Roger Haight. Ele busca recuperar o lado positivo de Calcedônia, mais inteligível e plausível para o tempo presente, que fala da natureza consubstancial de Jesus com os seres humanos. Mesmo reconhecendo o avanço de Calcedônia com respeito a Nicéia, Haight propõe uma reformulação de sua linguagem. Reitera que "a realidade de Jesus como ser humano precisa ser afirmada com maior incisividade histórica: Jesus era uma pessoa humana"[496]. Sua intenção é manter sempre distante um dos mais sérios riscos na reflexão cristológica que é o monofisismo, ou seja, a absorção da natureza humana de Jesus na natureza divina. É um risco que permanece real em razão da "longa estação de predileção de uma só entre as diversas cristologias do Novo Testamento"[497]. Verifica-se este risco em certos documentos do magistério católico, que teimam em minimizar a força humana da presença de Jesus, em apresentar um Cristo deslocado de seu projeto do Reino e desligado da provocação do Espírito. Na notificação do livro de Roger Haight, por parte da CDF, a forma como se procede a crítica à compreensão da mediação simbólica de Jesus acaba revelando uma dificuldade real de entender a dinâmica humana, limitada e contingencial que acompanha o homem Jesus. Percebe-se com nitidez e clareza uma grande resistência ao processo de interpretação que poderia levar a uma ampliação da problemática tratada em Calcedônia.

Cristologia construtiva

Um dos desafios fundamentais levado a efeito por Roger Haight em seu livro *"Jesus, símbolo de Deus"* é o de propor uma nova cristologia que responda às questões do século XXI. A seu ver, a cristologia está sendo hoje impulsionada e provocada por uma dinâmica cultural que ele identifica como pós-moderna. O autor reconhece não ser fácil definir o emaranhado de definições e valorações que acompanham tal dinâmica cultural, mas sublinha

---

[495] Ibidem, p. 336 e também p. 344.

[496] Ibidem, p. 344.

[497] J.DUPUIS. La teologia del pluralismo religioso rivisitata. *Rassegna di Teologia*, n. 5, set/ott 1999, p. 673. Dupuis salienta a presença de um outro risco no momento atual, ou seja, o risco do "monofisismo invertido", que significa a absorção da natureza divina na natureza humana de Jesus após a encarnação do Verbo, ocasionando uma dificuldade de perceber os atributos divinos da pessoa do Verbo: ibidem, p. 673.

alguns aspectos que são a ser significativos para mapear o momento. Em primeiro lugar, a consciência dos limites na compreensão da realidade, do planeta e da existência humana. Trata-se da percepção da inevitabilidade e da contingência de ser na história. Neste novo cenário firma-se igualmente a crescente consciência da relatividade ou mesmo relativismo, que marca este tempo da fragmentação das grandes narrativas ou totalizações. Vale mencionar ainda a explosiva consciência do pluralismo, do direito à diferença, que assumem agora feições radicais[498].

O contexto da experiência religiosa contemporânea traz as marcas decisivas da historicidade e do pluralismo. A consciência da relatividade impõe vivos limites às pretensões de verdade totalizantes e excludentes. As verdades não mais se impõem como realidades garantidas e naturais, mas devem ser justificadas e demonstradas de forma argumentativa. Isto vale para as religiões: "deve-se demonstrar a própria inteligibilidade de uma revelação universalmente relevante de Deus mediada por uma pessoa particular, Jesus Cristo"[499]. Para Roger Haight, este reconhecimento da historicidade e do pluralismo não descambam necessariamente para o relativismo religioso. É possível, afirma, compaginar o reconhecimento da verdade nas outras religiões com a universalidade da verdade mediada por Jesus Cristo.

Uma cristologia construtiva para o tempo atual deve, segundo Haight, situar-se positivamente no contexto plural da experiência religiosa de outros povos e culturas. Sobre esta questão sublinha: "uma adequada cristologia, atualmente, deve incluir uma descrição do relacionamento de Jesus com outras mediações religiosas de Deus (...). O pluralismo religioso é uma característica da situação da vida cristã; torna-se, portanto, uma dimensão intrínseca da interpretação de Jesus como o Cristo"[500]. Mas isto não pode ser resolvido apenas com a adição de um novo tópico que se acrescenta á reflexão tradicional da cristologia. É uma questão que reposiciona toda a metodologia teológica e traduz uma provocação para os teólogos: deixar-se "fecundar intelectualmente pelo pluralismo religioso". Não há como continuar entendendo o pluralismo religioso apenas como um dado conjuntural passageiro, mas coloca-se o desafio imperativo de situá-lo positivamente no desígnio salvífico de Deus, enquanto pluralismo de direito ou princípio.

---

[498] R.HAIGHT. *Jesus, símbolo de Deus*, pp. 41; Id. *Dinâmica da teologia*, pp. 258-260.
[499] R.HAIGHT. *Jesus, símbolo de Deus*, p. 225.
[500] Ibidem, p. 455.

Uma das teses de Roger Haight questionadas na notificação da CDF diz respeito ao tema da unicidade e universalidade da mediação salvífica de Jesus. A CDF questiona a posição defendida pelo autor de que Jesus seria normativo para os cristãos, mas não constitutivo para as outras mediações religiosas. Para a CDF a defesa desta posição teológica acaba negando a missão salvífica universal de Jesus e a missão da igreja de anunciá-lo para todos os povos. O texto da CDF é curto e não entra em maiores detalhes. Deixa, porém, de apresentar os argumentos mais importantes apresentados por Haight na defesa de sua posição. Tendo em vista a sensibilidade deste autor para a questão do pluralismo religioso de princípio, seria extremamente complicado, mesmo do ponto de vista cristão, estender a normatividade de Jesus para todas as outras tradições religiosas, o que equivaleria a desconhecer ou negar a singularidade, a originalidade e a presença reveladora de Deus que acompanha e ilumina os povos e religiões por caminhos misteriosos.

Levando-se em conta a perspectiva interna da fé cristã, não há como desconhecer ou negar o valor normativo de Jesus Cristo para a apropriação cristã da realidade última. Jesus revela Deus, não há nenhuma dúvida a respeito. E "dizer que Jesus revela Deus significa que a compreensão cristã de Deus, na medida em que é especificamente cristã, remonta a Jesus como sua fonte, origem e fundamento. Isso não quer dizer que o cristão não disponha de outras fontes ou dados históricos para a reflexão sobre a realidade última"[501]. A teologia das religiões ou do pluralismo religioso tem mostrado com muita clareza e pertinência que a experiência do diálogo inter-religioso tem facultado aos cristãos perceberem aspectos originais e novidadeiros nas diversas formas de sintonia com Deus, e que não encontram guarida na experiência específica do cristianismo[502]. Se é correto e pertinente afirmar que Jesus constitui o ponto fulcral da mediação para a revelação cristã de Deus, isto "não significa que o conhecimento e o encontro do cristão com Deus derivam exclusivamente de Jesus Cristo, e sim que Jesus proporciona o símbolo e a norma centrais para a compreensão de Deus"[503]. Não são residuais as experiências de buscadores de diálogo, como Henri le Saux, Thomas Merton, Panikkar, Massignon, que no encontro com tradições religiosas distintas sairam profundamente enriquecidos na sua aexperiência cristã.

---

[501] Ibidem, p. 413.
[502] E.SCHILLEBEECKX. *Umanità la storia di Dio*, p. 220.
[503] R.HAIGHT. *Jesus, símbolo de Deus*, p. 113.

> "O reconhecimento da influência salvífica universal de Deus transforma o pluralismo religioso em uma situação positiva, na qual se pode aprender mais acerca da realidade última e da existência humana do que o que se acha disponível em uma única tradição (...). É difícil acreditar, hoje em dia, que uma única religião seja capaz de dispor da plenitude da verdade acerca da realidade suprema"[504].

A normatividade de Jesus é válida para os cristãos, mas não pode, porém, ser aplicada universalmente. Para Haight, "os cristãos hoje podem relacionar-se com Jesus como normativo da verdade religiosa acerca de Deus, do mundo e da existência humana, convictos, ao mesmo tempo, de que também existem outras mediações religiosas que são verdadeiras e, portanto, normativas"[505]. Esta é uma tese coerente e legítima para quem busca compreender o pluralismo religioso como um dado de valor. Caso contrário, acaba-se negando o valor irredutível e irrevogável das outras tradições religiosas, bem como a consciência de que elas se fundam numa experiência autêntica de revelação. Isto não significa, entretanto, a impossibilidade de uma emulação positiva entre as diversas tradições. Na verdade, as riquezas da experiência de Deus vividas no espaço da alteridade são também nutrientes fundamentais na ampliação de horizontes de experiências religiosas que são distintas. São experiências relevantes não apenas para quem as vive, mas também para quem participa da arriscada travessia dialogal.

A defesa da normatividade de Jesus não constitui para Roger Haight um impedimento para a avaliação positiva do pluralismo religioso. A abertura cristã para o reconhecimento das religiões como mediações da salvação de Deus é um desdobramento natural do encontro com Jesus, que manifesta e traduz a presença amorosa de Deus aos seres humanos, do Deus da vida que selou com Noé uma aliança envolvendo todos os povos (Gn 9, 9-13). Para Haight, "as pessoas que não conseguem reconhecer a verdade salvífica de outras religiões podem implicitamente estar

---

[504] Ibidem, p. 485. Em outra obra, sublinha o autor: "De um ponto de vista cristão, porém, a pluralidade das religiões, com sua variedade e riqueza simbólica, medeia ´mais` revelação de Deus do que qualquer religião isolada, incluindo o próprio cristianismo": R.HAIGHT. *O futuro da cristologia*. São Paulo: Paulinas, 2008, p. 137.

[505] Ibidem, p. 464 e 455. Como muito bem lembrou Haight, "a convicção de que Deus age na história através de outras mediações, de forma alguma prejudica o compromisso do cristão com o que experiencia ter Deus feito em Jesus (...). A experiência cristã do que Deus fez em Jesus Cristo não se afigura diminuída pelo reconhecimento do Deus verdadeiro atuante em outras religiões": Ibidem, p. 474. Acrescenta ainda que "a presença salvífica de Deus em Jesus Cristo não é de maneira alguma fortalecida pela ausência de Deus no restante do mundo". Na verdade, "o temor de que alguma coisa se perca, ao se conceber Deus atuante em outras religiões, baseia-se numa premissa de competição entre as religiões": Ibidem, p. 486.

operando com uma concepção de Deus distante da criação. Jesus atesta a imanência de Deus"[506]. Não há como negar a importância dos vínculos, das convicções e das comunidades que são âncoras fundamentais para a construção de mundos e a afirmação de sentido. Como diz uma jovem poeta brasileira, "é sempre mais difícil ancorar um navio no espaço". A operação de vinculação é essencial na lógica do ser humano, mas quando aplicada à realidade última pode produzir resultados bem problemáticos. Sendo o mistério maior, ou o real, infinito e transcendente, não pode ser confinado ou reduzido a um exclusivo sistema de crença. Na verdade, quando se limita o real a uma imagem particular e se nega outras manifestações do mesmo, acaba-se negando o real em sua infinitude.

Uma operação de vínculo redutora ocorreu no cristianismo na sedimentação do tradicional axioma "fora da Igreja não há salvação". Em obra fundamental para conhecer a história dessa fórmula, o teólogo Bernard Sesboué mostrou com pertinência que o fundamento deste adágio tradicional "é a afirmação cristã de que o Cristo é o único Mediador entre Deus e a humanidade e o único Salvador do gênero humano, e que ele fundou a Igreja para em seu nome exercer uma missão de salvação universal"[507]. Na visão de Roger Haight, a manutenção de atitudes e posicionamentos exclusivistas ou mesmo inclusivistas torna-se no tempo atual rigorosamente problemática e carente de plausibilidade. O que é verdade para os cristãos, e digno de crédito em âmbito existencial, confessional e interno, não pode estender-se de forma objetiva e universal para os outros que não partilham da mesma convicção. Os cristãos fazem a experiência de serem salvos por Jesus, mas tal experiência "não fornece base alguma para afirmar que Deus não possa salvar de outra maneira, ou que só os cristãos são salvos"[508]. Torna-se igualmente problemático a perspectiva inclusiva e constitutiva que atribui a Jesus a causa da salvação de todos os seres humanos. Na verdade, quem salva é Deus, e o próprio testemunho de Jesus é teocêntrico, como indicam os dados neotestamentários. Na visão de Haight, é a própria internalização da consciência histórica que vem minando uma semelhante posição constitutiva:

---

[506] R.HAIGHT. *Jesus, símbolo de Deus*, p. 479.
[507] B.SESBOUÉ. *Hors de l'Église pas de salut*. Histoire d'une formule et problèmes d'interprétation. Paris: Desclée de Brouwer, 2004, p. 279.
[508] R.HAIGHT. *Jesus, símbolo de Deus*, p. 465.

> "a falta de evidência para o caso e os indícios positivos em contrário do testemunho neotestamentário levam ao reconhecimento de que o nexo causal entre Jesus e a salvação de todos os demais é fruto de especulação. Só um processo argumentativo de cunho especulativo e metafísico tem condição de explicar como as ações históricas de Jesus podem ser a causa da salvação dos seres humanos que viveram e morreram antes de sua existência"[509].

Movido pela convicção de que as religiões encontram-se enraizadas na providência de Deus, que elas se encontram abraçadas pela lógica infinita do amor e misericórdia de Deus, Roger Haight toma posição em favor de um teocentrismo. Em sua visão, "a situação recomenda uma cosmovisão geral que é teocêntrica, que é, literalmente, aquela em que Deus constitui o centro de toda realidade, e não Jesus Cristo"[510]. Trata-se de uma visão que honra a alteridade religiosa e provê uma base para a seriedade do diálogo interreligioso.

Para Roger Haight, o fundamento universal da salvação é "Deus como Espírito", que vem revelado normativamente em Jesus, mas também nas outras tradições religiosas, nas quais encontra-se presente e ativo[511]. Estas tradições não são apenas verdadeiras como também positivamente desejadas por Deus, enquanto canais de sua presença gratuita no mundo.

> "Não é necessário que o poder de Deus como Espírito seja compreendido nos mesmos termos que a revelação de Jesus Cristo. (...) A mediação fundamental da presença salvífica de Deus nas outras religiões não precisa ser uma pessoa: pode ser um evento, um livro, um ensinamento, uma práxis. Dizer que as outras religiões só são verdadeiras na medida em que correspondem aos conceitos cristãos de Deus é fazer de Jesus uma norma positiva e recair no inclusivismo"[512].

Em linha de continuidade com esta percepção, Haight propõe sua hipótese de uma "cristologia do Espírito", em contraste com a cristologia tradicional do Logos, de longa prevalência nas igrejas cristãs. Nesta distinta

---

[509]. Ibidem, p. 466. Neste particular, Haight distancia-se da posição inclusivista de K.Rahner, que defende a posição de Jesus como a causa da salvação de todos e a ideia de que toda graça de Deus é *gratia Christi*: Ibidem, pp. 403 e 474. Para Haight, a cristologia de Rahner não se livra de certa inconsistência temática: "de uma inconsistência entre a linguagem da graça universal, como existencial sobrenatural, e a linguagem de Jesus de Nazaré, um evento particular na história, como causa constituinte dessa graça": ibidem, p. 497.

[510] R.HAIGHT. *Jesus, símbolo de Deus*, pp. 244 e 479.

[511] Ibidem, p. 477. Para Haight, as diversas tradições religiosas contêm "outras normas diferentes, porém universalmente relevantes, de aferição da verdade da realidade transcendente e da salvação": ibidem, p. 476

[512] Ibidem, p. 477.

perspectiva cristológica a divindade de Jesus vem sublinhada não a partir do símbolo Logos, mas a partir da presença de Deus como Espírito. Recupera-se aqui o caminho de uma cristologia que procede a partir de baixo, que reforça a integridade de Jesus de Nazaré e enfatiza a presença espiritual de Deus em seu caminho, como força que o impulsiona a agir. Para Haight,

> "o símbolo do Espírito afirma mais diretamente que Deus, o próprio Deus, atuava em Jesus e por meio dele. Isso contrasta com os símbolos do Verbo e da sabedoria de Deus que, na medida em que se tornaram personificados e portanto hipostatizados, tendem a conotar alguém ou alguma coisa diferente e inferior a Deus que se encarnou em Jesus, ainda que seja chamada divina ou de Deus"[513].

O recurso do símbolo de Deus como Espírito evita qualquer risco de subordinacionismo, na medida em que enfatiza que "ninguém menos que Deus se achava em ação em Jesus". Daí escolher Haight como metáfora fundamental subjacente à sua cristologia a da delegação. É uma metáfora que "presume a inabitação de Deus como Espírito na pessoa humana de Jesus": uma presença que preenche sua vida, mas resguarda a liberdade. E esta presença não é simplesmente funcional ou "adverbial", mas como lembra Haight, é "uma presença ontológica, porque onde Deus age, aí está Deus"[514].

A afirmação de uma cristologia do Espírito encontra uma de suas principais resistências na cristologia do Logos, como lembra Haight. E esta cristologia está vinculada à teologia trinitária. Questões relacionadas à inteligibilidade e credibilidade atuais da doutrina trinitária têm favorecido novos e significativos tratamentos deste complexo tema. Dentre as abordagens atuais vale recordar a realizada pelo teólogo E.Schillebeeckx, que chama a atenção para o risco sempre presente do "triteísmo" na abordagem da questão, sobretudo quando se trabalha com a ideia de Deus como três pessoas. Em sua visão, a Trindade "é o modo de Deus ser pessoa". Ele evita falar em três pessoas, pela ambiguidade que acompanha esta ideia, prefere falar na natureza pessoal de Deus com uma estrutura trinitária. É o Deus que se manifesta na criação, em Jesus (Filho de Deus), na igreja e em todos os povos (Espírito Santo)[515].

---

[513] Ibidem, p. 517. Haight busca assim recuperar e atualizar um paradigma semelhante ao antioqueno, na linha de uma cristologia da inabitação.

[514] Ibidem, p. 522.

[515] E.SCHILLEBEECKX. *Sono un teologo felice*. Bologna: EDB, 1993, pp. 58-60. Como indica este autor, "Deus é trindade (isto é dogma!), mas não é três pessoas. Seria triteísmo". Esta é uma visão que para ele não contradiz

O que se propõe fazer Roger Haight é recuperar o núcleo da teologia trinitária, mas partindo de baixo, ou seja, da experiência de Deus na economia da salvação, pois para ele a verdadeira essência do encontro cristão com Deus situa-se na Trindade econômica.

> "O núcleo da doutrina da Trindade é, portanto, soteriológico. A doutrina que se respalda na experiência da salvação e dela deriva tem por objetivo afirmar e resguardar a economia dessa experiência de salvação. Destarte, além de ser uma doutrina que reafirma o monoteísmo em um contexto cristão, a doutrina também afirma que a salvação de Deus é realmente mediada à existência humana por Jesus no Espírito. Não tenciona transmitir informações a respeito da vida interior de Deus, mas sobre o modo como Deus relaciona-se com os seres humanos"[516].

---

com a profissão de fé, pois se crê "em Deus onipotente, em Jesus (o Cristo), o amado do Pai, Filho de Deus por excelência" e no Espírito Santo, que é dom, que é Deus que se doa aos humanos: ibidem, pp. 59-60.

[516] R.HAIGHT. *Jesus, símbolo de Deus*, p. 555.

4

TEOLOGIA E PLURALISMO RELIGIOSO NA ÁSIA

A diversidade religiosa é um dos significativos traços que caracterizam o grande continente asiático. O pluralismo religioso é um dado constitutivo da paisagem asiática, e toca o coração de cada um de seus habitantes. A proximidade com as outras tradições religiosas faz parte do cotidiano dos cristãos que ali habitam, e essa vizinhança tece o modo de viver o cristianismo com uma peculiaridade singular. A riqueza dessa experiência de proximidade e amizade foi bem descrita pelos bispos da Ásia, em sua primeira assembleia plenária, realizada em Taipé (Taiwan) em abril de 1974. Os bispos reconhecem a relevância das diversas tradições religiosas, enquanto "elementos importantes e positivos na economia do plano divino de salvação"[517]. Assinalam também o seu respeito e reconhecimento pelos "profundos ideais e valores espirituais e éticos" que animam tais tradições, traduzindo um valoroso "patrimônio de experiência religiosa", de onde os asiáticos tiram força e luz para a sua vida. Em linha de descontinuidade com certa teologia do acabamento, os bispos sublinham que tais tradições não expressam uma simples busca tateante de Deus, mas refletem antes a graciosa iniciativa de Deus que acolhe com alegria a sua presença: é Deus mesmo que "atrai para si a nossa gente por meio delas"[518]. É Ele, em sua divina hospitalidade, que se coloca em busca das religiões, antes mesmo que elas se inclinem a buscá-lo na história[519].

É no continente asiático que estão concentrados cerca de dois terços da humanidade, distribuídos em seus setores ocidental, oriental e meridional. Ali nasceram as grandes tradições religiosas da humanidade: as religiões profético-monoteístas, como o judaísmo, cristianismo e islã; as religiões de mística da interioridade, como o hinduísmo, budismo, jainismo e zoroastrismo; e as religiões que professam uma mística da ação, como o

---

[517] FEDERAZIONE delle Conferenze Episcopali Asiatiche (FABC). *Documenti della Chiesa in Asia*, Bologna: EMI, 1997, p.62 (L'evangelizzazione dell'Asia oggi – Taipé, 1974).

[518] Ibid., p. 63.

[519] J.DUPUIS, *Rumo a uma teologia cristã do pluralismo religioso*, São Paulo: Paulinas, 1999, p. 421; Id., *O cristianismo e as religiões*, São Paulo: Loyola, 2004, p. 213; C.GEFFRÉ, *De babel à pentecôte*, Paris: Cerf, 2006, p. 114.

confucionismo, o taoísmo e o xintoísmo. Nesse continente profundamente religioso, o cristianismo envolve apenas 2,5% de sua população. É uma religião minoritária, apesar de todos os esforços da ação missionária ao longo dos séculos. Os sinais mais vivos da presença cristã encontram-se nas Filipinas, Coréia do Sul e Timor Leste. Os teólogos e bispos da tradição católico-romana na Ásia reconhecem que a Igreja, não obstante a ação missionária, permanece um "corpo estranho" nesse grande continente: pelo estilo de vida, pelas estruturas institucionais, pelas formas de teologia e culto e pela dinâmica de atuação de suas lideranças[520].

Em situação minoritária, o cristianismo na Ásia busca responder a novos desafios, entre os quais o do diálogo interreligioso numa situação plural. Esse movimento interreligioso se faz ainda mais preciso no momento em que a própria demografia cristã vive uma situação distinta. Verifica-se nos tempos atuais uma mudança de perspectiva, onde o centro de gravidade do cristianismo vem se deslocando do Norte para o Sul. Um novo cenário se descortina, com a presença mais substantiva de jovens e de massas humanas empobrecidas que buscam um horizonte de libertação[521]. O encontro das religiões assume um lugar de grande importância para o cristianismo asiático, com dimensões bem precisas:

> Em primeiro lugar, há uma tentativa de experimentar a fé cristã e a mensagem do Evangelho através das intuições espirituais das outras tradições religiosas; de ler as Escrituras, entendê-las e interpretá-las através das Escrituras de outras crenças; de adotar práticas espirituais que ajudam a experimentar e a viver a fé em profundidade. Em segundo lugar, há uma tentativa de forjar relações com pessoas de outras crenças na vida de cada dia através de amizade, partilha e mútuo intercâmbio, superando questões doutrinais e de credo; de desenvolver sobre a base destas experiências, uma teologia das religiões que reconhece o lugar das outras religiões na economia divina; de levar seriamente em consideração a religiosidade dos pobres e dos marginalizados e de introduzí-las numa teologia da religião que tenha um impulso libertador[522].

---

[520] Veja a respeito o documento do encontro teológico da FABC, datado de 1991 (FAPAI 1, 337), retomado por J. TAN, "La Chiesa e il Regno. Un nuovo modo di essere Chiesa in Asia", in M.AMALADOSS & R, GIBELLINI (edd.), *Teologia in Asia*, Brescia: Queriniana, p. 325. E também: A Igreja na Ásia – Exortação apostólica pós-sinodal. *Sedoc* 32 / nº 278 (2000) 429.

[521] F.Wilfred. Da missão mundial aos cristianismos globais. Uma perspectiva a partir do Sul. *Concilium*, v. 339, n. 1, p. 11, 2011.

[522] Ibid., p. 19.

Teologia e pluralidade religiosa

A teologia asiática cristã recebeu um importante impulso após o Concílio Vaticano II (1962-1965). Singulares desenvolvimentos teológicos ganharam plausibilidade e reforço com a motivação da primavera conciliar, cujos efeitos se fizeram sentir em diferentes espaços do continente. Não há que conceber a teologia asiática de forma monolítica. Ela se expressa em diferentes nuances, com aproximações precisas em três campos de interesse prioritários: a luta em favor da libertação dos pobres, o desafio da inculturação e o diálogo interreligioso. Trata-se de uma teologia com orgânica vinculação com a vida da Igreja, com significativa contribuição na orientação pastoral da Federação das Conferências dos Bispos da Ásia (*Federation of Asians Bishops` Conferences* - FABC)[523].

O traço distintivo da reflexão teológica asiática sobre o pluralismo religioso é a prioridade concedida à experiência. É uma teologia que parte de uma experiência de fé tecida pelo encontro com o diferente. A abertura plural não é decorrência de uma reflexão teorética e acadêmica, mas fruto de um enraizamento dialogal na vida cotidiana com os vizinhos de outras tradições religiosas[524]. E eles são tratados não como estranhos, ou definidos negativamente, como não cristãos, mas reconhecidos na sua dignidade de "amigos" com os quais se entabula um recíproco aprendizado.

É a experiência do outro que informa a reflexão teológica cristã asiática sobre as outras religiões. O diálogo chega antes da teologia, servindo de matriz fundamental para a reflexão que se segue. É uma reflexão sobre o diálogo inserida no diálogo. Essa é a grande diferença e a original contribuição oferecida. Há também certa insatisfação com respeito aos paradigmas até então utilizados para abordar a teologia das religiões: exclusivismo, inclusivismo e pluralismo. Os teólogos indianos preferem alargar o olhar

---

[523] F.WILFRED. Il volto pubblico del cristianesimo in Asia e la sua teologia. In: M.AMALADOSS & R, GIBELLINI (Edd.). *Teologia in Asia*, pp. 411-412. Para um histórico da FABC e dos diversos encontros do setor responsável pelo diálogo interreligioso (BIRA – *Bishops`Institute for Interreligious Affairs*) cf. D. COLOMBO, "A servizio dei popoli dell'Asia", in FABC, *Documenti della Chiesa in Asia*, pp. 12-20. Ver ainda: J.KUTTIANIMATTATHIL. *Practice and Theology of Interreligious dialogue*. Bangalore: Kristu Jyoti Publications, 1998, pp. 125-161. Para uma síntese da evolução do pensamento da FABC sobre as religiões cf. F. WILFRED. Imagens de Jesus Cristo no contexto pastoral da Ásia. *Concilium*, v. 246, n. 2, pp. 68-69, 1993.

[524] FABC. Documento de síntese da Federação das Conferências Episcopais da Ásia – O que o Espírito diz às Igrejas. *Sedoc*, v.33, n.281, pp. 44-45, 2000. Como indica Felix Wilfred, a acolhida teológica do pluralismo asiático radica-se numa "tradição que, em geral, avizinhou-se da experiência religiosa dos outros com respeito e com um senso do sagrado": F.WILFRED. Il volto pubblico del cristianesimo in Asia e la sua teologia. Riflessioni fondamentali. In: M.AMALADOSS & R, GIBELLINI (Edd.), *Teologia in Asia*, p. 448. E também: M.AMALADOSS. *À la rencontre des cultures*. Paris: De L'Atelier, 1997, p. 22.

com a perspectiva advaita do "e/e" em vez das oposições excludentes do "ou/ou", fruto de uma lógica aristotélica-cartesiana[525]. Como indica Amaladoss, a nova teologia das religiões que nasce no contexto asiático não se contenta com os tradicionais paradigmas, e busca um caminho que se firma na ideia da "unidade na diferença", expressa com os símbolos mais atinentes ao contexto asiático, como o de "harmonia"[526]. Trata-se de um símbolo que se baseia numa visão mais "holística" e alargada da vontade salvífica universal de Deus que envolve toda a história[527].

A rica experiência de convivência com o outro suscitou entre os cristãos asiáticos a consciência de que o pluralismo religioso é um dado de princípio ou de direito e não a expressão deteriorada de buscas tateantes e equivocadas. Trata-se da viva percepção de que a pluralidade existente é o sinal da "livre criatividade de Deus" e expressão afirmativa da dinâmica infinita e multiforme de sua graça. Na raiz dessa diversidade, como acentuou Amaladoss, está a "vontade positiva de Deus de comunicar-se numa variedade de modos, não só com a finalidade de manifestar a riqueza do ser divino, mas também as diversidades culturais e históricas que brotam do dom da liberdade e da criatividade que Deus conferiu aos seres humanos"[528]. Esse reconhecimento de um pluralismo religioso de princípio, que vai ganhando corpo na reflexão teológica cristã sobre as religiões, encontrou entre os teólogos e bispos asiáticos sua firme cidadania. Em julho de 1988, por ocasião de um encontro do BIRA[529], realizado em Sukabumi, na Indonésia, os delegados de nove conferências episcopais da Ásia filiadas à FABC sublinharam:

> A unidade, a paz e a harmonia devem realizar-se na diversidade. A diversidade não é algo a se deplorar ou abolir, mas razão para alegrar-se e promover, pois representa uma riqueza

---

[525] M.AMALADOSS. C'è um modo asiático di fare teologia? In: M.AMALADOSS & R.GIBELLINI (Edd.). *Teologia in Asia*, p. 37; Id. Emerge una teología índia. *Selecciones de teología*, n. 141, p. 7, 1997.

[526] Trata-se de uma imagem que recorre a uma metáfora musical e que, segundo os indianos, adapta-se bem ao contexto do diálogo inter-religioso e intercultural: M.AMALADOSS. *À la rencontre des cultures*, pp. 164-165; FABC. *Documenti della Chiesa in Asia*, p. 28 (Introduzione – Domenico Colombo).

[527] M.AMALADOSS. *À la rencontre des cultures*, p. 122. Ver também: M. L. FITZGERALD. Teologia delle religioni: panorâmica. *Il Regno-Documenti*, n. 786, p. 93, 1997; A.PIERIS. *Viver e arriscar*. Estudos interreligiosos comparativos a partir de uma perspectiva asiática. São Bernardo do Campo: Nhanduti, 2008, p. 15. De acordo com F.Wilfred, a classificação ocidental dos paradigmas tem um caráter mais formalista e acaba deixando de lado "o aspecto mais criativo e experiencial do encontro": F.WILFRED. Da missão mundial aos cristianismos globais. Uma perspectiva a partir do Sul, p. 19.

[528] M.AMALADOSS. *Rinnovare tutte le cose*. Dialogo, pluralismo ed evangelizzazione in Asia, Roma: Arkeios, 1993, p. 128 (e também p. 126); Id. *À la rencontre des cultures*, p. 162.

[529] Bishops` Institute for Inter-religious Affairs.

e uma força. A harmonia não é simplesmente ausência de luta, do tipo ´viver e deixar viver`. A prova da verdadeira harmonia está na aceitação da diversidade como riqueza[530].

Num exercício de olhar retrospectivo, pode-se verificar como essa acolhida do pluralismo de princípio por parte da FABC vem de longe, desde a sua primeira Assembleia Plenária, realizada em 1974, o que já foi destacado no início deste texto. Talvez seja essa uma das mais fundamentais contribuições do magistério dos bispos asiáticos, ou seja, o reconhecimento da pluralidade cultural e religiosa como expressão da "inexaurível riqueza do amor de Deus e de sua vontade salvífica universal"[531]. A nova perspectiva veio identificada teologicamente como "pluralismo receptivo". Trata-se de um novo modelo capaz de responder às constantes solicitações do Espírito que atua nas diversas tradições religiosas e facultar a compreensão e acolhida da dinâmica interreligiosa: de sua interrelação e complementaridade[532].

Não há como negar o influxo dessa perspectiva teológica em dois documentos do magistério central da Igreja católico-romana (ICAR). Em primeiro lugar, o documento *Diálogo e Missão*, do então Secretariado para os Não-Cristãos, publicado em junho de 1984. Respira-se nesse documento um clima de muita abertura interreligiosa, com a acolhida positiva das "riquezas da sabedoria infinita e multiforme de Deus" espraiadas na criação e na história[533]. Em segundo lugar, o documento *Diálogo e Anúncio*, do Pontifício Conselho para o Diálogo Interreligioso, publicado em maio de 1991. Talvez seja o documento dessa instância magisterial que expressa o maior avanço no campo do diálogo interreligioso. Não há dúvida que ainda existem nele titubeios eclesiológicos, como mostrou Jacques Dupuis[534], mas há avanços importantes no reconhecimento do valor das outras religiões como expresso, por exemplo, em seu número 29. Ali se reconhece que o mistério da salva-

---

[530] FABC. *Documenti della Chiesa in Asia*, p. 305 (Religione a servizio dell´Armonia universale – BIRA IV/11, Sukabumi, Indonésia, 1-7 luglio 1988).

[531] Que expressa igualmente a posição dos teólogos asiáticos, ou seja, a defesa de um pluralismo de direito: Association Théologique Indienne. Vers une théologie des religions. Une perspective chrétienne indienne. *Spiritus*, n. 122, p. 85, 1991 (declaração emitida em dezembro de 1988).

[532] FABC. *Documenti della Chiesa in Asia*, p. 282 (Discernere lo Spirito all´opera dentro e fuori la Chiesa d´Asia – BIRA IV/3, 1-7 dicembre 1986). Ver ainda: M.M.QUATRA. Regno di Dio e missione della Chiesa nel contesto asiatico. Uno studio sui documenti della FABC (1970-1995). Dissertatio ad Doctoratum in Facultate Missiologiae, Roma, Pontifícia Universitatis Gregorianae, 1998, pp. 183, 191, 298 e 515.

[533] SECRETARIADO para os Não-Cristãos. *A Igreja e as religiões*. Diálogo e Missão. São Paulo: Paulinas, 2001, nºs 22 e 41 (O documento foi originalmente publicado em junho de 1984).

[534] J.DUPUIS. A Theological Commentary: Dialogue and Proclamation. In: W.R.BURROWS (Ed.), *Redemption and Dialogue*. Reading Redemptoris Missio and Dialogue and Proclamation. New York: Orbis Books, 1994, pp. 136-137.

ção envolve igualmente os fiéis de outras tradições religiosas por caminhos misteriosos de Deus, e isto mediante "a prática daquilo que é bom nas suas próprias tradições religiosas, e seguindo os ditames de sua consciência"[535].

O rosto asiático de Jesus

Há um significativo movimento que envolve a teologia asiática no sentido de recuperar o rosto asiático de Jesus. Nada mais natural e desejado do que retomar um caminho que traga novamente Jesus para o seu lugar de origem. Na verdade, "Jesus nasceu, viveu, pregou e morreu na Ásia, contudo é ainda frequentemente visto como um ocidental"[536]. Constata-se também que grande parte da reflexão teológica sobre Jesus Cristo tem um viés ocidental, vinculada a um único filão cultural, de corte greco-romano. E esse mesmo Jesus ocidentalizado foi levado à Ásia pelos missionários ocidentais (europeus e norte-americanos), acompanhando o projeto colonizador. Não sem razão, foram inúmeras as resistências a tal dinâmica missionária, sobretudo na Índia, China e Japão.

Essa cristologia, vigente nos últimos vinte séculos, foi cunhada de forma provocativa por Raimon Panikkar como sendo uma "cristologia tribal", centrada em seus interesses particulares, indiferente às outras experiências humanas e distante do universo das tradições religiosas da humanidade. Trata-se de uma cristologia *ad usum nostrorum*, que serve para um horizonte restrito da cristandade. Não é de se estranhar, lembra Panikkar, que uma tal cristologia produza dificuldades para aqueles que estão fora do circuito ocidental. Ela é muitas vezes vista como uma "construção suspeita, associada a estrangeiros conquistadores e invasores"[537].

Podem ser percebidos dois filões específicos na reflexão teológica asiática sobre Jesus Cristo. Um primeiro, vai na linha da recuperação da narrativa de Jesus, do Jesus recordado pelos seus discípulos e testemunhado no Segundo Testamento. Na exortação apostólica pós-sinodal, sobre a Igreja na Ásia, enfatizou-se a importância de uma apresentação de Jesus na Ásia que dê preferência aos métodos narrativos, que estão em maior sintonia com as formas culturais daquele continente. E o documento sublinha que "o anún-

---

[535] PONTIFÍCIO Conselho para o Diálogo Inter-religioso. *Diálogo e Anúncio*. Petrópolis: Vozes, 1991, n. 29. Segundo Quatra, foi só a partir desse documento que o magistério central da Igreja começou a levar mais a sério o pluralismo religioso: M.M.QUATRA. Regno di Dio e missione della Chiesa nel contesto asiatico, p. 444.

[536] M.AMALADOSS. *Il volto asiatico de Gesu*. Bologna: EDB, 2007, p. 11.

[537] R.PANIKKAR. *Cristofania*. Bologna, EDB, 1994, pp. 5-6; Id. Jesús en el diálogo interreligioso. In: J.J.TAMAYO ACOSTA (Ed.). *10 palabras clave sobre Jesus de Nazaret*, pp. 453-454 e 463-464.

cio de Jesus Cristo pode fazer-se mais eficazmente narrando a sua história, como fazem os Evangelhos". Enfatiza a importância de uma maior atenção às categorias "relacionais, históricas e cósmicas", de forma a favorecer uma maior abertura "a novos e imprevistos caminhos pelos quais o rosto de Jesus possa ser apresentado aos habitantes da Ásia". Acolhe-se também as imagens de Jesus sugeridas pelos bispos sinodais[538], entre as quais a de "Jesus Cristo como mestre de sabedoria, médico, libertador, guia espiritual, ser iluminado, amigo compassivo do pobre, bom samaritano, bom pastor, ser obediente"[539].

Os bispos asiáticos mostram-se sensíveis às imagens de Jesus que encontram melhor acolhida entre os fiéis de outras tradições religiosas e que são também trabalhadas pelos teólogos da tradição cristã. A tradição cristã ocidental está mais habituada a certas imagens de Jesus, entre as quais a de Senhor divino-humano, Sumo Sacerdote, Rei dos Reis etc. Os asiáticos sugerem novas imagens: Jesus Mestre Moral, Guru, Avatar, Satyagrahi, Advaitin, Bodhisattva. O que está em jogo é buscar apresentar um Jesus que seja doador de vida e que esteja em sintonia com a cadência cotidiana. Os indianos estão menos interessados no Jesus enredado na "teia das nuvens metafísicas", abafado nas explicações ontológicas. O Jesus que lhes atrai é o que aquece o coração, transforma a vida e habilita para enfrentar suas provocações. Em síntese, alguém capaz de suscitar nos outros a capacidade de viver e amar de uma forma novidadeira[540]. Num trabalho de fôlego sobre o Jesus da fé, o exegeta indiano, George Soares Prabhu, busca traçar algumas pistas essenciais de contribuição cristológica para uma espiritualidade ecumênica do terceiro mundo. Sua intenção é recuperar a dinâmica que anima as cristologias do Segundo Testamento, que estão longe de se fechar numa perspectiva ontológica. São exemplarmente funcionais, preocupando-se mais em descrever o significado de Jesus do que explicar a estrutura de seu ser. É esse "Mistério de Jesus", doador de vida, que Prabhu visa suscitar em sua reflexão: o resgate da "experiência de Jesus" e seu impacto no tempo. É o foco nesse mistério, e não nos mecanismos utilizados para explicá-lo, que se torna, a seu ver, urgente para a espiritualidade do Terceiro Mundo, em sua busca por diálogo e libertação[541].

---

[538] *Relatio post disceptationem*, 6.

[539] A Igreja na Ásia. Exortação Apostólica pós-sinodal. *Sedoc*, v. 32, n. 278, pp. 448-449, 2000.

[540] M.AMALADOSS. *Il volto asiático de Gesu*, p. 193. Para as imagens de Jesus propostas pelos fiéis asiáticos de outras tradições cf. ibid., pp. 35s. Ver ainda: Id., "Emerge una teología índia", *Selecciones de Teología*, v. 36, n.141, p. 15, 1997.

[541] G.SOARES-PRABHU. The Jesus of Faith. A Christological Contribution to an Ecumenical Third World Spirituality. In: G.SOARES-PRABHU. *The Dharma of Jesus*. New York: Orbis Books, 2003, pp. 75-100.

Um segundo filão vai na linha da proposição de uma "cristofania", para utilizar uma expressão de Raimon Panikkar. Trata-se de uma perspectiva que envolve uma certa kênose da experiência cristã, no sentido de uma maior humildade com respeito à percepção do mistério de Cristo na história. Firma-se a ideia de que os cristãos não têm monopólio da experiência e conhecimento do Cristo. Os cristãos acessam o mistério de Cristo através de Jesus, mas esse mistério não se esgota em Jesus: "Jesus é o Cristo, mas o Cristo não pode ser completamente identificado com Jesus"[542]. Cristo é visto como um símbolo mais amplo, que envolve toda a realidade e recolhe os tesouros da divindade, os mistérios do humano e a espessura do universo. O mistério de Cristo tem um alcance cósmico e universal, incluindo "todas as manifestações de Deus na história, não apenas as realizadas em Jesus". Jesus simboliza a "forma kenótica do Cristo", mas a "plenitude de Cristo será alcançada quando Deus nele reunir todas as riquezas que comunicou ao mundo". Isso significa que é no processo da história da salvação, que envolve o movimento de encontro e comunicação entre as religiões, que "Jesus se vai realmente convertendo no Cristo"[543].

Reconhecer e aceitar o Cristo como símbolo do inexaurível mistério da comunicação divina, envolve uma sensibilidade kenótica, que abre o campo da reflexão para o horizonte mais amplo do Deus sempre maior, em permanente processo de auto-manifestação. Os cristãos experimentam em Jesus a janela de acesso a esse Mistério, mas ele não pode ser visto como a exclusiva janela, válida para todos, pois outros caminhos são vivenciados com sentido e valor pelos fiéis de tradições religiosas distintas. Daí ser problemática a linguagem da unicidade: "Os cristãos condividem com os outros a peregrinação para a plenitude da verdade. Em outros termos, a experiência indiana de Jesus, e a sua interpretação, não parece requerer a linguagem da unicidade"[544]. O acento substantivo recai no Mistério, que acolhe com alegria os distintos caminhos religiosos que são regidos pela dinâmica do amor e do dom[545].

---

[542] R.PANIKKAR. *Cristofania*, p. 17.

[543] M.AMALADOSS. O pluralismo das religiões e o significado de Cristo. In: F.TEIXEIRA (Org.), *Diálogo de pássaros*. Nos caminhos do diálogo inter-religioso. São Paulo: Paulinas, 1993, pp. 100-101 e 103; Id. *À la rencontre des cultures*, p.123.

[544] M.FITZGERALD. Teologia delle religioni: panorâmica. *Il Regno-Documenti*, n.786, p. 93, 1997. É interessante constatar que sob o ponto de vista bíblico, "existe pouca evidência de que Jesus tenha pregado a si próprio como o mediador constitutivo da salvação de Deus para todos os seres humanos. Em contrapartida, fartos indícios e a opinião comum dos exegetas indicam que Jesus não pregou a si mesmo, e sim o reino de Deus. A mensagem do próprio Jesus é teocêntrica": R.HAIGHT. *Jesus, símbolo de Deus*. São Paulo: Paulinas, 2003, p. 466.

[545] BHAGAVADGÎTÂ, Canto IX, 23 e 26, 4ª ed, Milano: Adelphi, 1996.

Tendo em vista a ênfase dada ao diálogo interreligioso, os teólogos asiáticos descartam uma reflexão teológica que enfatize a unicidade, seja de Cristo ou do cristianismo. É uma questão que está fora da agenda de suas preocupações fundamentais. Como indica Tissa Balasuriya, "não é possível nenhum diálogo promissor com as religiões asiáticas partindo da afirmação da unicidade da revelação cristã, entendida como única, privilegiada e definitiva revelação de Deus, enquanto as outras revelações são vistas como secundárias, de menor valor e, em certo sentido, menos verdadeiras"[546]. A perspectiva da unicidade vem assim "corrigida por uma perspectiva escatológica: é somente no termo da história que a identidade do Cristo manifestar-se-á em plenitude, o dia em que a experiência da humanidade será enriquecida por todas as tradições espirituais que, pelo melhor delas mesmas, são igualmente caminhos que se dirigem ao mistério da Realidade última"[547].

O que em verdade está em jogo para os teólogos asiáticos é a experiência do Deus sempre maior, de todos os nomes, de seu Mistério envolvente e acolhedor. Esse inexaurível Mistério, como o próprio hinduísmo indica, tem uma diversidade de nomes salvadores:

> "Não é a Liberdade radical (o total silenciamento de todo desejo), que o Buda realizou através de extenuantes concentrações, como mais um nome de Deus, entendido como Amor incondicional, o mesmo nome que nos foi revelado por Jesus? Para 600 milhões de pessoas é isto. Ou a fluente corrente de Vida Pulsante recebida com temor e querida com alegria pelas grandes religiões indígenas da África, não é também um nome de Deus? Ou ainda, a total harmonia do Cosmos que os sábios chineses Confúcio, Lao Tzu ou Mêncio vislumbraram, não é também o nome do Mistério Absoluto? Todos esses nomes nos falam da incrível riqueza da experiência religiosa da humanidade, que reúne formas de religiosidade tão abundantes como as flores de uma floresta. Querer disputar sobre a superioridade de uma ou de outra destas não parecerá nem pratico, nem sábio. Verdadeiramente, o problema da unicidade de Cristo como discussão na teologia hoje parecerá, para mim, como um problema acadêmico com pequeno significado (...). Na Ásia, ao menos, é Deus (e não o Cristo) quem sempre permanece no centro"[548].

---

[546] T.BALASURIYA. *Teologia planetária*. Bologna: EMI, 1986, p. 169; A.PIERIS, *Viver e arriscar*, p. 15.
[547] M.FÉDOU. Débats théologiques en Inde. *Études*, n.383, p. 664, 1995.
[548] G.S.PRABHU. The Jesus of Faith, p. 96. Como indica Prabhu, os cristãos optam pelo caminho do seguimento de Jesus, e nele descortinam o Mistério Absoluto e a via de acesso para a Vida. Eles também convidam

Uma eclesiologia dialogal

Numa das teses sobre o diálogo interreligioso propostas pela Comissão Consultiva Teológica da FABC indica-se que o diálogo com as outras religiões constitui "uma dimensão integral da missão da Igreja". O modo de entender a Igreja na Ásia vem, assim, pontuado pela dinâmica dialógica. É sugestivo perceber como essa apreciação positiva das outras religiões no contexto eclesiológico asiático possibilitou a inclusão do pluralismo religioso na própria inteligibilidade da Igreja. Em seu comentário sobre a segunda tese em torno do diálogo interreligioso, a Comissão responsável asseverou: "A sua experiência das outras religiões tem levado a Igreja na Ásia a esta apreciação positiva do papel delas na economia divina da salvação. Esta apreciação é baseada nos frutos do Espírito percebidos nas vidas dos fiéis de outras religiões (...)."[549].

A abertura ao pluralismo religioso e a nova valorização das outras religiões incidiram na afirmação de um novo paradigma para a reflexão teológica asiática, centrado na perspectiva reinocêntrica[550]. O reinocentrismo facultou a superação da perspectiva eclesiocêntrica e a percepção mais viva da mediação simbólica da Igreja no coração da história, em colaboração fraterna com as outras religiões. Ele possibilitou "mostrar como o cristianismo e as outras tradições religiosas são co-participantes da realidade universal do Reino de Deus para cuja construção são chamados a colaborar até a sua plenitude escatológica"[551].

Fala-se em "simbolização interreligiosa do Reino" para expressar essa dinâmica relacional provocada por esse horizonte maior que traduz a ação permanente e universal do Mistério de Deus em toda a história e criação. Mas o Reino, em si, não se identifica com nenhuma de suas mediações históricas. Só ele é absoluto (EN 8), transcendendo todas as religiões. Não há como relativizar ou mesmo apagar essa imprescindível distância que separa Deus e o seu Reino dos humanos. Trata-se de uma essencial "reserva escatológica" de Deus sobre o mundo e as religiões. A pretensão de absolutização de uma determinada religião, como por exemplo o cris-

---

os outros para compartilhar a riqueza dessa experiência sem, porém, afirmar que seja esse o único caminho a ser percorrido por todos, pois estão animados pela certeza de que "todo o mundo é permeado pela Glória do Senhor" (Îsâ Upanishad): Ibid., p. 97.

[549] FABC. Teses sobre o diálogo interreligioso. *Sedoc*, v. 33, n. 281, pp. 56-57, 2000 (Comissão Consultiva Teológica da FABC); M.M.QUATRA. Regno di Dio e missione della Chiesa nel contesto asiatico, p. 520.

[550] FABC. Teses sobre o diálogo interreligioso", p. 59 (Comentário da tese 3).

[551] J.DUPUIS. *Rumo a uma teologia cristã do pluralismo religioso*, p. 526.

tianismo, acaba maculando esse singular enigma, esse "ponto de imanência mais misterioso", suscitando a idolatria. A idolatria consiste justamente na rejeição dessa "distância" entre o humano e o divino, na relativização de sua "inacessibilidade total"[552].

Firma-se na Ásia um modelo extroverso de Igreja, pontuado por sacramentalidade relacional. É a ideia de uma Igreja "serva do Reino" e seguidora de Jesus, como assinalado no I Colóquio Teológico Internacional da FABC, realizado na Tailândia, em janeiro de 1994:

> Assim como Jesus colocou toda a sua vida a serviço do Reino de Deus, também nós somos convidados a aprofundar a nossa reflexão sobre esta perspectiva fundamental de nosso Senhor. Isso exige que a vida e as estruturas da Igreja se libertem de todo triunfalismo, pois o Reino é maior do que nós. Isso exige que nos gloriemos por sermos apenas os humildes servos do Reino, pois sem a visão do Reino a nossa comunidade perde o seu sentido[553].

No contexto dessa "simbolização interreligiosa do Reino", a Igreja entende-se como co-peregrina (*fellow pilgrim*) numa longa jornada em direção ao horizonte maior do Reino. Está inserida no "tempo da paciência de Deus", revestida de humildade e não de glória. E a atenção voltada para a cortesia, a hospitalidade, o aprendizado e o diálogo. Não se nega o valor de sua sacramentalidade, mas se reconhece que ela não é nem exclusiva nem exaustiva, como bem mostrou Jacques Dupuis em corajosa reflexão: "O fato de a Igreja ser o sacramento do Reino de Deus universalmente presente na história não implica necessariamente que ela exerça uma atividade de mediação universal da graça em favor dos membros das outras tradições religiosas que entraram no Reino de Deus respondendo ao convite de Deus pela fé e pelo amor"[554]. Enquanto partícipes do Reino de Deus, os outros são capazes de revelar para os cristãos aspectos inusitados e novidadeiros do mistério, que não foram por eles percebidos ou que foram comunicados com menor clareza por sua própria tradição[555].

---

[552] A.GESCHÉ. O cristianismo e as outras religiões. In: F.TEIXEIRA (Org.), *Diálogo de pássaros*, pp. 56-57.
[553] FABC. Ser Igreja na Ásia. *Sedoc*, v. 28, n.252, p. 187, 1995; FABC. *Documenti della Chiesa in Asia*, p. 273 (BIRA IV/2 – Tailândia 1985). Ver ainda: M.AMALADOSS. O pluralismo das religiões e o significado de Cristo. In: F.TEIXEIRA (Org.), *Diálogo de pássaros*, p. 104.
[554] J.DUPUIS. *Rumo a uma teologia cristã do pluralismo religioso*, p. 485.
[555] Ibid., p. 521.

A perspectiva missiológica asiática é também informada pela tônica reinocêntrica. O Reino de Deus vem entendido como a meta derradeira do projeto evangelizador. Não se dribla em nenhum momento o desafio essencial da proclamação de Jesus aos outros, mas essa proclamação é exercida através dos atos e do diálogo. O diálogo está sempre domiciliado no mistério de Jesus Cristo, que para os cristãos asiáticos está no coração de sua vida, e essa experiência vem também partilhada por eles com os outros. Entendem, porém, que o grande desafio está em "proclamar Jesus Cristo de tal maneira que isso não constitua uma exclusão das experiências religiosas que nossos amigos viveram em suas religiões tradicionais"[556]

É o jeito peculiar e característico do exercício evangelizador na Ásia, como evidenciado num dos documentos mais ricos produzidos pela FABC em torno das orientações pastorais e teológicas da FABC, publicado por ocasião do Sínodo da Ásia, em 1998. Os bispos reconhecem que a proclamação explícita de Jesus Salvador constitui o elemento essencial da evangelização, mas a forma como ela vem realizada na Ásia está sintonizada com a dinâmica do seguimento: "Para os cristãos da Ásia, proclamar o Cristo significa antes de tudo viver como ele, no meio dos próximos e vizinhos que não têm a mesma fé e não são da mesma confissão nem convicção, e, pela força de sua graça, fazer o que ele fez[557]". A meta visada é o Reino, e seu exercício é feito de forma cooperada:

> O desafio para nós é esta proclamação da Boa Notícia: promover justiça, paz, caridade, compaixão, igualdade e fraternidade no seio das realidades asiáticas; trata-se, com efeito, de fazer do Reino uma realidade. O desafio com o qual nos defrontamos é o de sabermos cooperar com todos os homens de boa vontade em união com a ação divina no mundo, ao serviço da justiça e da paz[558].

Vale ainda sublinhar que para os bispos da Ásia, bem como para a teologia que alimenta sua reflexão, o anuncio evangelizador vem sempre marcado pela tônica e o espírito do diálogo. É um anúncio que procede de forma aberta e dialógica[559].

---

[556] FABC. O que o Espírito diz às Igrejas, p. 46.
[557] FABC. O que o Espírito diz às Igrejas, p. 42. Ver também: M.M.QUATRA. Regno di Dio e missione della Chiesa nel contesto asiatico, p. 448.
[558] FABC. O que o Espírito diz às Igrejas, pp. 42-43.
[559] FABC. *Documenti della Chiesa in Asia*, p. 417 (Una teologia della missione per l'Asia – Tailândia, novembro de 1991). Nessa mesma linha: PONTIFÍCIO Conselho para o Diálogo Interreligioso. *Diálogo e Anúncio*, nºs 70 e 77.

Em companhia com os outros

O diálogo com os outros firma-se como um dos principais desafios da teologia asiática. Trata-se de uma expressão recorrente nos vários documentos da FABC, como uma das singulares tarefas a ser assumida pelos cristãos na Ásia. O diálogo é visto como um "ato espiritual", na medida em que faculta perceber a forma como o Espírito vem atuando nos diversos caminhos espirituais. Daí se falar do diálogo como uma "viagem em companhia do Espírito para descobrir de onde vem e para onde vai a sua graça"[560]. É o diálogo que cria as condições para entrar com alegria no mundo do outro e por ele ser enriquecido: "Este diálogo nos permitirá tocar com as mãos as expressões e a realidade do ser mais íntimo de nossa gente, e nos colocar em condições para encontrar modos autênticos de viver e expressar a nossa fé cristã"[561].

Na perspectiva cristã asiática, o diálogo é visto como um "caminho contínuo", ou também como uma "peregrinação espiritual em busca da verdade, da harmonia, do divino". É uma peregrinação que se faz acompanhar pela presença do Espírito em direção a uma vida plenificada, animada pela presença dos outros amigos. Surpresas acontecem no itinerário dialogal, como o "despertar contemplativo" para o Mistério de Deus que envolve toda realidade, sem nela se confinar. Mas é também, curiosamente, uma viagem para dentro de si mesmo, em direção a "níveis mais profundos de consciência", onde se dá o encontro com o "centro divino" do sujeito, sua "luz interior" e a "fonte escondida" de sua vida e do seu agir[562].

A Ásia foi cenário das mais ricas experiências de diálogo inter-religioso, realizado nesse nível de maior profundidade, onde se dá a partilha das experiências de oração, contemplação, fé e compromisso entre fiéis de

---

[560] FABC. O que o Espírito diz às Igrejas, p. 46. Ver também: FABC. *Documenti della Chiesa in Asia*, pp. 316-317 (BIRA IV/2 – 1991). A ideia do diálogo como uma viagem fraterna junto ao outro rumo à morada de Deus aparece em outros momentos nos documentos da FABC: cf. FABC. *Documenti della Chiesa in Asia*, pp. 177, 232-233 e 317. Foi igualmente a imagem escolhida por João Paulo II no evento inter-religioso de Assis, em 1986: cf. PONTIFICIO Consiglio per il Dialogo Interreligioso. *Il dialogo interreligioso nel magistero pontificio*. Città del Vaticano: Libreria Editrice Vaticana, 1994, p. 416.

[561] FABC. *Documenti della Chiesa in Asia*, p. 63 (L'evangelizazzione dell'Asia oggi. Prima Assemblea Plenária – Taipé, 1974).

[562] FABC. *Documenti della Chiesa in Asia*, pp. 232-233 (Contemplazione e compassione: spiritualità integrale per gli incontri di fede in Asia – Feisa I, Tailândia, 1994). Como assinala o teólogo vietnamita, Peter Phan, o diálogo inter-religioso é um "componente da busca espiritual cristã na Ásia": P.PHAN. La ricerca spirituale cristiana in Asia. In: M.AMALADOSS & R.GIBELLINI (Edd.). *Teologia in Asia*, p. 277.

tradições distintas[563]. São irradiadores os exemplos de buscadores cristãos do diálogo que ali atuaram como Henri le Saux (1910-1973), Bede Griffiths (1906-1993), Jules Monchanin (1895-1957), Francis Mahieu (1912-2002) e Raimon Panikkar (1918-2010). São buscadores que

> viveram em profundidade a experiência do encontro com a alteridade. Não viam como suficiente um diálogo restrito a assimilação de elementos de exterioridade da outra tradição, mas moviam-se por sede mais intensa, na busca de captação de uma dimensão de maior profundidade. Foram ´peregrinos` que assumiram o ´risco`de uma travessia novidadeira, marcada pelo encontro criador de uma experiência religiosa pontuada por duas tradições distintas. Longe de significar experiências relativizadoras da tradição, como alguns tendem a pensar, o itinerário de tais buscadores revela, antes, a densidade e riqueza de uma experiência espiritual e de uma ´comunicação em profundidade`que não se detém diante das diferenças[564].

Uma boa síntese do posicionamento dos cristãos asiáticos com respeito ao diálogo encontra-se nas *teses sobre o diálogo interreligioso*, preparadas pela Comissão Consultiva Teológica da FABC, gestada num período de dez anos e tornada pública em abril de 1987. São teses que buscam oferecer um novo paradigma sobre a temática do diálogo, com base na experiência asiática. O diálogo é visto como uma "dimensão integral da missão da Igreja" (tese 2), tendo como base a "fé na vontade universal salvífica de Deus" (tese 3). Trata-se de uma

> comunicação e um compartilhar de vida, experiência, visão e reflexão por fiéis de religiões diferentes, buscando juntos descobrir o trabalho do espírito entre eles. Ao remover preconceitos, ele cresce rumo à compreensão e ao enriquecimento mútuos, rumo ao discernimento e testemunho comuns e rumo ao compromisso de promover e defender os valores humanos e espirituais, levando a níveis profundos de experiência espiritual. É uma jornada em conjunto numa comunhão de mentes e corações rumo ao Reino para o qual Deus chama todos os povos (tese 4).

---

[563] O documento *Diálogo e Missão* (1984) indica esse diálogo da experiência religiosa como aquele que acontece em âmbito de maior profundidade: cf. DM 35. Ver também *Diálogo e Anúncio* nº 42.

[564] F.TEIXEIRA & Z.M.DIAS. *Ecumenismo e diálogo interreligioso*. Aparecida: Santuário, 2008, pp. 155-156.

Trata-se de um diálogo que acontece em distintos níveis, como na vida cotidiana, na partilha da experiência religiosa, na elaboração de um olhar comum sobre a sociedade e no intercâmbio teológico. Dentre seus objetivos estão a compreensão mútua, o enriquecimento comum, o comprometimento no testemunho e promoção dos valores humanos e espirituais e o intercâmbio da experiência religiosa (tese 4)[565]. É um diálogo que envolve tanto os indivíduos como a comunidade, levando "a níveis mais profundos de comunhão no Espírito, sem detrimento da experiência religiosa específica de cada comunidade, mas aprofundando-a" (tese 5). O diálogo convoca todas as religiões a uma profunda transformação e renovação, não se limitando unicamente à esfera religiosa, mas abraçando todas as dimensões da vida[566]. Deve ser entendido como um processo, animado por um espírito singular, que vai galgando níveis progressivos de profundidade: "Começa normalmente com a tolerância e a coexistência pacífica. Então ele vai se transformando em um diálogo de vida, promovendo a aceitação e até mesmo a admiração mútuas. A colaboração em projetos comuns em níveis sociais e culturais pode ser o próximo passo (...)." (tese 5). Ele não se opõe à proclamação ou ao anúncio. São duas "dimensões integrais mas dialéticas e complementares da missão evangelizadora da Igreja" (tese 6). O diálogo é a expressão atenta da presença e da ação de Deus fora das fronteiras da Igreja, sem visar em momento algum a conversão do outro, entendida como mudança de religião (tese 6).[567]

O trabalho realizado pelos bispos da Ásia (FABC), bem como pelos teólogos asiáticos das religiões, marcou de forma decisiva a reflexão atual sobre o pluralismo religioso de princípio e o diálogo interreligioso. Não há como abordar seriamente essa questão nos tempos atuais sem mencionar a riqueza das reflexões feitas por tais segmentos na Ásia. E é uma reflexão que se irradia rapidamente para os outros continentes, marcando presença nas Igrejas e Universidades. O tema suscita resistências e vem provocando dificuldades de compreensão no magistério central da Igreja, haja vista as notificações feitas ao trabalho de teólogos católicos que se dedicam à

---

[565] Em declaração da Associação Teológica Indiana, em torno da teologia das religiões, de dezembro de 1988 se dizia: "Um diálogo autêntico implica, por consequência, que os parceiros se respeitem mutuamente, que estejam sinceramente engajados numa busca comum, que desejem aprender um com o outro e que possam comunicar o que eles têm de mais profundo (...). Não pode haver nenhum diálogo sem a aceitação da igualdade dos parceiros": Association Théologique Indienne. Vers une théologie des religions", p. 87.
[566] Ver também a respeito: FABC. *Documenti della Chiesa in Asia*, p. 251 (Il dialogo fra indù e cristiani in Asia – BIRA 3, Madras 1982).
[567] FABC. Teses sobre o diálogo interreligioso. *Sedoc*, v. 33, n.281, pp. 51-73, 2000.

questão, como Jacques Dupuis e Roger Haight. As tensões desdobram-se no interior mesmo do magistério central, expressando posições teológicas distintas entre tradicionais dicastérios romanos como a Congregação para a Evangelização dos Povos e o Pontifício Conselho para o Diálogo Inter-religioso[568]. Algumas autoridades romanas, como o cardeal Josef Tomko, chegaram, inclusive, a identificar na Índia o "epicentro" de erros teológicos que a Encíclica *Redemptoris Missio*, de João Paulo II (1990) estaria buscando corrigir[569]. A urgência de um Sínodo de caráter continental para a Ásia foi ressaltada por João Paulo II, em sua carta apostólica sobre a preparação para o ano 2000[570], e este foi realizado em abril e maio de 1998, na cidade do Vaticano. Apesar dos tradicionais titubeios, o Sínodo para a Ásia confirmou algumas proposições fundamentais defendidas pela teologia asiática e pelos bispos do continente, entre as quais a inculturação do anúncio evangelizador de Jesus, o engajamento integral da Igreja em favor da justiça e a defesa do diálogo interreligioso.

---

[568] Um exemplo de tais tensões estaria no processo de redação do documento *Diálogo e Anúncio* (DA - 1991). Na visão do cardeal Francis Arinze, então Presidente do Pontifício Conselho para o Diálogo interreligioso, o documento ficou pronto mesmo antes da encíclica *Redemptoris Missio*, e algumas autoridades chegaram a indagar sobre a pertinência de sua publicação, uma vez que entendiam que a encíclica papal já cobria com autoridade o tema do diálogo interreligioso. No complexo processo de redação do documento DA, houve a interferência crítica da Congregação para a Evangelização dos Povos, e isto a partir da quarta redação, com emendas bem precisas no sentido de relativizar sua incidência original. Ver a respeito: J.DUPUIS. A Theological Commentary: Dialogue and Proclamation. In: W.R.BURROWS (Ed.). *Redemption and dialogue*, pp. 122 e 136-137. Ver também: F.ARINZE. Dialogue et Annonce: deux aspects de la mission évangélisatrice de l'Eglise. In: Conseil Pontifical pour le Dialogue Interreligieuse & Congregation pour l'Evangelization des Peuples. Dialogue et Annonce. *Bulletin du CPDI*, n. 77, p. 251, 1991.

[569] A.PIERIS. Editorial. *Concilium*, v. 237, n. 5, pp. 3-4, 1991.

[570] JOÃO PAULO II. *Tertio millennio adveniente*. São Paulo: Paulinas, 1994, p. 56 (º 38).

A TEOLOGIA DO PLURALISMO RELIGIOSO NA AMÉRICA LATINA

A questão do pluralismo religioso vem cada vez mais se impondo na reflexão teológica contemporânea. Cresce a cada dia o consenso em torno da importância desta questão para a reflexão teológica no tempo atual. Na visão de Claude Geffré, desempenha hoje "o papel de um novo paradigma teológico", afirmando-se como "horizonte da teologia no século XXI"[571]. E o novo desafio consiste em compreender tal pluralismo religioso não apenas como um fato contingencial ou passageiro, mas como uma realidade positiva inserida no desígnio misterioso de Deus. Como sublinha Geffré, "a pluralidade dos caminhos que levam a Deus continua sendo um mistério que nos escapa"[572]. Não há mais plausibilidade para pensar que uma única tradição religiosa seja capaz de dispor de toda a plenitude que envolve a realidade última. As tradições religiosas são "fragmentos" inacabados e contingenciais, que estão em permanente caminho de aperfeiçoamento e abertura. Elas partilham a experiência de uma interdependência que evita o risco do isolamento e auto-suficiência, compondo a beleza de uma sinfonia que é sempre adiada.[573] E cada fragmento é animado por uma singularidade ou verdade interna, irredutível e irrevogável. A percepção desta situação positiva do pluralismo religioso decorre do reconhecimento da influência salvífica universal de Deus.[574] As religiões são recordações vivas ou a *anamnese* desta vontade salvífica universal presente na história humana[575]. Cada uma é portadora de uma singularidade específica, capaz de favorecer visadas inéditas da realidade última, que muitas vezes escapam do patrimônio disponível numa tradição particular.

---

[571] C.GEFFRÉ. *Crer e interpretar*. A virada hermenêutica da teologia. Petrópolis: Vozes, 2004, pp. 26 e 134.
[572] C.GEFFRÉ. A crise da identidade cristã na era do pluralismo religioso. *Concilium*, v. 311, n. 3, 2005, p. 21. Na visão de João Batista Libânio, o pluralismo religioso de direito é "a questão teológica mais aguda": como pensar teologicamente o pluralismo religioso no desígnio salvífico de Deus: J.B.LIBÂNIO. *Olhando para o futuro*. Prospectivas teológicas e pastorais do cristianismo na América Latina. São Paulo: Loyola, 2003, p. 143 e também: C.PALÁCIO. O cristianismo na América Latina. *Perspectiva Teológica*, v. 36, n. 99, 2004, p. 179.
[573] C.DUQUOC. *L'unique Christ*. La symphonie différée. Paris: Cerf, 2002, pp. 122, 129,239-40.
[574] R.HAIGHT. *Jesus símbolo de Deus*. São Paulo: Paulinas, 2003, p. 485.
[575] E.SCHILLEBEECKX. *Umanità la storia di Dio*. Brescia: Queriniana, 1992, p. 29.

Este tema vem igualmente sensibilizando os teólogos latino-americanos nos últimos anos. Para Gustavo Gutiérrez, o pluralismo religioso representa um "território novo e exigente", e traduz um apelo que vem das nações mais pobres do mundo[576]. Não há assim descompasso com a teologia da libertação, que se vê agora provocada a ampliar sua reflexão ao considerar a dimensão religiosa plural presente na situação de pobreza do continente. Vale registrar em particular o arrojado esforço dedicado pela comissão latino americana da Associação Ecumênica de Teólogos e Teólogas do Terceiro Mundo (ASETT), de favorecer a elaboração de uma teologia do pluralismo religioso a partir das opções latino-americanas, de acolher a reflexão sobre o tema que vem sendo desenvolvida em outros continentes e de encetar um novo dialogo teológico. É o grande desafio de facultar a recepção da perspectiva interreligiosa pluralista na América Latina e desenvolver laços de interlocução com a teologia da libertação[577].

O objetivo deste capítulo é tentar mapear a reflexão que vem sendo feita sobre o tema da teologia do pluralismo religioso na América Latina, sobretudo no Brasil; de apontar os teólogos que vêm se preocupando com o tema, dos institutos e revistas voltadas para a divulgação desta reflexão, e lançar algumas pistas de encaminhamento da reflexão no continente.

O reconhecimento do desafio do pluralismo religioso

Há no momento atual da reflexão teológica latino-americana uma sensibilidade nova para o tema do pluralismo religioso. Vigora o comum reconhecimento da presença no continente de um rico e complexo mosaico de culturas e religiões e a necessidade de uma reflexão teológica mais sólida e arrojada para acolher e refletir sobre tal pluralidade. Fala-se sobre a urgência de um "novo olhar" sobre as religiões afro-brasileiras e dos povos originários, sem o qual não há possibilidades de um diálogo enriquecedor: "A sorte e a chance do diálogo e do intercâmbio entre as religiões dependem antes de tudo da qualidade e da simpatia do olhar, especialmente da parte daqueles que se consideram mestres e senhores nesses delicados domínios humanos"[578]. Fala-se

---

[576] G.GUTIÉRREZ. Situazione e compiti della teologia della liberazione. In: R.GIBELLINI (Ed.). *Prospettive teologiche per il XXI secolo*. Brescia: Queriniana, 2003, pp. 97-98.

[577] ASETT (Org.). *Pelos muitos caminhos de Deus*. Desafios do pluralismo religioso à teologia da libertação. Goiás: Rede, 2003, pp. 9-10 (simultaneamente publicada no Equador pela editora do Verbo Divino e na Itália pela editora EMI em 2004); Esta é a primeira obra de uma coleção, chamada «Pelos muitos caminhos de Deus», de cinco volumes organizados pela Comissão Teológica da ASETT Latino-americana.

[578] C.JOSAPHAT. *Evangelho e diálogo inter-religioso*. São Paulo: Loyola, 2003, p. 127 (e também pp.113-114).

também no imprescindível desafio da alteridade, do penoso confronto que a diferença envolve, do outro como "mistério irredutível", que convoca à ascese do "ver", "escutar" e "acolher". Trata-se do imperativo de manter a identidade aberta, e de aceitar a "alteridade" como "parte da própria identidade"[579].

É significativo perceber como o reconhecimento do valor do pluralismo vem acontecendo sobretudo entre os teólogos que estão envolvidos na reflexão e diálogo efetivo com outras tradições religiosas. Ao refletir sobre o diálogo do cristianismo com o candomblé, Volney Berkenbrock sinaliza o imprescindível reconhecimento da alteridade, o direito da religião singular "reservar um espaço intocável pelas demais", a legitimidade de sua reivindicação de religião legítima. Para este autor, "a pluralidade das religiões não é nenhum fenômeno passageiro que deve ser superado, que deve desembocar necessariamente numa religião única", mas uma "estrutura constante na história das religiões". A recusa ao reconhecimento do valor do pluralismo leva ao risco de "fechamento diante do mistério de Deus", ou seja, a negação do princípio da diversidade religiosa implica na desconsideração da própria compreensão de Deus[580].

No aprendizado e diálogo com as comunidades andinas, Diego Irarrazaval vem captando novas "rotas" para a percepção da presença de Deus como mistério maior. E sinaliza sua surpresa e maravilha diante das diversas buscas religiosas do sentido e do viver e em particular dos povos originários. Foi no encontro e diálogo com estes povos, com sua espiritualidade terrenal, que Diego foi aprofundando sua sensibilidade ao Mistério e sua abertura aos singulares modos de nomeá-lo e celebrá-lo. Este autor lamenta a dificuldade de abertura às riquezas religiosas do continente que marcou certo momento da teologia da libertação e propõe uma mudança de rumo, no sentido do reconhecimento de uma teologia do pluralismo religioso feita a partir dos povos originários. Mas isto significaria a necessidade de superação de uma certa linguagem "cristo-centrista" que dificulta ou mesmo impede a valorização de "outros modos de crer e ver a plenitude"[581].

---

[579] C.PALÁCIO. Para uma pedagogia do diálogo. *Perspectiva Teológica*, v. 35, 2003, pp. 371-372.
[580] V.BERKENBROCK. Diálogo e identidade religiosa: reflexões sobre a base teológica para um encontro positivo entre o candomblé e o cristianismo. REB, v. 56, n. 221, pp. 04-44, 1996. Ver também: A.M.L.SOARES. *Interfaces da revelação*. São Paulo: Paulinas, 2003, pp. 208-210. Em linha semelhante de reflexão, Roger Haight afirmou: "Acredito que as pessoas que não conseguem reconhecer a verdade salvífica de outras religiões podem implicitamente estar operando com uma concepção de Deus distante da criação": R. HAIGHT. *Jesus símbolo de Deus*, p. 479.
[581] D.IRARRAZAVAL. *Un cristianismo andino*. Quito: Abya-Yala, 1999, pp. 83-84.

Constata-se hoje na América Latina uma considerável ampliação de teólogos que vêm defendendo um pluralismo religioso de direito ou de princípio, em larga sintonia com autores que defendem esta questão em outras cercanias. Pode-se sublinhar alguns nomes entre os quais, José María Vigil, Marcelo Barros e Faustino Teixeira, que vêm trabalhando o tema de forma mais sistemática[582]. Mas a questão vem pontuando a reflexão de outros importantes autores da teologia da libertação como Leonardo Boff[583], Diego Irarrazaval[584], Ivone Gebara[585], Luiz E.Tomita[586], Benedito Ferraro[587], José Comblin[588], entre outros. Há inúmeras dissertações e teses sendo desenvolvidas no continente em torno deste tema; bem como revistas e publicações específicas voltadas para a acolhida e divulgação desta reflexão[589].

A teologia latino americana diante do pluralismo religioso

Toda a dinâmica reflexiva da teologia da libertação voltou-se para a perspectiva do pobre e de sua libertação. A especificidade de seu trabalho hermenêutico foi a releitura da tradição cristã relacionando-a com as questões humanas básicas, em particular o direito de afirmação da vida das maiorias marginalizadas e excluídas. Em razão de uma atenção concentrada sobre o tema da libertação dos pobres, outros ângulos de reflexão acabaram

---

[582] J.M.VIGIL. *Teologia del pluralismo religioso*. Curso sistemático de teologia popular. Quito: Abya-Yala, 2005 (Igualmente publicado em Córdoba: El Almendro, 2005 e São Paulo: Paulus, 2006); F.TEIXEIRA. *Teologia de las religiones*. Una visión panorâmica. Quito: Abya-Yala, 2005 (e também São Paulo: Paulinas, 1995 e Barcelona: Claret, 2002); M.BARROS. *O sonho da paz*. Petrópolis: Vozes, 1996.

[583] L.BOFF. Post Scriptum. *Numen*, v. 5, n.1, 2002, pp. 37-40; Id. Prólogo. In: J.M.Vigil & L.E. TOMITA & M.BARROS (Orgs.). *Por los muchos caminos de Dios III*. Teologia latinoamericana pluralista de la liberación. Quito: Abya-Yala, 2006.

[584] D.IRARRAZAVAL. Epílogo. Rotas abertas e fechadas em direção a Deus. In: L.TOMITA & M. BARROS & J.M.VIGIL (Orgs.). *Pluralismo e libertação*. Por uma teologia latino-americana pluralista a partir da fé cristã. São Paulo: Loyola, 2005, pp. 225-230; Epílogo. In: J.M.Vigil & L.E.TOMITA & M. BARROS (Orgs.). *Por los muchos caminos de Dios* III. Op.cit.

[585] I.GEBARA. Pluralismo religioso: una perspectiva feminista. In: J.M.VIGIL & L.E.TOMITA & M. BARROS (Orgs.). *Por los muchos caminos de Dios III*. Op.cit., pp. 167-181.

[586] L.E.TOMITA. A contribuição da teologia feminista da libertação para o debate do pluralismo religioso. In: ASETT (Org.). *Pelos muitos caminhos de Deus*, pp. 108-118.

[587] B.FERRARO. O desafio da fé cristã num mundo plural. In: *O atual debate da teologia do pluralismo religioso. Depois da "Dominus Iesus"*. Servicios Koinonia, Libros Digitales: http://servicioskoinonia.org/LibrosDigitales/index.php (acessado em 17-03-2006).

[588] J.Comblin. A teologia das religiões a partir da América Latina. In: L.E.TOMITA & M.BARROS & J.M. VIGIL (Orgs.). *Pluralismo e libertação*, pp. 47-70; Id. Cristologia en la teologia pluralista de la liberación. In: J.M.VIGIL & L.E.TOMITA & M.BARROS (Orgs.). *Por los muchos caminos de Dios III*. Op.cit.

[589] Há que sublinhar, em particular, o trabalho pioneiro desenvolvido pelo teólogo José Maria Vigil no portal *Servicios Koinonia*, responsável pela Revista Electrónica Latinoamericana de Teologia (RELAT – http://servicioskoinonia.org/relat).

não entrando na pauta da reflexão. Segundo Carlos Palácio, houve pontuais resistências para se avançar por novos caminhos, ou mesmo desconsideração por outras perspectivas, consideradas então de pouca relevância, por serem "aparentemente não-libertadoras, como a da modernidade, a das culturas ou a das religiões"[590]. Para Diego Irarrazaval, o que ocorreu foi "falta de coragem teológica" para refletir a fundo sobre "a eclesialidade numa América Latina pluri-religiosa". A seu ver, "a teologia da libertação não foi ecumênica em termos cristãos (salvo exceções), tendo escassamente dialogado com os mundos religiosos do continente"[591].

A reflexão teológica latino-americana vem sofrendo mudanças nos últimos anos, ampliando claramente o leque de sua reflexão, sem perder o horizonte fundamental de sua visada. Uma nova sensibilidade para com a questão das religiões foi sendo alavancada, sobretudo a partir do final da década de 80, quando a teologia da libertação passa a responder de forma mais amadurecida ao desafio da acolhida da diversidade. As primeiras incidências desta abertura foram se dando entre os autores que trabalhavam a questão da teologia índia (ou dos povos originários da Ameríndia), da inculturação e das religiões afro-brasileiras. Mas há que acrescentar também o influxo decisivo da espiritualidade da libertação, favorecendo a criação de um clima essencial de abertura e acolhimento da diversidade, de sensibilização à gratuidade e à disponibilidade ao dom do Deus sempre maior.

Nesta transição vivida pela teologia da libertação foi de grande importância a inspiração de alguns "buscadores de dialogo", que dedicaram sua vida ao diálogo com os diversos núcleos religiosos do continente. No campo do dialogo com as religiões indígenas, pode-se destacar as figuras de Bartolomé Meliá (sacerdote jesuíta paraguaio), Xavier Albó (sacerdote jesuíta boliviano) e Diego Irarrazaval (sacerdote chileno da Congregação de Santa Cruz). Em relato sobre sua experiência dialogal com os Guaranis, B. Meliá relatou que seu objetivo foi unicamente "buscar compreender, conviver com os índios, praticando a religião indígena". O seu objetivo nunca foi o de uma evangelização explícita, mas ao contrário, perceber a riqueza e profundidade da religião dos Guaranis[592]. Outras pioneiras no Brasil foram as Irmãzinhas de Jesus, discípulas de Charles de Foucauld, que se dedicaram ao cuidado

---

[590] C.PALÁCIO. Trinta anos de teologia na América Latina. In. L.C.SUSIN (Org.). *O mar se abriu*. Trinta anos de teologia na América Latina. São Paulo: SOTER/Loyola, 2000, p. 63.

[591] D.IRARRAZAVAL. Vertientes teológicas actuales. In: L.C.SUSIN (Org.). *O mar se abriu*, p. 101.

[592] F.TEIXEIRA (Org.). *Teologia da libertação: novos desafios*. São Paulo: Paulinas, 1991, p. 101 (há neste livro depoimentos bem interessantes destes pioneiros do diálogo com as religiões indígenas).

dos índios Tapirapé desde 1952. Ao chegarem na aldeia Tapirapé, em 1952, encontraram um grupo de 47 índios em processo de declínio e extinção. Com a ajuda e o apoio das irmãzinhas, o núcleo Tapirapé viveu o milagre da recuperação de sua dignidade e a experiência missionárias das irmãzinhas serviu de paradigma para a antropologia[593]. No campo do diálogo com as religiões afro-brasileiras destaca-se o papel pioneiro do pe. François de l'Espinay (1918-1985). Sua experiência com as religiões afro começou no ano de 1974, quando se instalou na cidade de Salvador (Bahia). Aos poucos foi se introduzindo com cada vez maior profundidade nos caminhos de solidariedade e diálogo com os fiéis do candomblé. Depois de algum tempo foi escolhido como *mogbá*, membro do Conselho de Xangô[594]. Em arrojado artigo de 1987, l'Espinay fala de sua entrada radical no mundo da "alteridade de uma cultura diferente". Lança na ocasião o decisivo convite à comunidade católica de um olhar mais positivo sobre as religiões afro:

> Bastaria sair de nossos limites fundados no exclusivismo, na certeza de possuir a única verdade, e admitir que Deus não se contradiz, que ele fala sob formas mui diferentes que se complementam uma à outra, e que cada religião possui um depósito sagrado: a Palavra de Deus lhe disse. Eis toda a riqueza do ecumenismo que não deve restringir-se ao diálogo entre cristãos[595].

A emergência de novos aportes

Um importante aporte de acolhida do pluralismo religioso na teologia da libertação veio com o desenvolvimento da *espiritualidade da libertação*. Foi no bojo desta reflexão que se cunhou o conceito de *macroecumenismo*, que vem fazendo história na teologia da libertação desde o início dos anos 90. O termo apareceu pela primeira vez na obra *espiritualidade da libertação* (1992)[596], de Pedro Casaldáliga e José María Vigil. Em sua origem, o termo

---

[593] O RENASCER do povo Tapirapé. Diário das Irmãzinhas de Jesus de Charles de Foucauld. São Paulo: Editora Salesiana, 2002.

[594] H.FRISOTTI. *Passos no diálogo*. Igreja católica e religiões afro-brasileiras. São Paulo: Paulus, 1996, pp. 62-65.

[595] F.de L'ESPINAY. A religião dos Orixás – outra palavra do Deus único? REB, v. 47, n. 187, 1987, pp. 639-650 (a citação na p. 649). O autor reage à tendência das religiões acentuarem seus traços de divisão em vez de buscarem o que elas têm de comum: "Nós católicos, temos em demasia o complexo da ´totalidade`. Nada nos falta, Deus nos disse tudo. (...) Já não é tempo de respeitar um pouco o sopro criador do Espírito, sem nos tomarmos por Ele?": ibidem, p. 649. Ver ainda: Id. Igreja e religião africana do candomblé no Brasil. REB, v. 47, n. 188, 1987, pp. 860-890.

[596] A primeira edição foi publicada em 1992 (Equador, Bolívia e Espanha). A edição brasileira saiu em 1993: P.CASALDÁLIGA & J.M.VIGIL. *Espiritualidade da libertação*. Petrópolis: Vozes, 1993 (na coleção Teologia e

vinha associado a um espírito de "abertura" e "acolhida", presentes na espiritualidade libertadora, e que expressava a hospitalidade do Deus sempre maior, presente e disponível na história dos povos, mesmo antes da chegada dos missionários. Neste "ecumenismo integral", Deus revela sua generosa universalidade: "Deus é ecumênico, não é racista, nem está ligado a nenhuma etnia nem a nenhuma cultura. Deus não se dá a ninguém com exclusividade"[597]. A expressão *macroecumenismo* ganha foro de cidadania durante a Primeira Assembleia do Povo de Deus, realizada em Quito (Equador) no ano de 1992. A expressão veio ali defendida em diversos momentos por Pedro Casaldáliga e vai aparecer no manifesto final do encontro. A ideia firmada no manifesto é a de que "o verdadeiro ecumenismo é maior que o ecumenismo". Sem descartar a importância essencial do ecumenismo, o manifesto lança o desafio da abertura ao macroecumenismo: "uma palavra nova para exprimir uma realidade nova e uma consciência nova". Trata-se do desafio de romper com os preconceitos tradicionais para poder "abraçar com muito mais braços e muito mais corações o Deus Único e Maior"[598]. Para José María Vigil, a perspectiva aberta com o macroecumenismo latino-americano já antecipa, de certa forma, um espírito que é pluralista. Já se prenuncia a intuição de um "pluralismo de princípio", embora não formulado explicitamente. Mas as amarras de um inclusivismo, ainda que moderado, permanecem vigentes na reflexão do período[599].

Outro importante aporte para a recepção do pluralismo religioso veio com os desdobramentos da abertura da teologia da libertação para a

---

Libertação – n. 9). Para as diversas edições da obra cf. http://www.servicioskoinonia.org/pedro/obras/index.html

[597] P.CASALDÁLIGA & J.M.VIGIL. *Espiritualidade da libertação*, pp. 192-193. No âmbito da teologia das religiões, Raimundo Panikkar já havia defendido anteriormente o que chamou de "ecumenismo ecumênico", de forma a expressar um ecumenismo mais amplo, de "abertura à toda família humana": R. PANIKKAR. *Il dialogo intrareligioso*. Assisi: Cittadella Editrice, 1988, p. 63; Id. *La nuova innocenza*. Sotto il Monte: Servitium, 1996, pp. 59-70 (verso un ecumenismo ecumenico).

[598] F.TEIXEIRA (Org.). *O diálogo inter-religioso como afirmação da vida*. São Paulo: Paulinas, 1997, pp. 149-150. Em artigo publicado neste mesmo livro, Pedro Casaldáliga expressa o sentido que guarda a nova expressão: "o macroecumenismo (...) não é uma organização nem um movimento propriamente dito; é sobretudo uma atitude, uma visão nova, uma espiritualidade ou o alargamento das respectivas espiritualidades, é uma mística. É uma atitude que a gente acredita ser agradável a Deus, ao Deus de todos os nomes, maior que todos eles...": P.CASALDÁLIGA. O macroecumenismo e a proclamação do Deus da vida. In: Ibidem, p. 37.

[599] J.M.VIGIL. Macroecumenismo: teologia latino-americana das religiões. In: L.E. TOMITA & M. BARROS & J.M.VIGIL (Orgs.). *Pluralismo e libertação*, pp.85-86. Mas o conceito de macroecumenismo tem produzido resistências no continente. Veja por exemplo: R.VON SINNER. Hermenêutica ecumênica para um cristianismo plural. *Estudos Teológicos*, v. 44, n. 2, 2004, p. 36 (que vê o risco de uma "espécie simplificadora de inclusão"; E.VALLE. Macroecumenismo e diálogo inter-religioso como perspectiva de renovação católica. *Rever*, v. 3, n. 2, 2003, pp. 4-5: http://www.pucsp.br/rever/rv2_2003/t_valle.htm (para este autor a adoção deste conceito pela teologia latino-americana não parece, a seu ver, muito feliz, sendo "problemática e polêmica").

ecologia. Como resposta à grave crise ecológica do tempo atual, emergem vozes alternativas em favor de um novo paradigma, caracterizado por uma "nova forma de dialogação com a totalidade dos seres e de suas relações"[600]. Um porta voz desta reflexão na América Latina tem sido Leonardo Boff, com inúmeros trabalhos dedicados a pontuar a novidade e importância do tema para a teologia da libertação. Ao desenvolver a questão da nova sensibilização ecológica que vem responder criticamente à grave crise atual, este autor lança bases importantes para a reflexão da acolhida e valorização das diferenças, de uma "nova compaixão" para com todos os seres humanos. Temas que estão diretamente relacionados à acolhida do pluralismo religioso. Leonardo Boff lança pistas fundamentais para a afirmação de uma visão holística e de uma nova espiritualidade, marcada pelo imperativo da hospitalidade e da comunhão: "O conhecimento cordial, porque fundado na comunhão, gera comunidade aberta e inclusiva do diferente acolhido na sua diferença"[601]. Para este autor, a nova espiritualidade que brota de uma sensibilidade ecológica é acolhedora da pluralidade das tradições. Assim como existe uma grande biodiversidade na natureza, que requer do ser humano a sua preservação mediante o cuidado e o respeito, de forma a evitar sua irreversível extinção, há também a diversidade das religiões, que merecem semelhante respeito[602].

Deve-se igualmente sublinhar o influxo da teologia feminista na afirmação de uma nova sensibilidade à teologia do pluralismo religioso. Dentre as teólogas latino-americanas que vêm trabalhando a questão estão Ivone Gebara, Luiza Tomita, Silvia Regina e Wanda Deifelt. Há que destacar o papel pioneiro de Ivone Gebara para o debate do pluralismo religioso, ao enfatizar o desafio do feminismo latino-americano às religiões patriarcais e os absolutismos que se firmam em seu interior. Para esta autora, a perspectiva feminista identifica-se com a dinâmica pluralista, na medida em que trabalha desde o início em favor da cidadania da diferença. Ela reconhece

---

[600] L.BOFF. *Dignitas Terrae. Ecologia: grito da terra, grito dos pobres*. 3 ed. São Paulo: Ática, 1999, p. 29.

[601] L.BOFF. Viver uma atitude ecológica. In: N.M.UNGER. *O encantamento do humano*. Ecologia e espiritualidade. São Paulo: Loyola, 1991, pp. 11-14. Em tese doutoral (Dialogo e Libertação: para uma teologia cristã latino-americana do pluralismo religioso – PPCIR, UFJF), o teólogo Paulo Agostinho Nogueira Batista, trabalha com a hipótese de que a virada ecológica do pensamento de Leonardo Boff foi essencial para sua abertura ao tema da teologia pluralista das religiões.

[602] L.BOFF. Prólogo. *Por los muchos caminos de Dios III*, p. 2. Esta mesma ideia foi defendida por Diego Irarrazaval no epílogo desta mesma obra. Uma grande entusiasta francesa do pluralismo religioso, Simone Weil (1909-1943), afirmou em certa ocasião que se as outras tradições religiosas "desaparecessem da face da terra, seria uma perda irreparável. Os missionários já as fizeram desaparecer demasiadamente": S. WEIL. *Carta a un religioso*. Madrid: Trotta, 1998, p. 33.

a importância de levar a sério o pluralismo "e encontrar caminhos para conviver a partir dele e com ele no presente"[603]. A teologia feminista tem sobretudo elaborado uma crítica à linguagem religiosa tecida no bojo de uma cultura patriarcal excludente, que acaba desenvolvendo uma compreensão de divindade masculina que corrobora estruturas hierárquicas e serve de instrumento ao processo de colonização[604]. A reflexão teológica tem hoje insistido contra uma certa tendência de enquadrar a realidade divina em determinadas representações lingüísticas. Não há como caracterizar Deus por gênero masculino ou feminino. Como indicou Roger Haight, "não se pode atribuir nenhum peso ontológico ao gênero em Deus" em razão de sua transcendência[605]. A teologia feminista tem contribuído, assim, para superar uma tendência exclusivista do cristianismo, abrindo espaço para "uma noção de divindade que saiba colher as diversidades"[606]. Neste importante trabalho de critica ao androcentrismo, tem-se recuperado importantes reflexões tecidas no campo da espiritualidade feminina cristã da Alta Idade Média (sécs. XII a XV), quando foram gestadas importantes metáforas femininas para a configuração de uma espiritualidade mais plural. Mesmo sem exibir uma agenda feminista consciente, místicas como Marguerite Porette (1250-1310), Hildegarde de Bingen (1098-1179), Mechtilde de Magdebourg (1208-1290) e Julienne de Norwich (1342-1420), deram importante contribuição para a relativização da linguagem teológica tradicional, um *"parler-femme"* que resguardou a dinâmica aberta e plural do inominável. Como lembrou Ivone Gebara, esta rica experiência das mulheres medievais antecipou a intuição hoje vigente de que "o princípio fundante já não pode ser só masculino. Sua expressão tem que ser múltipla, plural, infinita"[607].

---

[603] I.GEBARA. Pluralismo religioso: una perspectiva feminista. In: J.M.VIGIL & L.E.TOMITA & M. BARROS (Orgs.). *Por los muchos caminos de Dios* III, p. 167.

[604] W.DEIFELT. Dios en el cuerpo. Análisis feminista de la revelación. In: J.M.VIGIL & L.E.TOMITA & M.BARROS (Orgs.). *Por los muchos caminos de Dios* III, pp. 53-66. E também: B.FERRARO. El desafio de la fé en un mundo pluralista. In: Servicios Koinonia. *El actual debate de la teologia del pluralismo después de la Dominus Iesus*. Libros Digitales, 2005, p. 32.

[605] R.HAIGHT. Jesus símbolo de Deus. São Paulo: Paulinas, 2003, p. 142. Ver ainda p. 127.

[606] E.GREEN. Al crocicchio delle strade. Teologia femminista all'inizio del XXI secolo. In: R. GIBELLINI (Ed.). *Prospettive teologiche per il XXI secolo*. Brescia: Queriniana, 2003, p. 181. As teologias feministas, "ao desconstruirem os discursos binários e mono-identitários abriram o caminho para um Deus provisório, pouco preciso, aberto e inclusivo demais...", que não consegue mais se encaixar nos modelos limitados do cristianismo tradicional: N.CARDOSO & E.EGGERT & A.S. MUSSKOPT (Orgs.). *A graça do mundo transforma Deus*. Diálogos latino-americanos com a IX Assembleia do CMI. Porto Alegre, Editora Universitária Metodista, 2006, p. 6.

[607] I.GEBARA. Pluralismo religioso: una perspectiva feminista, p. 176. Ver também: S.SCHWARTZ. Marguerite Porete: mística, apofatismo e tradição de resistência. *Numen*, v. 6, n. 2, 2003, pp. 109-126. Em seu artigo, Silvia assinala como o discurso apofático de Marguerite Porete favoreceu uma "nova configuração de gênero" à dei-

Os desconfortos diante do pluralismo religioso

Não há como desconhecer o lugar e a importância do pluralismo religioso no tempo atual. Mas é também um fato a grande dificuldade expressa pelas tradições religiosas em reconhecer sua positividade, na medida em que ele provoca uma condição de "incerteza permanente" e desestabiliza as "auto-evidências das ordens de sentido e valor"[608]. O pluralismo desperta resistência e desconforto nas identidades instauradas, pois implode as interpretações que se pretendem únicas e exclusivas. Ele é visto por muitos como uma ameaça na medida em que instaura insegurança em razão da ampliação das possibilidades de interpretação. Aqueles que "suportam" esta nova exigência são minorias, e Peter Berger identificou-os como os "virtuosos do pluralismo".

Na América Latina, a discussão em torno da teologia do pluralismo religioso tem igualmente provocado controvérsias. Há grupos teológicos cristãos mais afinados e sensibilizados para os desafios do pluralismo religioso, e outros mais temerosos, resistentes ou críticos aos desdobramentos da reflexão. A maior dificuldade relaciona-se aos desconfortos que a discussão vem provocando na identidade crente: nos âmbitos da cristologia, eclesiologia, soteriologia e missiologia[609]. Com base na perspectiva cristocêntrica, há teólogos que resistem ao pluralismo de direito[610]. Outros

---

dade, pontuada pelo "desdizer" do "Ele-Deus masculino, monotípico". É uma mística que inova a compreensão da Trindade, inserindo as presenças femininas da *Dame Amour* e da Alma Aniquilada: ibidem, pp. 120-121.

[608] P.L.BERGER. *Una gloria remota. Avere fede nell'epoca del pluralismo*. Bologna: Il Mulino, 1994, p. 48; Id & T.LUCKMANN. *Modernidade, pluralismo e crise de sentido*. Petrópolis: Vozes, 2004, pp. 54 e 73.

[609] Em singular artigo voltado para o campo protestante, o teólogo presbiteriano Eduardo Rosa Pedreira falou sobre os desconfortos do "crer", do "ser" e do "fazer" que acompanham as questões em torno do diálogo inter-religioso. No âmbito do "desconforto do crer" ele trabalha a tensão que o tema instaura no âmbito da afirmação cristológica da unicidade de Jesus, da afirmação hermenêutica da Bíblia como única palavra de Deus, da afirmação soteriológica de que só existe salvação em Jesus Cristo e da afirmação missiológica que convoca à universalidade da missão: E.R.PEDREIRA. Os desconfortos e desafios trazidos pelo diálogo inter-religioso ao mundo protestante. *Atualidade em debate*. Caderno 46, 1996, pp. 30-36 (Centro João XXIII – IBRADES). Algumas das críticas que são tecidas à perspectiva teológica pluralista são apresentadas e resumidas por J.B.LIBÂNIO: *Eu creio, nós cremos*. Tratado da fé. São Paulo: Loyola, 2000, pp. 429-431.

[610] Veja por exemplo as reflexões de M.F.MIRANDA: *O cristianismo em face das religiões*. São Paulo: Loyola, 1998, pp. 11-34 (um texto em grande sintonia com o documento da Comissão Teológica Internacional, da qual fez parte este autor: *O cristianismo e as religiões*. São Paulo: Loyola, 1997); Id. As religiões na única economia salvífica. *Atualidade Teológica*, v. 6, n. 10, 2002, pp. 9-26. Para Miranda, a discussão do pluralismo de direito é secundaria. O que existe a seu ver é um "único desígnio salvífico de Deus", onde Jesus Cristo é o ponto culminante. As religiões entram não "para completar o que faltou", mas para enriquecer a "apropriação" que se faz desta verdade: cf. ibidem, p. 26. Ver também: F.CATÃO. *Falar de Deus*. São Paulo: Paulinas, 2001 (onde questiona o pluralismo de direito e defende um "pluralismo de contingência"- veja pp. 211-212).

expressam seu temor diante do risco do relativismo desorientador⁶¹¹. Os maiores embaraços encontram-se relacionados aos campos da cristologia e eclesiologia⁶¹². Mas não há dúvida de que a manutenção de atitudes e posicionamentos exclusivistas e mesmo inclusivistas torna-se no tempo atual rigorosamente problemática e carente de plausibilidade⁶¹³. A realidade do pluralismo convoca os cristãos a acolher o valor e o direito à diferença", bem como a honrar a singularidade e especificidade das outras tradições religiosas. E para tanto torna-se necessário "redefinir os termos da compreensão da unicidade e singularidade de Jesus e de sua obra salvadora"⁶¹⁴. Mas há ainda muitas resistências a este imperativo trabalho, mesmo no âmbito da teologia da libertação, como vem mostrando José Maria Vigil:

> A TL latino-americana clássica tem sido construída sobre o paradigma do inclusivismo/cristocentrismo. Recorra-se a qualquer tratado de cristologia da TL e será possível ver que, mesmo que nunca se coloque no paradigma exclusivista, em momento algum é questionado o paradigma inclusivista. É verdade que a TL é muito generosa em reconhecer a presença de Deus e da salvação fora dos limites da Igreja, e que neste sentido aproxima-se do que seria uma posição pluralista; mas essa salvação é sempre considerada em definitivo como 'cristã', conseguida por Cristo⁶¹⁵.

Com a ampliação desta reflexão em outros continentes, a teologia latino-americana passa a levar mais a sério o tema, ainda que alguns o considerem um "ninho de vespas". Há um grande horizonte pela frente, e em particular o desafio de elaborar uma "nova cristologia, não absolutista"⁶¹⁶. Uma pista aberta pelo teólogo Roger Haight tem sido bem aceita entre teólogos do continente, que reforça uma acolhida positiva do pluralismo

---

[611] G.BRAKEMEIER. Fé cristã e pluralidade religiosa – onde está a verdade? *Estudos Teológicos*, v. 42, n. 2, 2002, pp. 23-47. Este teólogo luterano, professor de ecumenismo na Escola Superior de Teologia em São Leopoldo (RS), reitera o risco desorientador do pluralismo e propõe um "exclusivismo aberto": cf. ibidem, pp. 29-30 e 39-40.

[612] Para a questão do embaraço eclesiológico cf. F.TEIXEIRA. Eclesiología en tiempos de pluralismo religioso. In: J.M.VIGIL & L.E.TOMITA & M.BARROS (Orgs.). *Por los muchos caminos de Dios III*, pp. 96-108.

[613] F.TEIXEIRA. Uma cristologia provocada pelo pluralismo religioso. *REB*, v. 65, n. 258, 2005, pp. 311-312; Id. Karl Rahner e as religiões. In: P.R. OLIVEIRA & C. PAUL (Orgs.). *Karl Rahner em perspectiva*. São Paulo: Loyola, 2004, pp. 258-261.

[614] L.BOFF. Prólogo. *Por los muchos caminos de Dios III*.

[615] J.M. VIGIL. Cristologia da libertação e pluralismo religioso, pp. 164-165. Ver também pp. 161.

[616] Id. Macroecumenismo: teologia latino-americana das religiões, pp. 87-88. Como sublinhou Marcelo Barros: "Não se trata de repensar a cristologia para ser aceita pelos judeus ou muçulmanos. O desafio é reformular a cristologia para nós, cristãos, para que nos ajude a abrir-nos ao outro e a perceber os teus muitos caminhos, ó Deus": Cristologia afro-latíndia: discussão com Deus. In. L.E.TOMITA & M. BARROS & J.M. VIGIL (Orgs.). *Pluralismo e libertação*, p. 172.

religioso, visto como um pluralismo de direito. Trata-se da tese que acolhe a normatividade de Jesus como válida para os cristãos, mas que não pode ser universalizada para todos. Para Haight, "os cristãos podem relacionar-se com Jesus como normativo da verdade religiosa acerca de Deus, do mundo e da existência humana, convictos, ao mesmo tempo, de que também existem outras mediações religiosas que são verdadeiras e, portanto, normativas"[617].

A acolhida do pluralismo religioso não significa uma violentação da perspectiva cristã, como alguns tendem a considerar. Como indica Leonardo Boff, "a fé cristã possui categorias que permitem alimentar uma atitude positiva frente ao pluralismo religioso"[618] Há todo um patrimônio de abertura inscrito nas escrituras cristãs, como a "aliança cósmica" estabelecida entre Deus e os humanos, antes mesmo da aliança com Abraão e Moisés (Gn 9,9-11); a presença da ação iluminadora e universal do Logos *ásarkos* (não encarnado)[619], operante em toda a história humana desde o início da criação (Jo 1,9) e a ação ilimitada do Espírito, que traduz o reconhecimento da "secreta presença de Deus" e de sua graça entre as nações (AG 9). Há no coração do cristianismo uma convocação à hospitalidade, cortesia e aceitação da alteridade. Para o teólogo E. Schillebeeckx, "a aceitação da diversidade das religiões (...) está implicada na essência do cristianismo". A mensagem de Jesus não foi auto-implicativa, mas uma mensagem aberta para o horizonte inusitado e mais amplo do mistério maior de Deus.[620]

Nada mais essencial no tempo atual do que o dialogo entre as religiões. É neste desafio fundamental que se joga o futuro social das religiões. Como sinaliza Hans Küng, "as opções são claras: ou a rivalidade entre as religiões, o choque das culturas, a guerra das nações – ou o diálogo das religiões, como condição para a paz entre as nações!"[621]. As religiões e as teologias são provocadas a acender a chama de um "novo mundo possível", pontuado pela hospitalidade, delicadeza e cortesia. Um singular poeta bra-

---

[617] R.HAIGHT. *Jesus, símbolo de Deus*, pp. 464 e 455. Uma tese que vem acolhida por teólogos como Faustino Teixeira (Uma cristologia provocada pelo pluralismo religioso), José María VIGIL (Teologia del pluralismo religioso) e Benedito FERRARO (O desafio da fé cristã num mundo plural), entre outros.

[618] L.BOFF. Prólogo. *Por los muchos caminos de Dios III*.

[619] Ver a propósito: J.DUPUIS. *Rumo a uma teologia cristã do pluralismo religioso*, p. 413; X.LÉON-DUFOUR. *Lettera dell'Evangelo secndo Giovanni* (capitoli 1-4). Cinisello Balsamo: San Paolo, 1990, p. 165.

[620] E.SCHILLEBEECKX. *Umanità la storia di Dio*, pp. 218, 152. Em sua visão, "os cristãos correm o risco de se esqueceram da focalização teocêntrica original do procedimento de Jesus, caindo numa jesuologia que pouco diz ou de reduzir Deus de tal sorte que seja absorvido em Cristo": Ibidem, p. 167 (a tradução foi aqui tomada da tradução brasileira: *História humana revelação de Deus*. São Paulo: Paulus1994, p. 165).

[621] H.KÜNG. O islamismo: rupturas históricas – desafios hodiernos. *Concilium*, v. 313, n. 5, 2005, p. 104.

sileiro indicou que "sonhar é acordar-se para dentro"[622]. Há que recuperar energias encobertas do mundo interior para favorecer e instaurar paisagens diferentes na história. E as religiões têm um papel importante neste renovamento espiritual, de forma a conferir e reforçar a vida em todos os setores da humanidade, bem como acender nos corações uma "fidelidade de fundo" e um "horizonte de sentido"[623].

---

[622] M.QUINTANA. *Poesia completa*. Rio de Janeiro: Nova Aguilar, 2005, p. 461.
[623] PARLAMENTO delle religioni mondiali. *Dichiarazione per un'etica mondiale*. In: H.KÜNG & K-J. KUSCHEL. *Per un'etica mondiale*. Milano: Rizzoli, 1995, p. 24.

6

O IRREVOGÁVEL DESAFIO
DO PLURALISMO RELIGIOSO

A teologia do século XXI encontra-se diante de um desafio fundamental, que pode ser traduzido como a acolhida do pluralismo religioso enquanto valor irredutível e irrevogável. Trata-se de um novo horizonte para a teologia, um singular e essencial paradigma, que provoca uma profunda mudança na dinâmica da auto-compreensão teológica no tempo atual. O pluralismo religioso deixa de ser compreendido como um fenômeno conjuntural passageiro, um fato provisório, para ser percebido na sua riqueza, como um pluralismo de princípio ou de direito. Trata-se de um "destino histórico permitido por Deus cujo significado último nos escapa"[624]. Os caminhos que levam a Deus são pontuados pela riqueza da pluralidade. E isso não é algo negativo ou problemático, mas "expressão mesmo da vontade de Deus que necessita da diversidade das culturas e das religiões para melhor manifestar as riquezas da Verdade última"[625].

Essa abertura da teologia para o pluralismo religioso vem corroborar toda uma reflexão em curso na antropologia, desde os primórdios do século XX, sobre o valor da diversidade. Em clássico texto de 1950, Lévi-Strauss assinalava a importância de se preservar a diversidade das culturas como forma de evitar no mundo a ameaça da monotonia e da uniformidade. Não há como escapar ou driblar a diversidade das culturas humanas: ela "está atrás de nós, à nossa volta e à nossa frente"[626]. Isso também se aplica às religiões. Essa diversidade guarda consigo "potencialidades secretas", abrindo espaços inusitados para o exercício novidadeiro de uma vida comum que se enriquece pela dinâmica da generosidade. A presença provocadora da diferença e da alteridade amplia o campo das possibilidades e faculta o real exercício de uma conversação enriquecedora.

---

[624] C.GEFFRÉ. *Crer e interpretar*. Petrópolis: Vozes, 2004, p. 136.
[625] C.GEFFRÉ. *De babel à pentecôte. Essais de théologie interreligieuse*. Paris: Cerf, 2006, p. 137.
[626] C.LÉVI-STRAUSS. Raça e história. In: *Os pensadores*. São Paulo: Victor Civita, 1980, p. 87.

Um dos pioneiros dessa reflexão no âmbito da teologia foi Raimon Panikkar (Barcelona, 1918) que desde seus primeiros trabalhos envolvendo o diálogo inter-religioso vem assinalando o valor da diversidade das religiões, enquanto expressão da riqueza da experiência humana. O pluralismo, como sublinha esse autor, é uma das experiências mais enriquecedoras realizadas pela consciência humana, favorecendo o essencial exercício da "acolhida da contingência"[627]. Essa perspectiva foi aos poucos ganhando cidadania em outros autores, firmando-se a convicção de que o pluralismo religioso é uma realidade de princípio, que não está determinado por uma situação histórica contingente, mas que se insere no misterioso desígnio de Deus para a humanidade[628].

A acolhida do pluralismo

Em firme defesa do pluralismo de princípio, Edward Schillebeeckx sinaliza que a realidade da diversidade religiosa não pode ser julgada como algo negativo, mas como expressão positiva da fecundidade do mistério infinito e multiforme de Deus. A pluralidade das religiões é riqueza que deve ser acolhida com alegria. Na verdade, "Deus é tão rico e tão acima das determinações, para poder ser esgotado na sua plenitude por determinada tradição de experiência religiosa, que, por ser determinada, é limitada"[629]. Pode-se aqui fazer recurso à rica metáfora da "sinfonia adiada", utilizada por Christian Duquoc, para romper com a ingênua ideia de um plano divino magistral que estaria conduzindo as outras tradições religiosas para um único aprisco. Esta "obsessão pela unidade" pode, em verdade, obstruir ou ocultar o caráter enigmático que preside a diversidade inter-religiosa. As religiões, como mostra Duquoc, "são representadas como lugares de múltiplas composições, cuja unidade nos escapa". São "fragmentos" que sugerem uma "unidade potencial", que está em misteriosa preparação,

---

[627] R.PANIKKAR. *Entre Dieu et le cosmos*. Paris: Albin Michel, 1998, p. 166.
[628] E.SCHILLEBEECKX. História humana revelação de Deus. São Paulo: Paulus, 1994, pp. 91 e 216; J.DUPUIS, *Rumo a uma teologia cristã do pluralismo religioso*. São Paulo: Paulinas, 1999, pp. 526-528; C.GEFFRÉ, *Crer e interpretar*, pp. 94-95; Id. *De babel à pentecôte*, Paris, Cerf, 2006, p. 94; M.AMALADOSS. *Rinnovare tutte le cose*. Roma: Arkeios, 1993, p. 126; E é uma perspectiva que se firma igualmente na teologia latino-americana: F.TEIXEIRA, La teologia del pluralismo religioso en América Latina, em J.M.VIGIL & L.E.TOMITA & M.BARROS (Orgs.) *Por los muchos caminos de Dios IV*. Quito: Abya-Yala, 2006, pp. 20-21; Id. O pluralismo religioso como novo paradigma para as religiões. *Concilium*, v. 319, n. 1, 2007, p. 29; José Maria VIGIL. *Teologia del pluralismo religioso*. Quito: Abya-Yala, 2005, pp. 376-377.
[629] E.SCHILLEBEECKX. *História humana revelação de Deus*, p. 215.

mas cuja forma de harmonização extrapola o conhecimento humano[630]. A verdade da religião não se condensa numa única tradição religiosa, mas na sinfonia que preside sua interação. É na relação macro-ecumênica das diversas tradições religiosas que o horizonte da verdade vai se desvelando. É correto dizer que

> "há mais verdade (religiosa) em todas as religiões no seu conjunto do que numa única religião, o que também vale para o cristianismo. Existem, pois, aspectos 'verdadeiros`, 'bons`, 'belos`- surpreendentes – nas múltiplas formas (presentes na humanidade) de pacto e entendimento com Deus, formas que não encontraram nem encontram lugar na experiência específica do cristianismo"[631].

O reconhecimento do valor da diversidade não é um apanágio da reflexão antropológica ou teológica, mas envolve tantas outras áreas de conhecimento, expressando uma preocupação presente e decisiva no tempo atual. Há hoje uma atenção particular ao tema da diversidade biológica do planeta. Uma preocupação sadia de preservar o valor e a beleza da essencial riqueza presente no mundo, mas continuamente ameaçada por políticas predatórias. A biodiversidade está aí presente na natureza, para onde quer que se volte o olhar. Trata-se de uma linda teia de vida, pontuada pela variedade de espécies, diferentes em forma e função, mas igualmente importantes para a afirmação das "comunidades de seres vivos" que compartilham o planeta[632]. São comunidades que devem ser regidas pelo amor, entendido como "fenômeno biológico" e "fundamento do fenômeno social"[633].

> "O amor é a condição dinâmica espontânea de aceitação, por um sistema vivo, de sua coexistência com outro (ou outros) sistema (s) vivo (s), e que tal amor é um fenômeno biológico que não requer justificação: o amor é um encaixe dinâmico recíproco espontâneo, um acontecimento que acontece ou não acontece"[634].

---

[630] C.DUQUOC. *O único Cristo. A sinfonia adiada.* São Paulo: Paulinas, 2008, pp. 166 e 88. Resistindo à ideia de um "horizonte comum" às diversas tradições religiosas, Duquoc sugere ser "mais desejável que cada fragmento aprofunde sua lógica sem obstruir seu intuito universal, vazio, por enquanto, de todo conteúdo capaz de unificar o diverso religioso": ibidem, p. 170.

[631] E.SCHILLEBEECKX. *História humana revelação de Deus,* p. 215. Ver também: J. O'LEARY. *La vérité chrétienne à l'age du pluralisme religieux.* Paris: Cerf, 1994, p. 46.

[632] E.O.WILSON. *Biodiversidade.* Rio de Janeiro: Nova Fronteira, 1977.

[633] H.MATURANA. *A ontologia da realidade.* Belo Horizonte: Editora UFMG, 1997, p. 184.

[634] Ibidem, p. 184.

Em linha de descontinuidade com a dinâmica que preside as culturas modernas, marcada pela vontade de poder e pela competição, o "anseio biológico" do amor aponta para caminhos que são alternativos, de aceitação da presença dos outros ao nosso lado, como fonte de crescimento, enriquecimento e cooperação. Como sinaliza Maturana, "a origem antropológica do *Homo sapiens* não se deu através da competição, mas sim através da cooperação, e a cooperação só pode se dar como uma atividade espontânea através da aceitação mútua, isto é, através do amor"[635].

Assim como existe a grande e rica biodiversidade do planeta, que requer atenção, cuidado e vontade de preservação, assim também a diversidade das religiões e opções espirituais, que demandam semelhante simpatia e acolhida[636]. Os bispos católicos da Ásia, em documentos de grande riqueza e significação, vêm apontando com firmeza a importância dessa diversidade religiosa, entendida como valor a ser preservado. Em Declaração de julho de 1988 assinalam a importância de um "legítimo pluralismo" e o necessário reconhecimento da diversidade, enquanto valor a ser reconhecido e promovido. Fala-se em "pluralismo receptivo". A diversidade é motivo de alegria, pois constitui fonte de riqueza e força para a verdadeira harmonia[637]. A variedade cultural e religiosa dos povos asiáticos vem interpretada como "um dom maravilhoso de Deus", expressando a riqueza inexaurível de seu amor misericordioso e universal[638]. Essa abertura dos bispos asiáticos ao pluralismo religioso não é fruto de uma especulação teórica, mas uma atitude que encontra seu enraizamento na experiência concreta de convivência cotidiana com os "amigos" que partilham outras experiências de fé. Uma convivência que suscita respeito e admiração, pois todos caminham num "solo sagrado", estando envolvidos pelo mesmo Mistério que a todos ultrapassa[639].

A afirmação de uma perspectiva teológico-pastoral que defende um pluralismo de princípio não é unicamente produto da cultura ocidental moderna. Em obra singular sobre a questão da teologia cristã e o plura-

---

[635] Ibidem, p. 185.
[636] L.BOFF. Prefácio. In: L.E.TOMITA & J.M.VIGIL & M.BARROS (Orgs.). *Teologia latino americana pluralista da libertação*. São Paulo: Paulinas, 2006, pp. 12-13.
[637] FEDERAZIONE delle Conferenze Episcopali Asiatiche (FABC). Religioni a servizio dell'armonia universale. In: *Documenti della chiesa in Asia*. Bologna: EMI, 1997, p. 305 (BIRA IV/11 – Sakabumi, Indonésia, 1-7 luglio 1988).
[638] M.M.QUATRA. *Regno di Dio e missione della chiesa nel contesto asiático*. Uno studio sui documenti della FABC (1970-1995). Dissertatio ad Doctoratum in Facultate Missiologiae. Pontificiae Universitatis Gregorianae, Roma, 1998, pp. 200 e 298.
[639] F.WILFRED. Il volto pubblico del cristianesimo in Asia e la sua teologia. In: M.AMALADOSS & R. GIBELLINI (Edd). *Teologia in Asia*. Brescia: Queriniana, 2006, pp. 448-449.

lismo religioso, John Hick demonstrou como a visão religiosa pluralista tem raízes bem mais antigas[640]. É viva a sensibilidade religiosa inclusiva nas tradições religiosa onde o Real vem experimentado seja como Deus ou como Absoluto. Temos exemplos bonitos de abertura seja nas tradições religiosas monoteístas, como nas correntes místicas das religiões asiáticas. Importantes ressonâncias da abertura ao pluralismo de princípio podem ser encontradas na tradição mística sufi, e em particular nas reflexões de Hallaj (858-922) Ibn´Arabi (1165-1240) e Rûmî (1207-1273).

Em seu clássico *dîwân*, o místico al-Hallaj enfatiza a "unidade divina primeira", antes de qualquer distinção. Trata-se do princípio unitário e transcendente que preside toda a diversificação religiosa, do "ponto luminoso" (*nuqta*) que traduz o centro nevrálgico da esfera da unidade (*tawhîd*). As diversas tradições religiosas são percebidas como ramificações de um único Fundamento (*al-asl*). Como assinala Hallaj, o horizonte essencial é esse Fundamento seguro, que pode escapar da visada quando ocorre o vinculo exclusivo a uma única religião[641]. Em semelhante linha de reflexão, Ibn ´Arabi celebra o valor da diversidade enquanto expressão da Misericórdia de Deus. Importantes estudiosos da obra desse grande místico andaluz identificam nele uma das mais decisivas defesas do pluralismo[642]. As diversas tradições religiosas são reconhecidas como "caminhos duradouros, providenciais e eficazes para a realização espiritual", encontrando rica acolhida no mistério do Uno-Múltiplo, simultaneamente transcendente e imanente[643]. A ousadia de sua universalidade vem expressa em versos surpreendentes:

> "As mais diversas crenças
> têm de Deus as pessoas,
> mas eu as professo todas:
> creio em todas as crenças"[644].

---

[640] J.HICK. *Teologia cristã e pluralismo religioso*. São Paulo: PPCIR/Attar, 2005, pp. 60-64: Id. *La quinta dimensione*. Roma: Mediterranee, 2006, pp. 99-118.

[641] Al-HALLAJ. *Diván*. Barcelona: José J. De Olañeta, 2005, p. 89; Id. Diwan. Genova: Marietti, 1987, p. 84 (Diwan, 62); S.RUSPOLI. *Le message de Hallâj l'expatrié*. Paris: Cerf, 2005, pp. 153 e 266-267.

[642] W.C.CHITTICK. *Mundos imaginales*. Ibn al-Arabi y la diversidad de las creencias. Sevilla: Alquitara, 2003, pp. 7-10.

[643] Ibn ´ARABI et al. *La taberna de las luces*. Poesía sufí de al-Andalus y el Magreb (del siglo XII al siglo XX). Murcia: Editoral Regional de Murcia, 2004, pp. XVI-XVII.

[644] Ibidem, p. 24.

Na bela expressão de Rûmî, "de toda parte chega o segredo de Deus"; o aroma de sua generosidade está presente em todo canto, revelando a dinâmica de sua proximidade (*tasbîh*). Não há como definir, para Rûmî, a "árvore da vida" em um único nome, pois ela escapa ao âmbito limitado das formas superficiais. O verdadeiro fruto desta árvore está para além dos nomes: "às vezes ela é chamada árvore, às vezes sol, às vezes oceano e às vezes nuvem". Trata-se de uma única fonte da qual jorram cem mil efeitos. Apegar-se exclusivamente a um dos nomes é permanecer cego para os atributos que envolvem sua realidade[645]. Na visão de Rûmî, há que deixar de lado os nomes e deixar-se tocar pelos atributos, e assim encontrar o caminho justo de acesso ao mundo essencial.

A presença universal do Mistério

A humanidade e a criação estão sempre envolvidas e abraçadas pelo Mistério sempre maior. Não há como fugir do impacto da Presença Espiritual e sua dinâmica de universalidade. Há uma imensa variedade das auto-manifestações de Deus na história. As teofanias sucedem-se e modificam-se constantemente. O grande desafio consiste em reconhecer Deus em todas as coisas, captar a transcendência na imanência. Segundo Jürgen Moltmann, "a possibilidade de reconhecer Deus em todas as coisas e todas as coisas em Deus fundamenta-se teologicamente na compreensão do Espírito de Deus como a força da criação e como a fonte de vida"[646]. Aqueles que não conseguem perceber a presença e o alcance universal do Mistério sempre maior, são também incapazes de reconhecer a verdade salvífica das outras tradições religiosas. Na base dessa carência pode estar operando, como sinalizou com razão Roger Haight, "uma concepção de Deus distante da criação"[647], ou seja, uma compreensão redutora de Deus, incapaz de captar o traço de sua imanência.

Esta ênfase na imanência de Deus em todas as coisas vem sendo objeto da reflexão teológica no tempo presente, e cunhou-se a expressão "panenteísmo"[648] para dar conta dessa presença de Deus no cosmos e do cosmos em Deus. Distintamente do "panteísmo", que não resguarda a diferença entre Deus e o mundo, a nova perspectiva ressalta sua mútua interpenetração:

---

[645] Jalâl al Din RÛMÎ. *Mathnawi*. Milano: Bompiani, 2006, pp. 282-283 (M II: 3660-3680).
[646] J.MOLTMANN. *O espírito da vida*. Uma pneumatologia integral. Petrópolis: Vozes, 1999, p. 45.
[647] R.HAIGHT. *Jesus, símbolo de Deus*. São Paulo: Paulinas, 2003, p. 479.
[648] A expressão grega "panenteísmo" significa a conjunção de *pan* (tudo), *en* (em), e *theós* (Deus). Ou seja: tudo em Deus. Algo distinto de *"panteísmo"*: *pan* (tudo) e *theós* (Deus).

> "Tudo não é Deus. Mas Deus está em tudo e tudo está em Deus, por causa da criação, pela qual Deus deixa sua marca registrada e garante sua presença permanente na criatura (Providência). A criatura sempre depende de Deus e o carrega dentro de si. Deus e mundo são diferentes. Um não é o outro. Mas não estão separados ou fechados. Estão abertos um ao outro. Encontram-se mutuamente implicados. Se são diferentes é para poderem se comunicar e estarem unidos pela comunhão e mútua presença"[649].

A capacidade de perceber a presença do Mistério em todas as coisas é muito comum entre os místicos. Meister Eckhart fala do Deus que "resplandece em todas as coisas" e Teilhard de Chardin, do Deus tangível que, como uma atmosfera, envolve o ser humano por todos os lados[650]. O monge e poeta nicaraguense, Ernesto Cardenal, desvenda na natureza o amor "perceptível e materializado de Deus". Ela guarda em si o "esplendor de sua beleza"[651]. Na tradição sufi, o místico Ibn 'Arabi desvenda nas diversas formas que o mundo encerra a presença da "linguagem de Deus"[652].

O despertar para a riqueza da diversidade

Não há dúvida sobre o "impacto da Presença Espiritual" em toda a humanidade e criação. Quando, porém, essa Presença vem efetivada na história e na vida, sofre os efeitos de sua fragmentação[653]. Nenhuma linguagem humana pode alcançar com clareza o significado profundo dessa Presença, ou descrever com nitidez as formas assumidas por seu impacto sobre os seres humanos e as diversas religiões. Daí a essencial importância das religiões estarem animadas pela consciência de sua contingência e limite, bem como para o exercício novidadeiro de abertura ao Deus ou Mistério que sempre vem. Há que manter ativa a consciência de "inacabamento" e a dinâmica da "peregrinação". As representações humanas e religiosas são sempre movediças diante do Inominado, e há

---

[649] L.BOFF. *Ecologia: grito da terra, grito dos pobres*. 3 ed. São Paulo: Ática, 1999, p. 236.
[650] A.M.HAAS. *Introduzione a meister Eckhart*. Fiesole: Nardini, 1997, p. 22; T.CHARDIN. *O meio divino*. Lisboa: Presença, pp. 42 e 66.
[651] J.MOLTMANN. *O espírito da vida*, p. 201. Um tema também presente nas Confissões de Agostinho, um pensador que sabia admirar no mundo a beleza de Deus: Confissões, Livro X,6,9.
[652] Ibn 'ARABÎ. *Le livre des chatons des sagesses*. Beyrouth: Al-Bouraq, 1997, p. 118 (Tome premie`r).
[653] P.TILLICH. *Teologia sistemática*. 5 ed. São Leopoldo: EST/Sinodal, 2005, pp. 592-594.

sempre o risco do "encarceramento na aparência". A tradição budista, de certa forma, evitou esta perspectiva, renunciando às figuras para "aceder ao despertar". Em verdade, o silêncio de Deus praticado no budismo,

> "é a forma mais radical de preservar a condição misteriosa do último, o supremo, a que toda religião aponta, mas com a qual nem sempre é consequente. O fato de calar sobre Deus, de não afirmar nem negar sua existência e, mais radicalmente, de evitar a resposta à pergunta por ele – não por dispor da resposta, mas por saber que a pergunta é incorreta, indevida, lesiva da transcendência da realidade à que se refere -, esse fato é a forma paradoxal, talvez a única possível, de fazer eco a uma presença que só se pode dar de forma elusiva, que só se pode produzir sob a forma da ausência e que, portanto, só pode ser dita com o silêncio"[654].

Talvez o caminho mais seguro para superar as tentações de absolutismo, reconhecendo o dado da contingência e facultando a abertura ao mistério do outro, é o indicado pela metáfora da profundidade, desenvolvida por Paul Tillich e retomada por Paul Ricoeur. É uma metáfora que mantém não só a consciência de "inacabamento" e "fragmentação", mas também a liberdade de abertura aos dons que acontecem para além das fronteiras do mundo particular.

Segundo Tillich, é no caminho de aprofundamento da própria tradição que se firma a consciência da complexidade de um Mistério que não se esgota numa única religião e cuja Verdade vem discernida no encontro novidadeiro com o outro. O diálogo verdadeiro não se dá através do abandono da tradição religiosa, mas de seu aprofundamento mediante a oração, o pensamento e a ação. Em texto redigido no apogeu de sua reflexão teológica, Tillich sublinhou:

> "Na profundidade de toda religião viva há um ponto onde a religião como tal perde sua importância e o horizonte para o qual ela se dirige provoca a quebra de sua particularidade, elevando-a à uma liberdade espiritual que possibilita um novo olhar sobre a presença do divino em todas as expressões do sentido último da vida humana"[655].

---

[654] J.M.VELASCO. *El fenómeno místico*. Madrid: Trotta, 1999, pp. 161-162. Ver também: Christian DUQUOC. *O único Cristo*, pp. 91-92.

[655] P.TILLICH. *Le christianisme et les religions*. Paris: Aubier, 1968, p. 173.

Um exemplo concreto desta perspectiva pode ser visualizado na experiência dialogal de Thomas Merton. Na medida e proporção em que se aprofundava na vida eremítica, mais dilatava sua abertura aos novos universos da alteridade. O aprofundamento de sua tradição suscitou uma crítica contundente ao que denominou "heresia do individualismo" e a consciência viva de que o verdadeiro acesso a Deus passa pela afirmação dos outros:

> "Serei melhor católico, se puder afirmar a verdade que existe no catolicismo e ir ainda além (...). Se eu me afirmo como católico simplesmente negando tudo que é muçulmano, judeu, protestante, hindu, budista etc., no fim descobrirei que, em mim, não resta muita coisa com que me possa afirmar como católico: e certamente nenhum sopro do Espírito com o qual possa afirmá-lo"[656].

Singularidade cristã e abertura plural

A abertura ao pluralismo religioso e ao valor da diversidade são componentes que acompanham a dinâmica cristã em sua essência, e a razão para isso encontra-se na própria prática de Jesus: sua abertura aos outros e sua compreensão do reino de Deus. E também na sua relação de proximidade e amor ao Deus do reino, para o qual ele aponta sem cessar. O Deus revelado por Jesus, que é o mesmo da fé judaica, é um Deus que suscita e abraça as diferenças. É um Deus animado por uma "unidade de relações". Trata-se de uma unidade que integra "a inquietude, o rumor e a riqueza do plural"[657].

Assumir o pluralismo de princípio é conscientizar-se sobre a dinâmica universal da ação de Deus, que envolve em seu plano mediações diversificadas para acessar o seu Mistério. As manifestações de Deus em Jesus não encerram a história da religião, que permanece marcada pelas surpresas de seus dons. E esta

> "convicção de que Deus age na história através de outras mediações, de forma alguma prejudica o compromisso do cristão com o que experiencia ter Deus feito em Jesus. Subjacente às exigências de verdade e de lógica, parece haver um competitivo impulso nos seres humanos, que espontaneamente consideram a própria relação com Deus como enfraquecida, pelo fato de que Deus ama outros e trata-os

---

[656] T.MERTON. *Reflexões de um espectador culpado*. Petrópolis: Vozes, 1970, p. 166.
[657] A.GESCHÉ. *A destinação*. São Paulo: Paulinas, 2004, p. 172; C. DUQUOC. *Un dio diverso*. Cinisello Balsamo, 1996, p. 137; E.SCHILLEBEECKX. História humana revelação de Deus, pp. 213-214.

de formas históricas específicas. A lógica do infinito amor de Deus, todavia, não sucumbe a tal divisão. A experiência cristã do que Deus fez em Jesus Cristo não se afigura diminuída pelo reconhecimento do Deus verdadeiro atuante em outras religiões"[658].

A tomada de consciência do pluralismo de princípio implica, necessariamente, uma desabsolutização do cristianismo. O cristianismo é uma tradição religiosa singular, mas não absoluta. Querer absolutizar o cristianismo é incorrer no risco da idolatria, que consiste em apagar a "distância" que separa o ser humano de Deus, ou então minimizar a "reserva escatológica" de Deus sobre a história e as religiões[659]. Revela-se igualmente problemática, em tempos de pluralismo religioso, a perspectiva eclesiológica que concentra na igreja toda a atividade de mediação universal da graça. A igreja é sinal e instrumento do reino de Deus na história, mas não de forma exclusiva, pois o reino se faz também presente através da atuação de outras tradições religiosas. Os "outros" também participam da realidade do reino de Deus. Com razão, Jacques Dupuis amplia a reflexão eclesiológica ao sinalizar que a atividade de mediação da graça exercida pela igreja não é universal, pois os membros de outras tradições religiosas respondem ao chamado do reino de Deus mediante a prática de suas próprias tradições, ou seja, sua aproximação e entrada no reino de Deus se dá na resposta "ao convite de Deus pela fé e pelo amor"[660].

A sensibilidade e abertura ao patrimônio religioso e espiritual das outras religiões favorecem uma "reinterpretação criadora da verdade cristã"[661]. Os cristãos, por intermédio do diálogo inter-religioso, mostram-se capazes de descobrir com maior profundidade e clareza certos aspectos ou dimensões do mistério divino que escapam à sua visada. A própria fé sai desse processo purificada, aprofundada e redimensionada[662]. Na medida em que se reconhece as riquezas envolvidas nas doutrinas e práticas das outras tradições religiosas abre-se o essencial espaço para uma interpretação novidadeira do cristianismo.

---

[658] R.HAIGHT. *Jesus, símbolo de Deus*, p. 474.

[659] A.GESCHÉ. O cristianismo e as outras religiões. In: F.TEIXEIRA (Org.). *Diálogo de pássaros*. Nos caminhos do diálogo inter-religioso. São Paulo: Paulinas, 1993, pp. 56-57.

[660] J.DUPUIS. *Rumo a uma teologia cristã do pluralismo religioso*, p. 485. Ver também: PONTIFÍCIO Conselho para o Diálogo Inter-Religioso. *Diálogo e anúncio*. Petrópolis: Vozes, 1991, n. 29.

[661] C.GEFFRÉ. *De babel a pentecôte*, p. 55.

[662] J.DUPUIS. *Rumo a uma teologia cristã do pluralismo religioso*, p. 521 e PONTIFÍCIO Conselho para o Diálogo Inter-Religioso. *Diálogo e anúncio*, n. 50.

O verdadeiro diálogo inter-religioso acontece quando se respeita em profundidade o "enigma" da pluralidade religiosa em sua diferença irredutível e irrevogável. O diálogo requer uma sensibilidade nova, um despojamento profundo, uma consciência de humildade, uma busca incessante e, sobretudo, uma convicção de estar diante do "solo sagrado" do outro. Trata-se de uma aventura inquietante, arriscada e exigente que desafia a cada momento o processo de auto-compreensão dos interlocutores nela envolvidos. O diálogo é, antes de tudo, um "ato espiritual" pois pressupõe atenção, escuta, respeito e abertura, e também uma atitude de confiança e entrega a um mistério sempre maior. É Deus mesmo que se faz presente no diálogo inter-religioso, pois na medida em que se processa a abertura ao outro é também a Deus que essa abertura acontece[663].

O reconhecimento do pluralismo de princípio é um requisito essencial para o diálogo inter-religioso. Não se pode apagar o "mistério pessoal intransponível" que habita o mundo do outro. Há que respeitar o outro em seu mistério e, mais ainda, recolher com alegria os dons que acompanham a "viagem" em sua companhia. O diálogo deixa sempre uma "marca" novidadeira. Como sublinha Gadamer, "o que perfaz um verdadeiro diálogo não é termos experimentado algo de novo, mas termos encontrado no outro algo que ainda não havíamos em nossa experiência de mundo"[664].

O pluralismo religioso é uma riqueza que não pode ser eludida ou apagada. Trata-se de um traço irrevogável do tempo atual, e que estará também preservado no *éschaton*, como bem mostrou Jacques Dupuis. Para ele, a recapitulação de todas as coisas em Cristo (Ef 1,10), se dará no respeito e salvaguarda do "caráter irredutível impresso em cada tradição pela automanifestação de Deus por intermédio do seu Verbo e do seu Espírito"[665].

Como pista para reflexões futuras, há hoje que sublinhar a importância de um acolhimento não só do pluralismo religioso, mas também das opções espirituais, religiosas ou não, em sua diversidade e riqueza. Isso requer uma importante distinção entre religião e espiritualidade. Enquanto a religião envolve um sistema de crenças e práticas relacionadas a um corpo institucional, a espiritualidade diz respeito à "qualidades do espírito humano", entre as quais a compaixão, cuidado, delicadeza, cortesia,

---

[663] PONTIFICIO Consiglio per il Dialogo Interreligioso. *Il dialogo interreligioso nel magistero pontificio*. Città del Vaticano: Libreria Editrice Vaticana, 1994, p. 385 (Discurso do papa João Paulo II aos representantes das várias religiões da Índia – 5 de fevereiro de 1986).

[664] H-G.GADAMER. *Verdade e método II*. Complementos e índice. Petrópolis: Vozes, 2002, p. 247.

[665] J.DUPUIS. *Rumo a uma teologia cristã do pluralismo religioso*, p. 530

tolerância e hospitalidade. São qualidades que podem estar presentes na religião, mas também alhures. A religião não é imprescindível para que as pessoas desenvolvam tais qualidades. Estas podem brilhar, até mesmo em alto grau, fora das experiências religiosas[666]. É uma importante questão que vem acompanhando as discussões atuais sobre o direito da laicidade. A abertura da vida interior para o ilimitado e para a "imanensidade" acontece, de fato, em distintas opções espirituais[667].

---

[666] DALAI LAMA. *Uma ética para o novo milênio*. Rio de Janeiro: Sextante, 2000, pp. 32-33; Id. *Minha autobiografia espiritual*. Rio de Janeiro: Bertrand Brasil, 2009, pp. 99-100.

[667] A.COMTE-SPONVILLE. *O espírito do ateísmo*. São Paulo: Martins Fontes, 2007, pp. 128-186. Ver também: H.PENA-RUIZ. *Qu'est-ce que la laïcité?* Paris: Gallimard, 2003.

REFERÊNCIAS

AEBISCHER-CRETTOL, Monique. *Vers un oecuménisme interreligieux*; jalons pour une théologie chrétienne du pluralisme religieux. Paris: Cerf, 2001.

AMALADOSS, Michael. *Rinnovare tutte le cose*: dialogo, pluralismo ed evangelizzazione in Asia. Roma: Arkeios, 1993.

____. *Pela estrada da vida*: prática do diálogo inter-religioso. São Paulo: Paulinas, 1996.

____. *Rumo à plenitude*: em busca de uma espiritualidade integral. São Paulo: Loyola, 1997.

____. *À la rencontre des cultures*. Paris: Les Editions Ouvrières, 1997.

____. *Missão e inculturação*. São Paulo: Loyola, 2000.

____. *Promover harmonia. Vivendo em um mundo pluralista*. São Leopoldo: Unisinos, 2006.

____. *Il volto asiático di Gesu*. Bologna: EDB, 2007.

____. *Costruire pace in un mundo pluralista*. Bologna: EDB, 2008.

____. Dialogo y mission. Realidades en pugna o convergentes? *Selecciones de Teologia*, v. 27, n. 108, pp. 243-258, 1988.

____. Vivre dans un monde pluraliste. La foi et les cultures. *Christus*, n. 150, pp.159-170, 1991.

____. La mission en la decada de los 90. *Selecciones de teologia*, v. 31, n. 122, pp. 140-146, 1992.

____. Prier ensemble pour la paix. Assise 1986 dans le contexte d'aujourd'hui. *Spiritus* n. 126, pp. 105-116, 1992.

____. O pluralismo das religiões e o significado de Cristo. *In:* TEIXEIRA, F. (Org.) *Diálogo de pássaros*. São Paulo: Paulinas, 1993, pp. 89-109.

____. & GIBELLINI, Rosino (Edd.). *Teologia in Asia*. Brescia: Queriniana, 2006.

ARREGUI, José. *Urs von Balthasar: dos propuestas de diálogo com las religiones*. Vitoria: Editorial ESET, 1997.

ASSOCIACIÓN Ecumênica de Teólogos y Teólogas del Tercer Mundo (ASETT). *Por los muchos caminos de Dios*. Desafios del pluralismo religioso a la teologia de la liberación. Quito: Verbo Divino, 2003. (Na edição brasileira: *Pelos muitos caminhos de Deus*. Goiás: Rede, 2003).

AVELINE, Jean-Marc. *L'enjeu christologique en théologie des religions. Le débat Tillich-Troeltsch*. Paris: Cerf, 2003.

III ASSEMBLEIA Geral da Associação Ecumênica de Teólogos do Terceiro Mundo. *Sedoc*, v. 25, n. 236, pp. 464-483, 1993.

BALASURIYA, Tissa. *Teologia planetaria*. Bologna: EMI, 1986.

____. Lasciare che Dio sia Dio. *In:* CANTONE, C. (Ed.) *La svolta planetaria di Dio*. Roma: Borla, 1992, pp. 87-112 (tradução brasileira: *A reviravolta planetária de Deus*. São Paulo: Paulinas, 1995).

BARTH, Karl. *Dogmatica ecclesiale*. Bologna: Dehoniane, 1980 (Antologia a cura de Helmut Gollwitzer).

BARTH, Karl. *L'Epistola ai romani*. 2 ed. Milano: Feltrinelli, 1993, p. 12 (A cura de Giovanni Miegge).

BASSET, Jean-Claude. *Le dialogue interreligieux*; histoire et avenir. Paris: Cerf, 1996.

BENEITO, Pablo (Ed.). *Mujeres de luz*. La mística feminina, lo femenino en la mística. Madrid: Trotta, 2001.

BERNHARDT, Reinhold. *La pretensión de absolutez del cristianismo*. Bilbao: Desclée de Brouwer, 2000.

BOFF, Leonardo. *Die Kirche als Sakrament im Horizont der Welterfahrung*. Paderborn: Verlag Bonifacius-Druckerei, 1972.

____. *A graça libertadora no mundo*. Petrópolis: Vozes, 1976.

BOUBLIK, Vladimir. *Teologia delle religioni*. Roma: Studium, 1973.

BRETON, Stanislas. *Unicité et monothéisme*. Paris: Cerf, 1981.

BÜHLMANN, Walbert. La svolta epocale dal "popolo di Dio" al "Dio dei popoli". *In:* CANTONE, Cano. (Ed.) *La svolta planetaria di Dio*. Roma: Borla, 1992, pp. 41-85.

CANNOBIO, Giacomo. *Chiesa perché: salvezza dell'umanità e mediazione ecclesiale*. Cinisello Balsamo: San Paolo, 1994.

CANNOBIO, Giacomo. *Nessuna salvezza fuori della Chiesa?* Storia e senso di un controverso principio teológico. Brescia: Queriniana, 2009.

CANTONE, Cano. Dio senza muri. *In:* ____. (Org.) *La svolta planetaria di Dio*. Roma: Borla, 1992, pp. 11-39.

COBB, John B. *Bouddhisme-Christianisme*; Au-delà du dialogue? Genève: Labor et Fides, 1988.

CAGNASSO, Franco et alii. *Desafios da missão*. São Paulo: Mundo e Missão, 1995.

CONGAR, Yves. *Santa Chiesa;* saggi ecclesiologici. Brescia: Morcelliana, 1964.

____. *Saggi Ecumenici*: il movimento, gli uomini, i problemi. Roma: Città Nuova, 1986.

____. *Diálogos de outono*. São Paulo: Loyola, 1990.

____. *Vaste monde, ma paroisse*; verité et dimensions du salut. Paris: Cerf, 2000.

CONGREGAÇÃO para a Doutrina da Fé. *Alguns aspectos da meditação cristã*. Petrópolis: Vozes, 1990 (Documentos Pontifícios, 233).

____. *Carta aos bispos sobre alguns aspectos da Igreja entendida como comunhão*. Petrópolis: Vozes, 1992 (Documentos Pontifícios, 248).

____. *Declaração Dominus Iesus*; sobre a unicidade e universalidade salvífica de Jesus Cristo e da Igreja. São Paulo: Paulinas, 2000.

COMISSÃO Teológica Internacional. *O cristianismo e as religiões*. São Paulo: Loyola, 1997.

DANIÉLOU, Jean. *Sobre o mistério da história*. São Paulo: Herder, 1964.

____. *Il mistero della salvezza delle nazioni*. 3ª ed. Brescia: Morcelliana, 1966.

____. *I santi pagani dell'Antico Testamento*. 2 ed. Brescia: Queriniana, 1988.

DHAVAMONY, Mariasusai. *Teologia delle religioni*. Riflessione sistemática per una comprensione cristiana delle religioni. Cinisello Balsamo: San Paolo, 1997.

____. Teologia das Religiões. *In:* LATOURELLE,R.& FISICHELLA, R. (Orgs). *Dicionário de Teologia Fundamental*. op. cit., pp. 806-815.

D'COSTA, Gavin. *La teologia pluralista delle religioni: un mito?* L'unicità cristiana riesaminata. Assisi: Cittadella Editrice, 1994.

DE LUBAC, Henri. *Paradosso e mistero della Chiesa*. Milano: Jaca Book, 1980.

____. Prefazione. *In:* RAVIER, André (Dir.) *La mistica e le mistiche*: il "nucleo" delle grandi religioni e discipline spirituali. Cinisello Balsamo: San Paolo, 1996, p. 13-36.

DEMAISON, Michel (Ed.). *La liberte du théologien*. Hommage à Christian Duquoc. Paris: Cerf, 1995.

DENZIGER-HÜNERMANN. *Compêndio dos símbolos, definições e declarações de fé e moral*. São Paulo: Paulinas/Loyola, 2007.

DORÉ, Joseph (Ed.) *Le christianisme vis-à-vis des religions*. Namur: Artel, 1997.

DUQUOC, Christian. *Gesù*. Brescia: Queriniana, 1974.

DUQUOC, Christian. *Un dio diverso*. Brescia: Queriniana, 1978.

DUQUOC, Christian. *"Credo la Chiesa"*. Precarietà istituzionale e Regno di Dio. Brescia: Queriniana, 2001.

DUQUOC, Christian. *O único Cristo*. A sinfonia adiada. São Paulo: Paulinas, 2008.

____. O cristianismo e a pretensão à universalidade. *Concilium*, v. 155, n. 5, pp. 62-73, 1980.

____. Signes d'espérance dans l'Église et la mission. *Spiritus*, n. 132, pp. 251-258, 1993.

____. Instituição e divertimento. *Concilium*, v. 254, n. 4, pp. 133-139.

DUPUIS, Jacques. *Gesù Cristo incontro alle religioni.* 2ª ed. Assisi: Cittadella Editrice, 1991.

DUPUIS, Jacques. *Introduzione alla cristologia*. 3 ed. Casale Monferrato: Piemme, 1996.

____. *Rumo a uma teologia cristã do pluralismo religioso*. São Paulo: Paulinas, 1999.

____. *Il cristianesimo e le religioni*. Dallo scontro all'incontro. Brescia: Queriniana, 2001.

____. Dialogo interreligioso nella missione evangelizzatrice della Chiesa. *In:* LATOURELLE, R. (Ed.) *Vaticano II: bilancio e prospettive*: venticinque anni dopo (1962-1987). Assisi: Cittadella Editrice, 1987, pp. 1234-1256.

____. Dialogo e annuncio in due recenti documenti. *La Civilta Cattolica*, n. 3405, pp. 221-236, 1992.

____ O debate cristológico no contexto do pluralismo religioso. *In:* TEIXEIRA, F. *Diálogo de pássaros*. op. cit., pp. 75-88.

____. L'Église, Le Régne de Dieu et les "autres". *In:* DORÉ, J. & THEOBALD, C. (Ed.) *Penser la foi.* Paris: Cerf, 1993, pp. 327-349.

____. A Theological Commentary: Dialogue and Proclamation. *In:* BURROWS, William R. (Ed.) *Redemption and dialogue.* Maryknoll/New York: Orbis Books, 1994, p. 119-158.

____. Diálogo inter-religioso. *In: Dicionário de Teologia Fundamental.* Op. cit., pp. 230-234.

____. Evangelização. *In: Dicionário de Teologia Fundamental.* Op. cit., pp. 297-303.

FEDERAZIONE delle Conferenze Episcopali Asiatiche. *Documenti della Chiesa in Asia.* Bologna: EMI, 1997 (Enchiridion – 1970-1995).

____. O que o Espírito diz às Igrejas. *Sedoc,* v. 33, n. 281, pp. 38-50, 2000.

____. Teses sobre o diálogo interreligioso. *Sedoc,* v. 33, n. 281, pp. 51-573, 2000.

FÉDOU, Michel. *Les religions selon la foi chrétienne.* Paris: Cerf, 1996.

____. La théologie des religions à l'heure du pluralisme. *Études,* v. 370, n. 6, pp. 820-830, 1989.

____. Le christianisme parmi les religions. *Études,* v. 375, n. 5, pp. 525-535, 1991.

____. Les Pères de l'Eglise face aux religions de leur temps d'après le document "Dialogue et annonce" de 1991. *Bulletin,* n. 80, pp. 73-185, 1992.

FITZGERALD, Michael L. *Dialogo interreligioso.* Il punto di vista cattolico. Cinisello Balsamo: San Paolo, 2007.

FITZGERALD, Michael L. Dialogue and proclamation. *Bulletin,* n. 82, pp. 23-33, 1993.

____. Teologia delle religioni: panoramica. *Il Regno-Documenti,* v. 3, n. 786, pp. 90-97, 1997.

FORTE, Bruno. *À escuta do outro.* Filosofia e revelação. São Paulo: Paulinas, 2003.

GEFFRÉ, Claude. *Como fazer teologia hoje: hermenêutica teológica.* São Paulo: Paulinas, 1989.

____. *Profession Théologien*; quelle pensée chrétienne pour le XXI siècle? Paris: Albin Michel, 1999 (Entretiens avec Gwendoline Jarczyk).

____. *Crer e interpretar*. A virada hermenêutica da teologia. Petrópolis: Vozes, 2004.

____. *De babel à pentecôte*. Essais de théologia interreligieuse. Paris: Cerf, 2006.

____. Le Coran, une Parole de Dieu différente? *Lumière et Vie*, n. 32, pp. 21-32, 1983.

____. Le dialogue des religions défi pour un monde divisé. *Le Supplément*, n. 156, pp. 103-122, 1986.

____. Pluralisme religieux et absolu de l´Évangile. *Jésus*, n. 59, pp. 19-22, 1988.

____. La théologie européenne à la fin de l'européocentrisme. *Lumière et Vie*, n. 201, pp. 97-120, 1991.

____. La mission comme dialogue de salut. *Lumière et Vie*, n. 205, pp. 33-46, 1992.

____ La singularité du christianisme à l'âge du pluralisme religieux. In: DORÉ, J. et THEOBALD, C. (Ed.) *Penser la foi*. Paris: Cerf, 1993, pp. 350-370.

____. A fé na era do pluralismo religioso. *In:* TEIXEIRA, F. (Org.). *Diálogo de pássaros*. op. cit., pp. 61-74.

____. Paul Tillich et l'avenir de l'oecuménisme interreligieux. *Revue des Sciences Philosophiques et Théologiques*, n. 77, pp. 3-21, 1993.

____. O lugar das religiões no plano da salvação. *In:* TEIXEIRA, F. (Org.) *O diálogo inter-religioso como afirmação da vida*. Op.cit., p. 111-137.

____. L'evoluzione della teologia della missione. Dalla *Evangelii nuntiandi* alla *Redemptoris missio*. *In:* COLZANI, G. et alii. *Le sfide missionarie del nostro tempo*. Bologna: EMI, 1996, p. 63-82.

____. Pour un christianisme mondial. *Recherches de Science Religieuse*, v. 86, n.1, pp. 53-75, 1998.

____. La verdad del cristianismo en la era del pluralismo religioso. *Selecciones de Teología*, v. 37, n. 146, pp. 135-144, 1998.

____. Le pluralisme religieux et l'indifférentisme, ou le vrai défi de la théologie chrétienne. *Revue Théologique de Louvain*, n. 31, pp. 3-32, 2000.

____. A crise da identidade cristã na era do pluralismo religioso. *Concilium*, v. 311, n. 3, pp. 13-28, 2005.

GELLOT, Joseph. Vers une theologie chretienne des religions non chretiennes. *Islamochristiana*, n. 2, pp. 1-57, 1976.

GESCHÉ, Adolphe. *A destinação*. São Paulo: Paulinas, 2004.

GESCHÉ, Adolphe. Le christianisme et les autres religions. *Revue Théologique de Louvain*, n. 19, pp. 315-341, 1988. (Trad. brasileira: O cristianismo e as outras religiões. *In:* TEIXEIRA. Faustino L. C. *Diálogo de pássaros*. op. cit., pp. 35-59).

GIBELLINI, Rosino (Ed.). *La teologia del XX secolo*. Brescia: Queriniana, 1992.

_____. (Ed.). *Prospettive teologique per il XXI secolo*. Brescia: Queriniana, 2003.

HAIGHT, Roger. *Jesus símbolo de Deus*. São Paulo: Paulinas, 2003,

HAIGHT, Roger. *O futuro da cristologia*. São Paulo: Paulinas, 2008.

HICK, John. *God and the universe of faiths;* essays in the Philosophy of Religion. London: Macmillan, 1973.

_____. *God has many names*: Britain's New Religious Pluralism. London: Macmillan, 1980.

_____. *Il mito del Dio incarnato*. Foggia: Edizioni Bastogi, 1982.

_____. *A metáfora do Deus encarnado*. Petrópolis: Vozes, 2000.

_____. *Teologia cristã e pluralismo religioso*. O arco-íris das religiões. São Paulo: Attar/PPCIR, 2005.

_____. HICK, John & KNITTER, Paul F. (Eds). *L'unicità cristiana: un mito?* Per una teologia pluralista delle religioni. Assisi: Cittadella Editrice, 1994.

JENS, Walter & KUSCHEL, Karl-Josef. *Dialogo com Hans Küng*. Brescia: Queriniana, 1997.

Cruzando o limiar da esperança. Rio de Janeiro: Francisco Alves, 1994.

JOÃO PAULO II. *Sobre a validade permanente do mandato missionário*. Petrópolis: Vozes, 1991 (Carta encíclica *Redemptoris missio* - Documentos Pontifícios, 239).

_____. *Tertio Millennio Adveniente*. São Paulo, Paulinas, 1994 (Carta apostólica de João Paulo II sobre a preparação para o ano 2000).

_____. *Ut unum sint*. São Paulo: Paulus, 1995 (Carta encíclica sobre o empenho ecumênico).

KASPER, Walter. *Jesus el Cristo*. 5ª ed. Salamanca: Sigueme, 1984.

____. Cristianesimo, carattere assoluto del. *In: Sacramentum Mundi II.* Brescia: Morceiliana, 1974.

____. L'única Chiesa di Cristo. Situazione e futuro dell'ecumenismo. *Il Regno-Attualità*, v. 4, n. 875, pp. 127-135, 2001.

KENDAL, Daniel & O'COLLINS, Gerald (Edd). *In Many and Diverse Ways.* In Honor of Jacques Dupuis. New York: Orbis Books, 2003.

KNITTER, Paul. *Nessun altro nome?* Um esame critico degli atteggiamenti cristiani verso le religioni mondiali. Brescia: Oueriniana. 1991.

____. *Una terra molte religioni*: dialogo interreligioso e responsabilità globale. Assisi: Cittadella Editrice, 1998.

____. *Introdução às teologias das religiões.* São Paulo: Paulinas, 2008.

____. *Jesus e os outros nomes.* São Bernardo do Campo: Nhanduti, 2010.

____. Senza Buddha non potrei essere cristiano. Roma: Fazi, 2011.

____. A teologia católica das religiões numa encruzilhada. *Concilium*, v. 203, n. 1, pp. 105-113, 1986.

____. O cristianismo como religião verdadeira e absoluta? *Concilium*, v. 156, n. 6, pp. 19-33, 1980.

KÜNG, Hans. *Ser cristão.* Rio de Janeiro: Imago, 1976.

____. *Teologia in cammino.* Milano: Mondadori, 1987 (Tradução brasileira: *Teologia a caminho.* São Paulo: Paulinas, 1999).

____. *Projeto de ética mundial;* uma moral ecumênica em vista da sobrevivência humana. São Paulo: Paulinas, 1992.

____. *Grandes pensadores cristianos.* Una pequena introducción a la teología. Madrid: Trotta, 1995.

____. *Cristianesimo*; essenza e storia. Milano: Rizzoli, 1997.

____. Para uma teologia ecumênica das religiões. *Concilium*, v. 203, n. 1, pp. 124-131, 1986.

____. Em busca de um *"ethos"* mundial das religiões universais. *Concilium*, v. 228, n. 2, pp. 113-134, 1990.

____. Paz mundial - religião mundial - *ethos* mundial. *Concilium*, v. 253, n. 3, pp. 159-173, 1994.

KÜNG, Hans & KUSCHEL, Karl-Josef. *Per un'etica mondiale*: la dichiarazione del Parlamento delle religioni mondiali. Milano: Rizzoli, 1995.

KUSCHEL, Karl-Josef. As grandes religiões, os direitos humanos e o humano. *Concilium*, v. 228, n. 2, pp. 105-112, 1990.

KUSCHEL, Karl-Josef. *Discordia en la casa de Abrahan*: lo que separa y lo que une a judíos, cristianos y musulmanes. Estella: Editorial Verbo Divino, 1996.

KUTTIANIMATTATHIL, Jose. Practice and Theology of Interreligious Dialogue. Bangalore: Kristu Jyoti, 1998.

LEGRAND, Lucien. *Il Dio che viene*; la missione nella Bibbia. Roma: Borla, 1989.

MANHAEGHE, Eric. Redemptoris missio: message, réactions et perspectives. *Spiritus*, n. 127, pp. 160-175, 1992.

MAURIER, Henri. Théologie chrétienne des religions non chrétiennes. *Lumen Vitae*, v. 31, n. 1, pp. 89-104, 1976.

MERTON, Thomas. *Reflexões de um espectador culpado*. Petrópolis: Vozes, 1970.

____. *O diário da Ásia*. Belo Horizonte: Vega, 1978.

MIRANDA, Mário de França. *Um homem perplexo;* o cristão na sociedade. São Paulo: Loyola, 1989.

____. *O cristianismo em face das religiões*. São Paulo: Loyola, 1998.

____. Salvação cristã na modernidade. *Perspectiva teológica*, v. 23, n. 59, pp. 13-32, 1991.

____. A Igreja católica diante do pluralismo religioso no Brasil. *REB*, v. 51, n. 202, pp. 292-308, 1991. (Também publicado nos Estudos da CNBB, 62: *A Igreja católica diante do pluralismo religioso no Brasil (1)*. São Paulo: Paulinas, 1991, pp. 62-88).

____. O encontro das religiões. *Perspectiva Teológica*, v. 26, n. 68, pp. 9-26, 1994.

____. A configuração do cristianismo num contexto pluri-religioso. *Perspectiva teológica*, v. 26, n. 70, pp. 373-387, 1994.

MOINGT, Joseph. Rencontre des religions. *Études*, v. 366, n. 1, pp. 97-110, 1987.

MOLTMANN, Jürgen. *Dio nel progetto del mondo moderno*; contributi per una rilevanza pubblica della teologia. Brescia: Queriniana, 1999.

____. Direitos humanos, direitos da humanidade e direitos da natureza. *Concilium*, v. 228 n. 2, pp. 135-152, 1990.

____. A Igreja como comunhão. *Concilium*, v. 245, n. 1, pp. 161-163, 1993.

____. Pentecostes e a teologia da vida. *Concilium*, v. 265, n. 3, pp. 143-155, 1996.

MORALI, Ilaria. *La salvezza dei non cristiani*: l'influsso di Henri de Lubac sulla dottrina del Vaticano II. Bologna: EMI, 1999.

NASR, Seyyed Hossein. O islã e o encontro das religiões. In: BARTHOLO, R. & CAMPOS, A. E. (Org.) *Islã - o credo é a conduta*. Rio de Janeiro: Iser/Imago, 1990, pp. 235-264.

PAINADATH, Sebastian. Ashrams: um movimento de integração espiritual. *Concilium*, v. 254, n. 4, pp. 55-68,1994.

PALÁCIO, Carlos. Teologia, Magistério e "recepção - Vaticano II. *Perspectiva Teológica*, v. 22, n.57, pp. 151-169,1990.

____. A originalidade singular do cristianismo. *Perspectiva Teológica*, v. 26, n. 70, pp. 311-339, 1994.

PANASIEWICZ, Roberley. *Diálogo e revelação*; rumo ao encontro inter-religioso. Belo Horizonte: Fumec/C/Arte, 1999.

PANIKKAR, Raimundo. *Il dialogo intrareligioso*. Assisi: Cittadella Editrice, 1988.

____.*Trinitá ed esperienza religiosa delluomo*. Assisi: Cittadella Editrice, 1989.

____. *La torre di babele*; pace e pluralismo. San Domenico di Fiesole: Edizioni Cultura della Pace, 1990.

____. *Cristofania*. Bologna: EDB, 1994.

____. *La nuova innocenza*. Sotto il Monte: Servitium, 1996 (Tradução espanhola: *La nueva inocencia*. Estella-Navarra: Editorial Verbo Divino, 1993).

____. *Entre Dieu et le cosmos*. Paris: Albin Michel, 1998 (Entretiens avec Gwendoline Jarczyk).

PANNENBERG,Wolfhart. *Cristologia: lineamenti fondamentali*. Brescia: Morcelliana:1974.

PARLAMENTO das Religiões Mundiais. *Sedoc,* v. 26, n. 241, pp. 293-305, 1993.

PAULO VI. *A evangelização no mundo contemporâneo.* 4ª ed. Petrópolis: Vozes, 1979 (Documentos Pontifícios, 188).

PEDREIRA, Eduardo Rosa. *Do confronto ao encontro*; uma análise do cristianismo em suas posições antes os desafios do diálogo inter-religioso. São Paulo: Paulinas, 1999.

PIERIS, Aloysius. Como falar do Filho de Deus em culturas não-cristãs (por ex.. na Ásia). *Concilium,* v. 173, n. 3, pp. 89-97, 1982.

____. Há lugar para Cristo na Ásia? Visão panorâmica. *Concilium,* v. 246, n. 2, pp. 41-58, 1993.

PIERIS, Aloysius. Redemptoris missio. *Concilium,* v. 237, n. 5, pp. 3-5, 1991.

PONTIFICIO Consiglio per il Dialogo Interreligioso. *Il dialogo interreligioso nel magistero pontificio* (documenti 1963-1993). Roma: Libreria Editrice Vaticana, 1994.

PONTIFÍCIO Conselho para o Diálogo Inter-Religioso. *Diálogo e Anúncio.* Petrópolis: Vozes, 1991 (Documentos Pontifícios, 242).

____. Religion y comunalismo: el dilema cristiano. *Selecciones de teologia,* v. 32, n. 125, pp. 51-62, 1993.

PUTHIADAM, Ignace. Fé e vida cristã num mundo de pluralismo religioso. *Concilium,* v. 155, n. 5, pp. 100-114, 1980.

QUATRA, M.M. Regno di Dio e missione della Chiesa nel contesto asiatico. Uno studio sui documenti della FABC (1970-1995). Dissertatio ad Doctoratum in Facultate Missiologiae, Roma, Pontifícia Universitatis Gregorianae, 1998.

QUEIRUGA, Andrés Torres. *El diálogo de las religiones.* Sal Terrae: Santander, 1992 (Tradução brasileira: *O diálogo das religiões.* São Paulo: Paulus, 1997).

____. *A revelação de Deus na realização humana.* São Paulo: Paulus, 1995.

____. *Creio em Deus Pai*; o Deus de Jesus como afirmação plena do humano. São Paulo: Paulinas, 1993.

____. *Un Dios para hoy.* Santander: Sal Terrae, 1997.

____. *Do terror de Isaac ao Abbá de Jesus*; por uma nova imagem de Deus. São Paulo: Paulinas, 2001.

RACCA, Danielle. Il dialogo interreligioso nel Concilio Vaticano II: aperture e limiti. *Rassegna di Teologia*, v. 38, n. 5, pp. 637-663, 1997.

RAHNER, Karl. Cristianesimo e religioni non cristiane. In: *Saggi de Antropologia Soprannaturale*. Paoline: Roma, 1965.

____.A doutrina do Vaticano II sobre o ateísmo; tentativa de uma interpretação. *Concilium*, n. 3, pp. 8-24, 1967.

____. Ateismo e cristianesimo implicito. *In: Nuovi Saggi II 1*. Roma: Paoline, 1969.218-248.

____. La Chiesa, le chiese e le religioni. *In: Nuovi Saggi III*. op. cit., pp. 427-452.

____. Cristianesimo anonimo e compito missionario della Chiesa. In: *Nuovi Saggi IV*. Roma: Paoline, 1973, pp. 619-642.

____. Osservazioni sul problema dei "cristianesimo anonimo". In: *Nuovi Saggi V*. Roma: Pauline, 1975, pp. 677-697.

____. Missione e "carattere cristiano implicito". In: RAHNER, K. (Ed.) *Sacramentum Mundi V*. Brescia: Morcelliana, 1976, pp. 378-383.

RAHNER, Karl. Volontà salvifica di Dio, universale. In: *Sacramentum Mundi VIII*. Brescia: Morcelliana, 1977, pp. 691-702.

____. *Corso fondamentale sulla fede*. Roma: Paoline, 1978.

____. Problemi riguardanti l'incomprensibilità di Dio secondo Tommaso D'Aquino. In: *Teologia dall esperienza dello Spirito*. Roma: Paoline, 1978, pp. 375-390.

____. A proposito del nascondimento di Dio. In: *Teologia dall'esperienza dello Spirito*. op. cit., pp. 349-374.

____. "Corso fondamentale sulla fede." In: *Sollecitudine per la Chiesa*. Roma: Paoline, 1982, pp. 55-72 (Nuovi Saggi VIII).

____. Interpretazione teologica fondamentale del Concílio Vaticano II. *In: Sollecitudine per la Chiesa*. op. cit, pp. 343-361.

____. Il significato permanente del Concílio Vaticano II. In: *Sollecitudine per la Chiesa*. op. cit. pp. 362-380.

____. Sulla pretesa del cristianesimo di possedere un valore assoluto. *In: Scienza e fede cristiana*. Roma: Paoline, 1984, pp. 237-256 (Nuovi Saggi IX).

____. *La fatica di credere*. Roma: Paoline, 1986 (Meinold Krauss a colloquio con Karl Rahner).

____. *Confessare la fede*: nel tempo della attesa. Roma: Città Nuova Editrice, 1994 (Interviste - Edd. Paul Imhof ed Hubert Biallowons).

RATZINGER, Joseph. *O novo povo de Deus*. São Paulo: Paulinas, 1974.

____. *Rapporto sulla fede*. Roma: Paoline, 1985.

____. *Il sale della terra*. Cinisello Balsamo: San Paolo, 1997.

____. Situação atual da fé e da teologia. *Atualização*, n. 263, pp. 541-559, 1996.

RICOEUR, Paul. *Em torno ao político*. São Paulo: Loyola, 1995 (Leituras 1).

ROSSANO, Pietro. *Il problema teologico delle religioni*. Rome: Paoline, 1975.

____. *Dialogo e annuncio cristiano*. L'incontro con le grandi religioni. Cinisello Balsamo: Edizioni Paoline, 1993.

____. Teologia y religiones: um problema contemporâneo. In: LATOURELLE, R. & O'COLLINS, G. *Problemas y perspectivas de teologia fundamental*. Salamanca: Sigueme, 1982, pp. 417-439.

____. Le cheminement du dialogue interreligieux de *"Nostra aetate"* à nos jours. *Bulletin*, n. 74, pp. 130-142.

SANCHIS, Pierre. *O pluralismo religioso no Brasil dos próximos anos*. Texto mimeografado, apresentado no Seminário de Avaliação das Diretrizes Gerais da CNBB: A Igreja do Brasil no final dos anos 90, outubro de 1994.

____. O repto pentecostal à "cultura católico-brasileira". In: VÁRIOS. *Nem anjos nem demônios;* interpretações sociológicas do pentecostalismo. Petrópolis: Vozes, 1994, pp.34-63.

SALVINI, G. (Ed.) *Il dialogo tra le religioni*. Roma/Torino: La Civiltà Cattolica/Elle Di Ci, 1996) Gli editoriali della Civiltà Cattolica).

SARTORI, Luigi. *L'unità dei cristiani;* commento al decreto conciliare sull'ecumenismo. Padova: Edizioni Messaggero Padova, 1994.

____. Teologia delle religioni non cristiane. In: *Dizionario Teologico Interdisciplinare 3*. Casale Monferrato: Marietti, 1977, p. 400-415.

____. *Ripensare la teologia della missione;* partendo dalla *"Redemptoris missio"*. Mimeo.

SCHILLEBEECKX, Edward. *La missione della Chiesa.* Roma: Paoline, 1971.

____. *Gesù la storia di un vivente.* 3 ed. Brescia: Queriniana, 1980.

____. *I1 Cristo la storia di una nuova prassi.* Brescia: Queriniana, 1980.

____. *Perché la politica non è tutto*: parlare di Dio in un mondo minacciato. Brescia: Queriniana, 1987.

____. *Umanitá la storia di Dio.* Brescia: Queriniana, 1992. (Tradução brasileira: *História humana revelação de Deus.* São Paulo: Paulus, 1994).

____. *Sono un teologo felice.* Bologna: EDB, 1993 (Colloqui con Francesco Strazzari).

____. Universalité unique d'une figure religieuse historique nommée Jésus de Nazareth. *Laval Théologique et Philosophique*, v. 50, n. 2, pp. 265-281, 1994.

____. Religião e violência. *Concilium*, v. 272, n. 4, pp. 168-185, 1997.

SCHLEGEL, Jean-Louis. As estratégias de reconquista na nova europa e a secularização sem limites. *Concilium*, v. 244, n. 6, pp. 117-127, 1992.

SCHINELLER, Peter. Christ and Church. A spectrum of views. *Theological Studies*, n. 37, pp. 545-566, 1976.

SCHUON, F. *A unidade transcendente das religiões.* Lisboa: Dom Quixote, 1991.

SECRETARIADO para os Não-Cristãos. *A Igreja e as outras religiões.* São Paulo: Loyola, 2001 (Diálogo e Missão).

SESBOÜÉ, Bernard. *Hors de l'Église pas de salut.* Histoire d´une formule et problèmes d´interprétation. Paris: Desclée de Brouwer, 2004.

SESBOÜE, Bernard. Karl Rahner et les "chretiens anonymes". *Études*, v. 361, n. 5, pp. 521-535, 1984.

SMITH, W.C. *Toward a world theology.* Philadelphia: Westminster Press, 1981.

STEFANI, Piero. *Chiesa, ebraismo e altre religioni*; commento alla *"Nostra aetate"*. Padova: Edizione Messagero Padova, 1998.

SOARES, Afonso Maria Ligorio (Org). *Dialogando com Jacques Dupuis.* São Paulo: Paulinas, 2008.

SOARES-PRAHBU, George. *The Dharma of Jesus.* New York: Orbis Books, 2003.

SULLIVAN, Francis A. ¿ Hay salvación fuera de la Iglesia? Bilbao: Desclée de Brouwer, 1999

SWIDLER, Leonard. *Cristãos e não-cristãos em diálogo*. São Paulo: Paulinas, 1988.

____. *Ieshua*. Jesus histórico, cristologia, ecumenismo. SãoPaulo: Paulinas, 1993.

____. Interreligious and interideological dialogue. *In:* ____. (ed.) *Toward a universal theology of religion*. New York/Maryknoll: Orbis Books, 1987.

TEIXEIRA, Faustino. *Teologia das religiões*. Uma visão panorâmica. São Paulo: Paulinas, 1995 (Edição catalã: *Teologia de les religions*. Barcelona: Claret, 2002; Edição espanhola: Teología de las religiones. Quito: Abya-Yala, 2005).

TEIXEIRA, Faustino. *Diálogo de pássaros;* nos caminhos do diálogo inter-religioso. (Org.) São Paulo: Paulinas, 1993.

____. *O diálogo interreligioso como afirmação da vida*. (Org.) São Paulo: Paulinas, 1997.

____. Apreciação do livro: *Gesù Cristo incontro alle religioni,* de Jacques Dupuis. *REB,* v. 54, n. 216, pp. 984-991, 1994.

____. Panorâmica das abordagens cristãs sobre as religiões. A propósito de um livro (I) *Perspectiva Teológica,* v. 30, n. 80, pp. 57-84, 1988.

____. Para uma teologia cristã do pluralismo religioso. A propósito de um livro (II). *Perspectiva Teológica,* v. 30, n. 81, pp. 211-250, 1988.

____. A teologia do pluralismo religioso em Claude Geffré. *Numen,* v. 1, n. 1, pp. 45-83, 1998.

____. O diálogo inter-religioso na perspectiva do terceiro milênio. *Convergência,* n. 325, pp. 433-448, 1999.

____. Teologia do pluralismo religioso em questão. *REB,* v. 59, n. 325, pp. 591-617, 1999.

____. Entre o desafio do diálogo e a vocação do anúncio. *Convergência,* n. 327, pp. 520-529, 1999.

____. Do diálogo ao anúncio. Reflexões sobre a Declaração *Dominus Iesus. REB,* v. 60 n. 240, pp. 879-908, 2000.

____. A interpelação do diálogo inter-religioso para a teologia. In: SUSIN, Luiz Carlos (Org.). *Sarça ardente*; teologia na América Latina: prospectivas. São Paulo: Soter/Paulinas, 2000.

____. Inculturação da fé e pluralismo religioso. In: TAVARES, Sinivaldo S. (Org.). *Inculturação da fé*. Petrópolis: Vozes, 2001, p. 82-94.

TIHON, P. Des missions à la mission. La problemátique missionaire depuis Vatican II. *Nouvelle Revue Theologique*, n. 107, pp. 520-536, 1985.

____. Retour aux missions? Une lecture de l'Encyclique *"Redemptoris Missio"*. *Nouvelle Revue Theologique*, v. 114, n. 1, pp. 69-86, 1992.

TILLARD, Jean-Marie Roger. *Credo nonostante...* Bologna: EDB, 2000 (Colloqui d'inverno com Francesco Strazzari).

____. *Siamo gli ultimo cristiani? Lettera ai cristiani del duemila.* 2 ed. Brescia: Queriniana,

____. *Dialogare per non morire.* Bologna: EDB, 2001.

____.O Relatório final do Sínodo de 1985. *Concilium*, v. 208, n. 6, pp. 69-82, 1986.

TILLICH, Paul. *Le christianisme et les religions.* Paris: Aubier, 1968.

____. *La mia ricerca degli assoluti.* Roma: Ubaldine, 1968.

____. *Il futuro delle religioni.* Brescia: Queriniana, 1970.

____. *A era protestante*. São Bernardo do Campo: Instituto Ecumênico de Pós-Graduação em Ciências da Religião, 1992.

____. *Teologia sistemática.* 5 ed. São Leopoldo: Sinodal/EST, 2005.

TOMITA, Luiza E. & BARROS, M. & VIGIL, José María (Orgs). *Pluralismo e libertação*. Por uma teologia latino-americana pluralista a partir da fé cristã. São Paulo: ASETT/Loyola, 2005.

TRACY, David. *Dialogue with the other. The inter-religious dialogue.* Louvain: Peters Press, 1990.

____. *Pluralidad y ambigüedad*; hermenéutica, religión, esperanza. Madrid: Trotta, 1997.

____. Para além do fundamentalismo e do relativismo. *Concilium*, v. 240, n. 2, pp. 114-123, 1992.

VÁRIOS. *Ecumenismo das religiões.* Petrópolis: Vozes, 1971.

VIGIL, José María. *Teología del pluralismo religioso.* Quito: Abya-Yala, 2005.

VIGIL, José María (Org). *Por los muchos caminos de Dios* V. Hacia una teología planetaria. Quito: Abya-Yala, 2010 (Edição brasileira: *Por uma teologia planetária.* ASETT/Paulinas, 2011).

VIGIL, José María & TOMITA, Luiza E. & BARROS, Marcelo (Orgs). *Por los muchos caminos de Dios* III. Teología latinoamericana pluralista de la liberación. Quito: Abya-Yala, 2006 (Edição brasileira: *Teologia latinoamericana pluralista da libertação.* São Paulo: ASETT/Paulinas, 2006).

VIGIL, José María & TOMITA, Luiza E. & BARROS, Marcelo (Orgs). *Por los muchos caminos de Dios* IV. Teologia liberadora intercontinental del pluralismo religioso. Quito: Abya-Yala, 2006 (Edição brasileira: *Teologia pluralista libertadora intercontinental.* ASETT/Paulinas, 2007).

VONBALTHASAR, Hans Urs. *Cordula ovverosia il caso serio.* 2ª ed. Brescia: Queriniana, 1969.

____. *Incontrare Cristo.* Casale Monferrato: Piemme, 1992.

____. Viaggio nel Postconcilio. In: *30 giorni* - Supplemento, n. 10, pp. 32-47, 1995 (Intervista a cura di Angelo Seola).

WONG, Joseph H. P. Il Dio di Gesú Cristo in prospettiva pneumatologica. In: CANTONE, Carlo. *La svolta planetaria di Dio.* op. cit., pp. 233-265.

ZAGO, Marcello. *Buddhismo e cristianesimo in dialogo*; situazione, rapporti, convergenze. Roma: Cittá Nuova, 1985.

____. A evangelização em ambiente religioso asiático. *Concilium*, v. 134, n. 4, pp. 82-94, 1978.

____. Les documents du conseil Pontifical pour le dialogue interreligieux. *Bulletin*, n. 72, pp. 362-376, 1989.